东莞市政协 编

张镇洪集

张镇洪 著

南方出版传媒 广东人民出版社
·广州·

东莞学人文丛

图书在版编目（CIP）数据

张镇洪集 / 张镇洪著；东莞市政协编．—广州：广东人民出版社，2016.11

（东莞学人文丛）

ISBN 978-7-218-11133-9

Ⅰ．①张…　Ⅱ．①东…　Ⅲ．①考古学—中国—文集　Ⅳ．①K870.4-53

中国版本图书馆CIP数据核字（2016）第190644号

ZHANGZHENHONG JI

张 镇 洪 集

张镇洪　著　东莞市政协　编

出 版 人：肖风华

责任编辑：王俊辉　黄良起　李　响

责任技编：周　杰　易志华

装帧设计：奔流文化

出版发行：广东人民出版社

地　　址：广州市大沙头四马路10号（邮政编码：510102）

电　　话：（020）83798714（总编室）

传　　真：（020）83780199

网　　址：http://www.gdpph.com

印　　刷：广州家联印刷有限公司

书　　号：ISBN 978-7-218-11133-9

开　　本：787毫米×1092毫米　1/16

印　　张：17.25　　插　页：8　　字　数：350千

版　　次：2016年11月第1版　　2016年11月第1次印刷

定　　价：48.00元

售书热线：（020）83780517

《东莞学人文丛》编委会

总　序

东莞，古称东官，历史悠久，宋元以来，人才辈出，乃粤中文化重镇。

东莞历代著作如林，流风远近。秋晓“覆瓿”，荣列“四库”；梅村“花笺”，名传英德；子砺“县志”，誉满神州；豫泉“诗录”，独步岭南。迨夫民国，希白金文，素痴史学，尔雅篆刻，直勉书法，国人传颂。尤可贵者，每每世运相交之际，先贤节士们仗剑而出。熊飞抗元，袁崇焕抗金，张家玉抗清，蒋光鼐、王作尧抗日，爱国爱乡之精神至今仍为世人乐道。

文章之盛，赖载籍以延之；精神之续，赖时贤相授以传之。虽历劫不灭，东莞独特之文化实先贤所呵护之。所谓“维桑与梓，必恭敬止”也。

弘扬潜德之幽光，力大者举一邑之力，力小者举一人之功。人民政协团结各方，以文会友，致力于文史资料整理，力所能及，为乡邦文献延一线之脉。借建设文化名城之春风，乃搜集莞籍知名学人、艺术家著作，以为“三亲”史料之延伸。

是为序。

《东莞学人文丛》编委会

2012 年 6 月 1 日

2010年5月15日在柳州白莲洞遗址考察留影（左二为张镇洪）

2013 年 4 月在广西大岩洞穴遗址考察（左三为张镇洪）

目 录

其他

不倦的行者*

——记张镇洪教授的学术之路

易西兵

张镇洪先生于1938年出生在东莞县（今东莞市）新基村。由于家境贫穷，小学求学生涯一半在新基村的私塾里断断续续度过，另一半是新中国成立后在莞城中心小学得以完成。1958年，先生从东莞县东莞中学考入中山大学生物系学习动物学专业。经过五年寒窗苦读，1963年，先生以优异成绩毕业，被分配到中国科学院古脊椎动物与古人类研究所高等动物研究室从事高等动物研究，从此踏上古生物学、古人类学与考古学研究之路。

一、华北和东北地区的工作经历

到中国科学院后，先生受到了更为严格的专业知识培训，更加努力学习和工作，不仅顺利地通过试用期，按时转正，还在“文化大革命”开始前一年被选送到北京第二外语学院进修英语，准备两年后出国深造。遗憾的是，一年后“文化大革命”开始，他失去了一次进一步学习的机会。不过又一次机遇来临，1967年夏，在结束外语学院的学习后回到研究所不久，先生被选派到研究所设在北京房山县周口店的研究基地——北京猿人陈列馆主持改陈工作。在这里他第一次和我国从事古人类、古生物、第四纪地质研究的大师级人物——科学院学部委员（即现在的科学院院士）裴文中教授、贾兰坡教授、周明镇教授、吴汝康教授等共同工作，尤其是与吴汝康、贾兰坡两位教授共同工作、生活达4年之久，直到1971年新的北京猿人展览馆建成为止。在周口店工作的4年，先生基本上没有受到“文革”大潮的冲击，相反，在几位大师的指导下从事北京猿人展览的整改工作，最终建成新馆，成为一次千载难逢的学习和实践机

* 编者按：本书在编辑出版过程中得到邱立诚先生、易西兵先生的大力支持，在此谨表谢忱。

会。正是在此工作期间，先生和几位教授，尤其是贾兰坡、吴汝康先生建立了亦师亦友的良好关系。贾老主动提出要向先生传授自己的研究心得和知识，两人自此建立起一种比师徒还密切的关系。1973 年以后，先生因为要解决夫妻两地分居等生活困难问题，不得不告别古脊椎所到东北工作，贾老曾四次带人到东北指导和支持先生的工作，使他能很快适应新的工作环境并取得显著成绩。对此，先生曾多次感慨地说，他的成长，他所取得的成绩，是与贾老及研究所各位师兄师姐的大力支持分不开的。

1973 年底，先生到辽宁省博物馆考古队工作，这是一个全新的工作环境，也是一项富有挑战性和开拓性的工作。1973 年以前，不仅辽宁省，整个东北地区的史前考古发现都寥寥无几，古人类化石方面只有建平人上臂骨的发现，而且该化石没有明确出土地点，是从供销社收购来的“龙骨”堆里拣出来的，此外就是学术界争论不休的顾乡屯人和周家油房等遗址。新中国成立前，日本人和俄国人在东北做过一些考古调查，但没有重大发现。所以，当年先生决定到辽宁来工作时，裴、贾、吴、周等老先生异口同声地表示支持和鼓励。他们告诉先生，东北地区在史前考古领域是一块未经开垦的处女地，也是一块宝地，而且这一区域是南亚通往东北亚和北美洲的桥梁通道，非常重要。目前我国东北地区第四纪动物群的组合和划分其进化系统关系都没有搞清楚，所以这里的一切发现都是很有意义的。当然，这里的工作基础和条件都比较艰苦，但只要努力去做，必将取得丰硕成果，为我国史前考古学研究作出巨大贡献。

老先生们的鼓励给了先生极大的支持。就这样，带着希望早日与妻儿团聚的喜悦心情，以及前辈和师兄师姐的寄托和期望，先生奔赴关外，和前人一样“闯关东”。当时东北的条件相当艰苦。先生被分配到辽宁省博物馆考古队工作，并且专门承担古生物、古人类、旧石器时代考古方面工作，这样他的专业有了用武之地。正因为如此，先生和当时许多知识分子不一样，没有到过五七干校中去“锻炼”，也不必下乡接受贫下中农再教育。更幸运的是，恩师到东北工作之后，正逢全国为了加强备战而展开全国地质地层断代总结的工作，各大区都成立了断代总结领导小组，领导这一中心工作。因为来自中科院古脊椎动物与古人类研究所，这是进行第四纪地质和古生物研究的最权威机构，先生立即被推选到东北地区地层断代总结新生代小组，担任业务队长。先生在此岗位上一干就是 4 个年头。4 年里，先生和他的同事走遍了东三省及内蒙古东部地区的大部分地方。在这个工作小组里，不乏地质界的著名专家，如当时东北三省地质局的总工、长春地质学院第四纪地质研究室的张庆云先生，在东北地区从事第四纪地质研究的知名学者孙建中先生等。恩师和这些专家学者建立了良好的同事和朋友关系，也从他们身上学到丰富的关于地质学的知识。恩师曾告诉我们，他在第四纪地质方面取得的较丰富的知识和实践经验全靠他们所赐。正是在小组各位成员的精诚合作与共同努力下，他们胜利地完成了任务，编写出版了《东北地区古生物图册（2）》。

1982 年，经过近九年的艰苦奋斗，先生和他的同事在辽宁省内发现了旧石器时代晚期的凌源西八间房遗址、丹东前阳洞遗址、海城小孤山遗址，旧石器时代中期的喀左鸽子洞遗址，旧石器时代早期的营口金牛山遗址、本溪庙后山遗址，在吉林发现了榆树周家油房，在黑龙江发现了顾乡屯遗址、荒山遗址、昂昂溪等遗址，建立起东北地区旧石器时代的文化系列，填补了学术上的空白。与此同时，又陆续地发现了庙后山人、小孤山人、鸽子洞人、金牛山人和前阳洞人等古人类化石，建立起从直立人、早期智人到晚期智人的古人类进化序列。更为重要的是，发现了庙后山人和前阳洞人具有蒙古人种南方亚种的特征，为中国人的祖先在早期发展阶段的迁移、文化传播等方面的研究提供了实物证据。这些化石对于今天现代中国人起源问题的考古学研究具有相当重要的意义。在东北第四纪古生物研究方面，先生不仅增加了对披毛犀—猛犸象动物群研究的深度和广度，而且把东北第四纪动物群的组合按早、中、晚不同的年代加以系统划分，建立了更加丰富的研究方向，如更新世早期前一阶段的原鼢鼠—大角鹿动物群，早期后一阶段和中更新世的庙后山动物群、金牛山动物群；更新世中期后一阶段和晚更新代早期的鸽子洞动物群；更新世晚期的小孤山动物群、山城子动物群。与此相对应的是一系列标准地质剖面，为东北地区第四纪的地层划分建立了标尺。上述成就受到专家学者的肯定，1987 年，先生晋升副教授时，贾兰坡先生专门写了推荐书。

二、回中山大学任教，转战华南

1981 年，中山大学人类学系复办。由于考古学专业一些课程没有老师授课，1984 年，学校根据有关人士的推荐，委托到大连市参加学术会议的王将克教授专程绕道沈阳拜访先生，邀请他回母校任教，请他承担旧石器时代考古学、第四纪地质古生物学、博物馆学、生态人类学等方面课程。1985 年 1 月，先生举家南迁，回到母校。在南迁途中路过北京时，他专门到中国科学院古脊椎动物与古人类研究所拜访几位老先生，一来辞行，二来再次讨教。老先生们给予许多建议，其中最重要的是希望他在走上讲台之后，也尽量不要脱离田野工作，除带学生实习外，争取多做研究工作。老先生们建议他应该充分利用综合性大学里多学科的优势，使自己的学术研究更上一层楼，也进一步推动我国旧石器考古学的研究。

带着前辈的祝福和期望，先生怀着满腔的热情回到阔别22年的母校，走上讲台。根据教学工作需要，他给学生讲授旧石器时代考古学和考古技术两门课程。

在任教期间，先生积极工作，所讲授的课程受到学生欢迎。在回到广州后相当长的一段时间里，他很少发表关于南方旧石器时代考古研究的观点，而是尽量争取机会参与本系和省博物馆考古队的一些田野调查发掘工作。到1988年下半年，先生除了参加南海西樵山遗址多次调查发掘外，还协助省考古队宋方义先生对粤北和粤西地区旧石器文化遗址和古人类古生物地点进行了调查，对曲江桂龙岩、灵溪暗岩和封开黄岩洞、峒中岩、罗沙岩等遗址进行发掘和研究。1988年、1991年，先生参与组织举办了“纪念马坝人化石发现三十周年国际学术研讨会”和“纪念黄岩洞遗址发现三十周年国际学术研讨会”，这两次会议掀起了岭南地区史前考古研究的新高潮。在1988年的马坝国际学术研讨会上，先生首次对华南地区的史前考古发表了自己的看法。同年，他首次赴香港参加了大屿山石壁东湾遗址的发掘工作，在工作中，先生运用第四纪地质学知识，准确地划分了遗址地层，显示出他的地质学和考古地层学功底，受到同事的肯定。在谈到刚任教时的经历时，先生告诉我，那是一段艰难的时期，由于相当长时间很少发表学术观点，有些老师就开始怀疑他的水平，并且受到一些非议，使他感到较大的压力。而实际原因是，他在教学过程中发现我国南北之间的文化内涵差别很大，完全用研究北方文化的方法来研究南方地区的文化是行不通的，必须对此重新认识和探索。因此，他力图通过大量的田野实践工作来提高自己对南方史前文化的理性认识，并探索行之有效的研究方法。经过近5年的努力，终于取得令人满意的成果。1995年，先生回到南方工作已整整十个年头，在此期间，他不仅比较全面地了解到广东地区史前文化的状况，而且掌握了许多关于岭南及其周边地区史前文化的第一手材料，通过带领研究生和本科生深入到广西百色、桂林、柳州，贵州六盘水、红水河地区，湖南西部地区，以及香港特别行政区和珠三角地区进行考古调查、发掘工作，取得了大量的古人类、古生物学和旧石器时代考古学材料，为研究工作打下坚实基础。

1996年，先生出版了第一部专著《新生代哺乳动物学概论》，一年后又与邱立诚副研究员合作出版了另一部专著《人类历史的转折点——论中国中石器时代》。前者是我国迄今为止唯一一部专门论述我国新生代动物系统演化和地层断代的专著；后者也是迄今唯一一部专门探讨我国中石器文化及有关问题的论著。《人类历史的转折点——论中国中石器时代》一书用大量新发现的考古材料证明我国确实存在中石器文化，并且在我国南北地区表现出同期异相的文化状态：北方是一套以细石石器为主体的石器文化，南方则是一套以砾石石器为主体的石器文化；各地区的中石器时代延续的时间长短有异，开始时间比较一致，但结束的时间参差不齐；这种局面主要与各地的自然生态环境有直接关系。先生在论著中指出，各地区的自然生态环境因素的变化直接影响当地文化的产生和发展，所以在这个时期有关的各大历史事件，如农业起源、家畜饲养起源、原始群的解体和社会形态的形成、人种分化的确定、原始宗教和艺术的起源等等，与当时当地自然生态环境有直接的关系。为了进一步推动我国中石器文化的研究，1999年，由先生发起，在广东英德市召开了“中石器文化及有关问题的国际学术研讨会”。这次国际研讨会成功地促成了目前国内对中石器文化持不同观点的各派学者进行交流，促进了我国对中石器时代文化的研究，加快了与国际上相关问题研究接轨的步伐。

先生常对学生开玩笑说他算是一名转战大江南北，在史前考古领域摸爬滚打的老战士。他常引用贾老的话来教导学生，他说：“贾老经常提醒我们，作为一名科学研究者，要经常保持头脑清醒。因为科学是不断发展的，所以当你提出一种观点时，若经过1—2年后仍然站得住脚，就说明你的观点提得可以，有一定道理；若你提的观点3—5年后仍然没人能否定你，这就说明你的观点提得很不错；若你提的观点8年、10年后仍然可行，说明你提的观点很了不起了！一种观点被否定了，表明这是一种进步，没什么大不了的事情，死抱着一个观点不变不是一个科学家应有的态度。要记住，科学是不断在发展的！”1999年当他发掘和研究了广东英德牛栏洞遗址后，提出在我国召开一次有关中石器文化及有关问题国际学术研讨会的建议时，得到许多学者的积极响应，此前一直认为我国不存在中石器文化的贾兰坡先生专门发来贺信，贾老在信中写道：“因为科学是不断发展的，今天新发现的更多材料表明有这种文化的存在，我们为什么不可以接受它呢?”

张镇洪先生的学术成就以及他为母校作出的贡献得到广泛认可。1997年以来，先生连续获得“中山大学师德建设先进个人”奖，“蔡冠深奖教金”奖，此外还获得国家特殊津贴。2002 年，先生荣获“中国科学院裴文中科学贡献奖”。

三、对现代中国人起源及中石器文化的研究成果丰富

“现代中国人起源的考古学研究”是世界性的热门学术课题。美、英、德、澳等多国科学家通过分子生物学 DNA 的研究，认为现代中国人的祖先不是来自北京猿人，而是在 15 万—20 万年前来自非洲的原始群，在 6 万—8 万年前通过中东、南亚到了我国岭南地区，再由此分别向南和向北辐射传播出去。其北面一直可达阿拉斯加和北美洲；南面通过南亚中印半岛可达澳洲和南美洲。而我国医学科学院也曾组织力量对我国 56 个民族的 28 个民族的族群进行同样的 DNA 测试，结果也基本一样。但从考古学角度来看，还未找到文化传承的关系和实物证据。目前从古人类化石的形态特征上来看，在某些代表性化石，如广东的马坝人化石和广西柳江人化石等都显示出有早期人类染色体交流的迹象。但在人类的文化特征上又如何呢？就需要我们进一步的研究和发现。先生在进行我国中石器时代及其文化研究的过程中已注意到岭南及其周边地区出现的含有典型手斧的陡刃砾石石器文化。众所周知，典型手斧工具是西方文化的重要因素，是西方文化石器工具的典型代表。岭南地区手斧工具的出现，是否说明了在很早以前东西方文化的交流已在岭南地区产生，后来随着人类的迁移而辐射到周边地区去？先生自 1999 年以后就逐渐将注意力转移到这一课题的研究上来。

1998 年暑假，先生带队在英德牛栏洞和史佬墩两个遗址进行发掘，分别发现旧石器时代晚期至新石器时代早期遗址、新石器时代中期石器制造场。我未能参加这两个遗址的发掘，但有幸参加了后期的资料整理工作。1998 年 9—11 月，我和同学罗耀跟随先生整理两个遗址的资料，编写考古报告。整理工作就在先生家开展，我们早上到先生家，开始工作，下午再回宿舍，主要工作就是协助先生描绘史佬墩遗址的石器图。中午先生主厨，我们得以品尝先生的手艺，师徒 3 人吃完中午饭稍事休息，马上开始工作，有时候晚餐也在先生家蹭吃了。工作紧张而充实。1999 年，《英德史前考古报告》出版，从田野发掘到出版考古报告只用不到两年的时间，这在国内并不多见。

四、推动港澳考古事业发展

位处珠江三角洲腹地的广州和香港、澳门地区生态环境相同，文化氛围相近。中山大学位处广州，自然与港澳有更大的合作空间。人类学系利用这种地缘优势，20 世纪 80 年代复办后就注重加强与香港、澳门的学术机构合作开展考古发掘与研究。商志䃅、曾骐诸位老师和先生一起开拓了中山大学港澳考古研究的局面。从 20 世纪 80 年代中期至今，人类学系赴香港、澳门承担或合作开展考古发掘和研究项目数十项。先生从 1988 年第一次赴香港参与石壁东湾遗址的发掘开始，先后 11 次赴香港参与考古调查发掘项目和合作研究工作，如 1997 年赴香港参加全港文物普查；1999 年带领中山大学考古队参加香港西贡蚝涌遗址发掘，发现一个大型新石器时代石器制造场；2005 年、2006 年参加香港西贡黄地垌遗址发掘，发现旧石器时代晚期遗址，是目前香港发现年代最早的考古遗存，等等，为推动香港的考古研究作出了重要贡献。

2005—2006 年发掘香港黄地峒遗址，这是先生赴香港参与的最后一个大型考古发掘项目。黄地峒遗址毫无疑问是香港地区最重要的考古发现之一，将香港地区的人类活动历史往前追溯至距今三四万年前的旧石器时代晚期，也为环珠江口乃至岭南地区的史前考古研究提供了极为重要的材料。为了做好黄地峒遗址的发掘和研究，先生利用他的人缘，邀请中国科学院吴新智院士，以及中国旧石器考古泰斗级大师张森水先生、中国科学院古脊椎动物与古人类研究所副所长高星博士等专家到现场考察指导，这已经反映出黄地峒遗址的受关注程度和重要性。发掘过程中遇到了很多困难，还有一些其他因素的影响，但先生和各位老师还是坚持下来了。2010 年，黄地峒遗址第一次发掘报告正式出版，比较详细地公布了遗址的发掘材料和研究成果。

先生同样关注澳门地区的考古研究。2002 年，中山大学岭南考古研究中心与澳门社会科学学会合作举办了研讨会，取得成功，为以后的合作打下了良好的基础。近年来，先生几次应邀赴澳门参与考古调查和研究项目。2013 年起，先生和澳门同行确立合作计划，在路环开展考古调查，获得一些新发现。今年上半年，先生几次赴澳门参加田野考古工作。

五、退而不休，继续在学术道路上前行

2000 年，先生退休，不再承担教学任务，但他并没有停止在学术之路上的

跋涉。为了加强岭南地区文物考古界的交流，推动岭南考古特别是史前考古研究的发展，2000 年 8 月，在学校领导的支持下，先生发起成立了中山大学岭南考古研究中心，这是一个跨学科、跨部门、跨地区的综合性考古学研究机构。2007 年，因为种种原因，中心不再直属中山大学，名称也更改为广东省珠江文化研究会岭南考古研究专业委员会（以下称专业委员会）。

专业委员会成立以来，同时积极与相关单位合作，积极推动岭南地区考古和文化遗产保护研究，基本上每年举办一次学术年会，如 2002 年与澳门社会科学学会合作在澳门举办；2009 年与深圳市文物考古鉴定所、大鹏所城博物馆等单位合作在深圳举办；2010 年与广西文物考古研究所、柳州博物馆合作在柳州举办；2013 年与英德市文广新局合作在英德举办，等等。每次年会都是简朴而务实，更像是学术座谈会，专业委员会成员和特邀学者到会上就各自的研究领域进行发言交流，气氛热烈。

专业委员会成立以来，每年出版一本《岭南考古研究》，至今已经出版 14 本，发表了近 400 篇论文。这些论文的作者，既有中国科学院院士、国内知名教授和研究员，也有地方文博单位的年轻研究人员，论文涉及考古、博物馆、文物建筑、文化遗产普查、可移动文物，以及地理地质、生物、环境考古等各领域，使《岭南考古研究》真正成为一个学术交流平台，因此受到众多学者，包括许多年轻文博研究人员的欢迎。

先生为专业委员会的工作倾注了大量心血。专业委员会自成立之日起，就没有任何固定的经费支撑，全部需要先生和各位成员去寻找课题，从并不充足的课题费中像挤牙膏一样挤出经费，用于举办专业委员会年会，出版《岭南考古研究》，以及春节前的茶聚。为此，退休后的先生仍然要四处奔走，承接课题，两广、云贵和港澳等地都有他忙碌的身影。

除了为专业委员会的发展劳心劳力，先生在个人关注的学术研究领域继续耕耘不止。退休后，先生受聘广东省人民政府文史研究馆馆员，并担任广东省珠江文化研究会副会长，这让他把自己从事的岭南地区史前考古和人类起源研究置于珠江文化和文明史的大体系中去考量而得以继续深化。2006 年，先生出版专著《岭南文化珠江来》，将此前发表的论文进行重新梳理，形成了对史前时期珠江文化的研究成果。2010 年，先生撰写《南蛮不蛮——论珠江流域史前文化》一书，综合以往和最新发现的考古材料，比较全面地论述了史前时期珠江流域的人类社会和文化面貌。同一年，先生参与编写的《中国珠江文化史》出版，这是珠江文化研究史上具有里程碑意义的重大学术成果。2013 年，先生和邱立诚研究员合著的《中国南海古人类文化考》出版，将珠江流域史前人类与文化纳入更大的海洋文明体系中，拓展了研究的视野，也提供了更多探索和思考的空间。

从1963年起，张镇洪先生从事学术研究51年。这51年间，先生从广州到北京，从北京到辽宁，再从辽宁回到广州，足迹遍及东北、华北、华南及至西南、华东各地，从一名古生物专业毕业生，成长为一位在现代人起源和旧石器时代考古、中石器文化研究、第四纪古生物研究、港澳考古等学术领域成果丰硕并有一定影响力的学者。

在学术的道路上，张镇洪先生像一位不倦的行者，为了他大半生奋斗的学术目标，不畏艰难，一路前行；先生又像一盏油灯，不停燃烧，照亮了后辈前行的道路。

岭南文化与岭南考古

岭南文化之源珠江来

岭南文化和我国的中原文化、红山文化、东南文化一样，都有其长久的发展过程，都有它的来源和发祥地，亦有它的发展中心。中原文化发源于黄河流域，辽河流域孕育了红山文化，东南文化产于长江流域。岭南文化之源就是珠江水系，尤其重要的是其最大的支流西江。可以说没有哪种文化的诞生和发展是可以离开大江大河的。因为文化是人类创造的，而人类的生存和发展绝对离不开水。从古到今都如此，所以说水是万物之源。

现在不妨让我们从人类发展史的角度来加以论证。在此我们重点谈西江流域，其他地区只稍带提一下。

关于人类起源与分布问题，一直为人们所关注，已有不少的著作论述过。但对于人类是起源于非洲或起源于南亚问题仍未有定论。之所以有争论，其关键是由于有关人种化石的发现与分布问题。

根据近一百多年的发现和研究结果，世界上绝大多数学者都承认人是从古猿进化而来的，人类的发展历史经过了五个阶段，即腊玛古猿阶段（1400 万年—700 万年）、南方古猿阶段（400 万年—100 万年）、直立人阶段（200 万年—20 万年）、早期智人阶段（25 万年—4 万年）和晚期智人阶段（5 万年至现在）。从上述的材料中可以看出，在腊玛古猿阶段与南方古猿阶段之间还存在着很大的空白。其他各个阶段的年代里，都有一个时期互相重叠，同时并存。这种结果可能由于各地区发现的同一种人类化石的存在年代不同，和分布于不同地区的同种人类其演化的速度有一定的差异所造成，这说明其发展的不平衡性。造成这种不平衡性是与当时当地之自然生态环境变化如何有直接的关系。如果这种变化过于激烈，有可能导致某种人类终止其演化，归于绝灭。正因为如此，所以导致了各阶段人类化石分布的局限性。但不管怎样说，上述的五个发展阶段是为世人所公认的。

至于人类是起源于非洲或是起源于南亚之争论，主要是早期人类化石发现的结果造成的。因为迄今为止，腊玛古猿化石的发现地点集中在亚洲西南部、欧洲西南部和非洲肯尼亚一带。这片地区包括中国、印度、巴基斯坦、土耳其、希腊、匈牙利、肯尼亚等国家。腊玛古猿的化石最早在印度和巴基斯坦接壤的西瓦立克山区发现。后来在东非的肯尼亚、欧洲的匈牙利和希腊、亚洲的土耳其、巴基斯坦和中国都陆续有所发现。长期以来，根据形态学和生理学的研究，一般认为非洲的黑猩猩比其他的猿更接近于人。特别是 20 世纪 70 年代后期的研究表明，黑猩猩中的矮小种——俾格米黑猩猩与人最相近。加上分子人类学研究的结果认为，腊玛古猿的头骨，特别是西瓦古猿显示出不少与现代猩猩相似的性状。所以他们认为，腊玛古猿和西瓦古猿更可能是猩猩的早期祖先，而不是人类的祖先，如果这个结论正确，那么人类起源的时间距今不到 1000 万年。另外，人类起源的地点可能是在非洲。

然而，对此观点也有持相反意见的，认为现生大猿中与人最相近的不是非洲的黑猩猩，而是亚洲的猩猩。他们提出，人的怀孕期、内分泌类型、性行为以及十多种解剖性状都更像猩猩而不像黑猩猩。这表示人与猩猩是由一种共同的祖先遗传下来的，而不是人与非洲大猿由共同祖先而来。

近期，在化石方面又有了新的发现。肯尼亚国家博物馆的理查德·利基和美国约翰·霍普金斯大学的活克共同宣布，他们于 1983 年在肯尼亚北部发现了大约 1700 万年前的一种古猿的上、下颌骨，其形态与西瓦古猿和猩猩相似。他们认为，西瓦古猿的粗壮颌骨和釉质厚的臼齿与非洲大猿不同，而更像现代的猩猩和早期人种成员的南方古猿。于是，他们提出现生的猩猩不是一种很特化的猿类，而好比是一种活的化石。从它身上反映出人、猿共同祖先的许多性状，因此可用来作为人和猿的共同祖先的活样板。基于上述理由，他们认为，西瓦古猿以及腊玛古猿可能是所有大猿和人类的共同祖先。如果这种看法正确，那么人类起源的时间至少在距今 1700 万年以前或更早的时期，而且人类起源的地点不仅可能在非洲，也可能在亚洲[1]。

中国著名的人类学家中科院院士吴汝康教授在综合研究了近十年来所发现的大批云南禄丰腊玛古猿和西瓦古猿化石后指出，禄丰的标本有些特征不同于同时代的其他大猿，而相似于南方古猿和非洲猿类，因此认为它们可能是向南方古猿和非洲猿类方向进化的一个代表类型。同时认为巴基斯坦和土耳其等地发现的古猿与猩猩更为相似，可能是猩猩的祖先。由此可见，最早的人类祖先应该在亚洲。

中科院院士，著名的史前考古学家贾兰坡教授更直接地认为人类的起源地应该是亚洲，因为在亚洲南部中国的禄丰地区发现了不少腊玛古猿化石，认为这是真正的人类祖先。而且在我国西南地区发现了迄今中国最早的元谋人化石（距今 170 万年前）；同时，在中国山西芮城西侯度发现了距今 180 万年前的石器。所以他认为更古老的人类化石和石器工具应该到云、贵、川这一地区的更古老地层中（指第三纪地层）去找，这是最有希望的地方。他在 1978 年发表的《中国大陆上远古居民》一书中曾经说道："我国西南广大地区，根据已有的线索看，位于人类起源的范围之内。云南不仅发现了腊玛猿化石，而且在元谋县上那蚌地方距今大约一百七十万年的地层中还发现了元谋人牙齿和石器，就是有力的证据。"不仅如此，贾院士还谈到中国的青藏高原，他指出，作为人类的起源地，青藏高原也不能忽略，因为那里也同样是有希望的地方。经过近些年来对西藏地区的综合调查和研究，有的学者认为："当上新世的时候，喜马拉雅山的高度约在一千米左右，气候屏障作用不明显，南北坡都受到印度洋暖湿的季风所滋润……这就给了我们很大的启发，正当从猿转变到人期间，青藏高原地区仍然是适合人类演化的舞台，到那里寻找从猿到人的缺环也是有希望的。"[2]

南亚的其他地方，如印度、巴基斯坦等国家都有腊玛古猿化石和较早期的人类化石发现。在印尼的爪哇岛上也发现了距今190万年至50万年间的直立人化石。

更为重要的发现是中国新华社在1996年4月6日发布的消息："最近，以中科院古脊椎所王景文副研究员为队长的中美联合科学考察队，在黄河岸边的山西省垣曲县寨里村发掘出完整的始猿下牙床化石。这一发现表明，早在四千多万年前，黄土高原上就已出现高等灵长类动物，即猴、猿、人的祖先，比非洲至少早五百万年。正如中科院院士、古人类学家贾兰坡教授所说的，这一发现把人类祖先上溯到四千五百万年前，更有力地证明了人类的起源地应该在亚洲。"

综上所述，看来人类的起源地在亚洲的看法更令人信服，但非洲的早期人类化石材料也不容忽视。

但不管人类的起源地是在南亚或者是在非洲，作为人类辐射传播和迁移的主要途径，中国的横断山脉下的各大河流（作为南北向通途）、连接云贵高原与东南沿海地区的珠江水系和长江水系各大河流（作为东西向的通途），都处于不容忽视的地位。

中科院古脊椎动物与古人类研究所的古人类学者林一璞先生在他发表在《自然之谜》第4辑中的《古人类迁移与"金沙走廊"》一文中已明确地指出，金沙江、澜沧江及横断山脉中属于长江上游的其他的各条河流，如雅砻江、大渡河等都是沟通南亚与我国中原地区的重要通道。作者指出，无论人类起源的中心在什么地方，元谋——金沙江河谷的这个盆地，是亚洲间人类迁移到其他地区的中转站和主要途径之一，而且这种作用，早在170万年前就已经存在。[3]但是，到了中更新世，由于在亚洲西部已形成了世界屋脊，足以使南亚与北亚广大地区的联系隔断，在这种情况下，南亚的古人类向外迁移和分布的途径又何在呢？对此问题，本文作者早在1987年已发表的《东海走廊——远古人类迁移和分布的通道之一》一文中指出，到了中更新世之后，远古人类从起源地区往东亚、东北亚地区传播的重要通道之一是“东海走廊”。而连接“东海走廊”的最重要途径现在看来就是发源于云贵高原的珠江水系中的西江及其各支流。

这种结论有何依据？我们不妨从南、北人类的血缘关系来寻找它们之间的关系。[4]

1. 1982年，在丹东市、东沟县前阳乡山城子山的一个洞穴里发现了一个较为完整的人类头骨化石，我们称她为前阳人。经研究，发现她属于蒙古人种是无可置疑的，而且发现前阳人的下颌骨上升枝最小宽度与较宽的下颌上升枝最小宽度比较小，左侧为33毫米。与东北亚和北美洲土著居民，特别是与爱斯基摩人比较相差甚大。如果再与南亚的人种比较，则出现异常的相似。现将较窄的下颌上升枝最小宽度的人群的比较列为下表。由下表比较数字可以看出，生活在东亚的北部和西部的人类，其下颌上升枝最小宽度的尺寸有由大向小变化的趋势，丹东前阳人的下颌骨，就其上升枝最小宽度而言，明显地落入东亚南部的人群的数值之中，而与北部的人群相差太远。所以我们认为，如果不是偶然之故，不难设想丹东前阳人的渊源与其说是来自我国东北地区或华北地区，倒不如说来自我国华南地区可能更有说服力。

	民族	下颌上升枝最小宽度	资料来源
南 ↕ 北	广州汉人	33.7（例数58）	引自希德里斯卡
	古代秘鲁人	34.0（例数26）	
	西藏人	34.1（例数156）	
	印第安人（阿尔坎萨）	34.7（例数62）	
	蒙古东部人	36.9（例数35）	
	印第安人（加利福尼亚）	37.1（例数100）	
	印第安人（阿拉斯加）	38.9（列数40）	
	阿留特人	42.8（例数40）	
	海拉尔人	45.5（例数1）	
	前阳人	33.0（例数1）	

2. 1980年在本溪庙后山遗址中所发现的人牙化石中，出自第9方第6层堆积中的那颗右下第一臼齿，其结构很有特点。它的齿根除了有显著的三根外，还从远中根舌侧分出一根小的齿根，而且从X光透视照片中可以看出，该

牙齿的牙髓腔比较发育，属“牛齿”型齿。这两个特征在北方的蒙古人种中极为少见，而在南方的蒙古人科中则极为普遍（现在例外）。由此可见，这种现象不能说纯属偶然性。

3．安徽和县猿人化石中有不少特征是更为接近爪哇猿人的。如上臼齿的齿带特征，颊舌径的大小，以及齿髓腔属牛齿型，还有眶上圆枕和额鳞之间存在的眉脊上沟的特征等等，都是和南方的蒙古人种极相似的，如果不能说和县猿人在演化上与南方的蒙古人种有直接关系的话，起码在系统演化上有着明显的渊源关系。

此外，山东沂源人的头骨也有类似的特点。

4．在年代较晚的人类迁移和分布上同样可以找到证据。1983 年在临近日本南端的冲绳县的官古岛的洞穴里，发现了旧石器时代人类的头骨和脊椎骨，这是由以横滨国大教授长谷川善为首的调查团发现的，经研究后被认为是二万年前之物；而且这些人类化石的发现，加强了认为日本人的祖先是从中国华南地区经冲绳到来的看法。因为这些人类化石的形态特征与在中国广西发现的柳江人化石极为相似，所以很自然地引申出上述结论。不仅如此，连在静冈县引佐郡三日町发现的“三日人”（约 2 万年前）、在爱知县牛川町发现的“牛川人”化石、在大分县圣岳发现的“圣岳人”化石，以及在那霸市洞穴中发现的“山下纲人”（约 3.2 万年前）和在冲绳本岛南部相继发现的“港川人”化石等等，都可以作为“东海走廊”存在的佐证。

5．近几年来，我们在西江上游的支流右江两岸阶地上发现，这里广泛存在的年代相当于中更新世 70 万—60 万年前的砾石石器，无论石器形态特征和打制技术上与朝鲜半岛南部的全谷里遗址（约距今 40 万—30 万年）出土的同类石制品是如此的相似，这不能不使人认为，这两处的文化在演化上可能存在某种联系。

由此可见，东亚和东北亚，乃至北美洲的古人类及其文化都与南亚以及西南亚地区的古人类及其文化有着不可否认的渊源关系。由此可看见古人类迁移及其文化分布的轨迹，同时也清楚地看到珠江流域作为连接人类起源地与东亚、东北亚地区的桥梁地带的作用。

正因为如此，在珠江流域范围内，从旧石器时代早期一直到新石器时代，这一地带的文化都很繁荣。虽然这一地区的考古工作开展比不上我国中原地区和长江中、下游地区。但考古发现还是很多的，例如 1993 年全国十大考古发现的贵州盘县大洞遗址（距今 40 万—10 万年）就位于西江上游的南盘江流域内。这个洞穴遗址洞口朝东，洞口宽 55 米，洞厅纵深 220 米，洞内平均宽 35 米，面积近 8000 平方米。洞内堆积由洞口向洞内缓倾，堆积层厚度最厚处（洞口露出部分）可达 19.5 米。入洞后 30 米左右有一直径约 20 米的石钟乳大石柱。石柱之南侧和其下的堆积保存完整。经初步试掘后已出土了大量的文化遗物，其中包括人牙化石、打制石器和骨器，还有 40 多种哺乳类动物化石。经年代测定，其文化层的延续时代较长，从距今 40 万—10 万年之间，是一个难得的旧石器时代早期的文化遗址。

接着是在广西百色地区发现了大批的含手斧形器物的砾石石器，这种砾石工具广布于西江上游另一条支流右江的高阶地上。经年代测定结果初步确定为距今 70 万—60 万年。这套砾石工具分布很广，1995 年秋天，我们在野外调查中，已经在西江中游与贺江和桂江交汇地段发现了这套砾石石器的存在。同样出土于砖红色网纹红土的地层中。时代可与右江百色地区出土的砾石石器相比。

近十年来，珠江流域发现的文化遗址更为丰富。首先，于 1978 年秋和 1989 年冬在封开峒中岩先后发现了两颗人牙化石和大批的哺乳类动物化石。根据铀系法的测定，其年代为距今 14.8 ±1.3 万年。比曲江马坝人化石（绝代年龄为距今 12.9 ±1.0 万年）还早 2 万年。另外，1992 年在封开庙边罗沙岩洞穴遗址中又发现了人牙化石、人工打制石器和大批哺乳类动物化石，这个遗址包括了三个文化层，代表了三个不同年代的文化（即第四文化层为距今 7.9 ±1.5 万年，第三文化层为距今 4.8 ±0.5 万年，第二文化层为距今 2.24 ±0.16 万年），填补了广东距今 2 万年至 10 万年这段时期史前文化的空白。其次，封开黄岩洞遗址的深入研究，证明经过几次发掘后出土的 1 千多件砾石石器工具是属于旧石器时代晚期末的产物，年代为距今约 2 万多年，和上文化层（胶结层）中出土的人头骨化石（年代为距今 1.93 ±0.2 万年）一起，成为研究中国华南地区中石器时代及其文化的重要材料。

在此期间这类遗址的发现不仅限于封开黄岩洞及其附近的罗髻岩遗址，处于西江流域上游的柳江和漓江阶地上均有重要的发现，如桂林的甑皮岩遗址、柳州的白莲洞遗址、大龙潭鲤鱼嘴遗址、兰家村遗址，还有广东阳春独石仔遗址等都属于由旧石器时代向新石器时代过渡时期的遗址，不仅如此，在珠江另外的两条大支流北江和东江也有所发现。早在 20 世纪 60 年代，在东江支流的河源地区同样发现了砾石石器。在北江中游的英德地区，近几年来陆续发现了宝晶宫旧石器文化，沙口清溪、云岭牛栏洞等文化遗址，不仅出土了大批砾石石器、骨器和蚌器工具，更大重要的是出土了距今一万年前后的原始陶片及非粳非籼的水稻硅质体化石。如此系统和如此密集的发现在国内其他地区是不多见的。这些发现为研究华南地区中石器时代及其文化提供了丰富而珍贵的材料，也成为这一时期珠江流域文化昌盛一个有力的佐证，清楚地表明这里的生产水平已发展到一个相当高的水平，文化和经济也有较大的发展，而且形成较多的人群聚落，成为原始社会早期发展的中心地区之一。

造成这种局面并非偶然，一来是与该地区的地理位置重要有关，因为珠江（特别是各江的中上游）及其各支流不仅在贯通东西方向联系方面重要，而且又是沟通南北方向联系的另一条重要通道，例如，漓江、灵渠与湘江和灌江之沟通就十分重要。二来是和这一地区有着非常优越的自然生态环境有直接的关系。特别是人类社会发展到原始群解体、氏族社会形成的过渡时期，此时人类已完成了体质形态上的演变，人种的分化也已确定，人类社会可以说面临着全面发展的阶段，优越自然生态环境的存在对人类的发展是至关重要的。而处于低纬度的岭南地区，在全球性的最后一次冰期——大理冰期行将结束，全新世即将开始之际，由于水平面的上升，内陆的河流水源充足，低洼的地方出现大片的湖泊和沼泽地，降雨量明显地增加，大地充满着一片生机。在一些江河交汇处和沿海浅海，大量的水生生物迅速地繁衍着，为人类提供了丰富的食物来源。人类的采集生产活动不仅在森林中进行，慢慢地发展到水边，采集的内容也由采集根茎野果和各类种子逐渐扩大到采集和大量捕捞各种贝类和瓣鳃类动物。狩猎的活动也由于森林的发展和技术的提高而大有改善。收获量大大提高，除了消费量外仍有富余。这就给家畜饲养业的诞生创造了条件。桂林甑皮岩洞穴遗址出土的兽骨已清楚地表明，猪已开始被饲养。封开黄岩洞、柳州白莲洞和英德牛栏洞等遗址出土的穿孔砾石石器和磨石，英德云岭牛栏洞遗址出土的兽骨，年轻个体占65%，也并非偶然，可能与饲养有关。遗址出土了距今1.8万—1.5万年的原始陶片。虽然不能说它们就是农业起源的标志，但起码可以看成是加工某种谷类作物种子的工具，很可能是采集已发展到集中采集的地步。这是原始农业诞生的前奏阶段。[5]如果把英德牛栏洞发现的水稻硅质体考虑进去，原始农业应该说已诞生了。

由于上述情况的出现，所以人类已有了较迅速的发展，不仅人口增加，群体加大，而且活动范围已从洞穴和森林扩大到水边及其阶地上。在河流的交汇处形成聚落，开始了半定居和定居的生活。

珠江流域不少地方都具备以上的自然生态环境，所以它很自然地成为人类及其文化发展的一个中心，这些中心为后来的人类社会发展打下了牢固基础，它就是岭南文化之源。

主要参考文献

[1] 吴汝康：《古人类学》，文物出版社，1989 年。

[2] 贾兰坡：《我国西南地区在考古学和古人类研究中的重要地位》，《云南人类起源与史前文化》，云南人民出版社，1991 年。

[3] 林一璞：《古人类迁移与“金沙走廊”》，《自然之谜》第 4 辑，1982 年。

[4] 张镇洪：《东海走廊——远古人类迁移和分布的通道之一》，《人类学论文选集》，中山大学出版社，1987 年。

[5] 张镇洪：《从黄岩洞石器工具论中国之中石器时代》，《东南文化》1992 年第 1 期。

（原载《岭南考古论文集》，岭南美术出版社，2001 年）

岭南史前考古在中国考古学中的地位

一、前言

当历史跨入21世纪之际，科学发展也迎来了一个腾飞的时代，考古学虽然是一门古老的学科，但也毫不例外地以新的姿态投入到科学发展的行列中来。作为中国一个重要组成部分的岭南地区，它地处我国最南端，生态环境属于热带和亚热带地区，我国四大河流之一的珠江水系贯穿其境。这里是高温、多雨、潮湿、日照强、海岛多、海岸线长、台风多的地区，也是人类起源摇篮地的南亚地区通往东亚和东北亚地区的桥梁地带。到了人类社会出现以后，这里又成了多民族聚居的地区。山清水秀、人杰地灵，加上复杂的自然环境，在这里生活的先民们，在适应各种各样的生态环境中，创造了多种多样丰富多彩的文化。岭南地区的历史文化是中华民族历史文化中一个重要的组成部分，它和黄河、长江、辽河地区一样的悠久，一样的光辉，一样几经兴衰的变化，最后融合到中华民族这个大文化中来，成了我国南方的一颗明珠。

二、现代中国人起源关键性地区

人类起源，世界公认是源于类人猿，北京中国猿人第一个头盖骨的发现，成了达尔文进化论和从猿到人学说坚实的科学依据，从某种意义上来说，这里也成了中国人起源的摇篮地。

但不久前，由中国医学科学院生物学研究所诸家祐教授为首的，由中国7个研究机构12位科学家组成的中国基因多样性课题组，对中国56个民族中的28个民族群体的基因样本进行分析，并将其结果与其他亚洲和非亚洲群体进行了比较，完成了题为“中国各人群的遗传关系”的论文。中国学者的研究结果认为“源自非洲的现代人构成了目前亚洲人口基因库的主体”，他们认为现代中国人的祖先大约在4万到6万年前从非洲出发向东经印度洋，取道东南亚进入中国华南地区。这种观点意味着，原来科学界所公认的中国人自北京中国猿人和其他古人类类型进化而来的传统看法遇到了严峻的挑战，而这种挑战是来自生命科学的最新探索领域——分子生物学。

类似的科学研究结果不仅限于此，20 世纪 80 年代下半叶，美国加州大学伯克利分校的一批分子生物学家根据对 147 名各大洲不同人种妇女胎盘细胞中的线粒体 DNA 分析，将所有现代人起源追溯到 20 万年前生活在非洲的一位妇女，这种被称为“夏娃理论”或“走出非洲”的假设对学术界产生了巨大的冲击。这意味着人类起源和进化的主干在非洲，其他各大洲的古人类代表都不过是进化中的旁支。

还有，1997 年德国莱因汉斯博物馆和慕尼黑大学的分子生物学家联手，采取聚合酶链反应（PCR）分析方法，确认欧洲典型尼人的线粒体 DNA 序列处在现代人类序列的变异范围以外，因此不可能是我们的直系祖先。这一进展被列为当年世界十大科技成就之一。

最近，分子生物学研究有了更新的突破，一项由 19 项信息更为丰富的 Y 染色体指标被用来揭示东亚人群父系传承的遗传学研究在斯坦福大学完成。由于变异相对较小，用 Y 染色体指标来重建人群的遗传历史期没有进展，直到一种更有效的测定方法——高性能液相层析法（high - performance liquid chromatography）被引入之后，这一领域的探索才有了进展。在过去几年里，大量 Y 染色体指标被分辨出来。通过对包括中国 21 个不同民族的人口、22 个省份的汉族人口，3 组东北亚人口，5 组东南亚人口，以及 12 组非亚裔人口在内的大量样本的分析，表明东南亚人口要比亚洲北部的人口拥有更大的变异。这意味着东南亚大陆应是东亚现代人群最早的定居点。根据 Y 染色体变异速率的推算，晚期智人进入东南亚的时间大约在距今 60000—18000 年前，紧接着开始了向北方的迁徙过程。与此同时，另有一批晚期智人群体从东南亚开始向南迁徙，进入马来西亚和印尼并到达太平洋群岛。为此，Y 染色体分析的结果与人体 DNA 的证据完全吻合，这进一步证实了“夏娃理论”和东亚人口向南北迁徙和扩散的模式。

不过，分子生物学的进展并没有获得中国古人类学家和考古学家的欣然认可，比如中科院院士吴新智教授认为，中国发现的古人类化石不但在形态上，而且在时空分布上都显示出进化上的连续性，而且中国的旧石器文化也显示出传统的延续，缺乏人口替代经常伴随发生的外来进步文化的取代。吴院士还指出，如果中国的晚期智人是从非洲来的，那么他们应当携带着更进步和中东地区类似的旧石器工具。但是中国并没有发现这样的工具。吴院士还认为，晚期智人从非洲迁移到欧洲取代了尼安德特人的过程可能是真的，但中国人经历了一个不同的进化过程，现代人类在远东的演化以本地人种延续为主，外来人种杂交为辅。

由此看来，“走出非洲”或“夏娃理论”为21世纪的中国旧石器时代考古学提出了一个意义极其深远的科学难题。这就要弄清楚现代中国人是如何起源的。

解决这个难题的关键地区不是在华北的黄河流域，而是在我们先前认为旧石器发展脉络不清的华南地区，更为重要的是岭南地区。在过去70年里，以周口店发掘为起点的中国旧石器考古学建立起以华北为中心的演化模式，表现为泥河湾早更新世地点为代表的直立人，经蓝田人、北京人、许家窑人、大荔人、金牛山人、峙峪人和山顶洞人为主要脉络的演进谱系。今天，对“夏娃理论”的进一步检验有可能完全改写中国的这一史前发展模式。

不过，“夏娃理论”是立足于现代人群线粒体DNA和Y染色体等遗传物质突变速率推算所得出的假设，这一遗传学证据并非直观而被科学界称为“软材料”，而我们还需要考古学和古人类学的实物证据来做进一步的检验，考古学材料被认为是重要的“硬材料”。以上的观点是本中心陈淳研究员所收集到的最新资料，对此观点笔者比较认同，而且从自己近十年来积累起来的考古材料来看，并非一点也没有，只是有些被我们忽视了（材料另文发表）。

依上所述，从遗传学进展的证据来看，解决现代中国人起源问题的关键地区不在华北地区，而是在我国的华南地区，这是现代智人祖先从东南亚进入中国内地的第一站。为此，华南地区的旧石器时代考古学在解决现代中国人的起源问题上占有极其重要的地位，由于国际学术界意识到遗传学的证据不能起到仲裁者的作用，关键的证据还得靠考古学的发现而决定。所以面对科学新课题的挑战，岭南地区的考古学已经处在一个极其重要的关键位置。我们必须以解决科学问题出发，有目的、有计划、有步骤地进行严谨的科学探索，以此来寻找能够检验中国现代人起源的证据。无论是证实还是否定中国现代人的“非洲起源说”，对于科学界而言都将意义非凡，它必将成为一项有世界意义的科学成果。

三、稻作起源的摇篮地

有关农业起源的研究，近30年来发表的研究论文很多，取得了一些可喜的成果。但对于原始农业何时开始和从哪里开始，哪种作物最先被驯化，以及农业起源的原因及其演化的进程，迄今为止还没有一个确切的答案，还处于各种推断和争论之中。不过随着发现的材料越来越多，我们相信要取得最后的答案已为期不远了。在20世纪70年代，由于在我国浙江省余姚河姆渡遗址发现了丰富的稻作遗存，经鉴定研究证明属于栽培稻的籼稻，时间为距今7000年左右。这曾经被人们认为是迄今为止我国发现的年代较早的人工栽培稻，也是亚洲最古老的稻米实物遗存之一。但从稻谷谷壳、稻秆和稻叶等形态结构的研究结果证明，河姆渡遗址的稻作绝不可能属于最早期的稻作，而是带有相当进步性状的稻作。由此可见，更原始的稻作应该到更早的时代中去寻找。后来，在地处长江中游的彭头山、城背溪、皂市等新石器遗址中发现距今8000—7000年的人工栽培稻遗迹。更早的还有湖南南部道县玉蟾洞发现的栽培稻遗迹，据研究者报道，年代可达10000年左右。这是在中国近几年来发现年代最早、最确凿的有关稻作起源的例证，比浙江余姚河姆渡遗址以及草鞋山、松泽等稻作文化遗址早得多。正因为如此，所以不少研究者都认为稻作起源于长江中游说是最多考古实例支持的一种观点。可是，接着湖南道县玉蟾洞发现之后不久，在广西桂林地区的临桂县庙岩遗址和广东中部地区的英德市云岭牛栏洞相继发现了年代超过距今10000年的栽培稻硅质体和原始型栽培稻的硅质体。这样一来，引起了全国学者的注意。如果回顾一下南岭南麓的石峡文化遗址，它不仅在距今4800—4200年的文化层中发现了栽培稻的遗迹，而且在距今5500年左右的文化层中也有炭化稻米发现。经研究确定，这些水稻已经确认为以籼型稻为主，也有粳型稻。这结果明确告诉我们，这是栽培稻不是野生稻，这是相当进步型的水稻而不是原始型的水稻。由此可见，年代更早的原始型栽培稻应该到别的地方去找。正好，同是处于珠江流域的临桂县庙岩遗址和英德市云岭牛栏洞遗址，均发现超过10000年的水稻遗迹，特别是英德市云岭牛栏洞遗址出土的水稻是正处在分化阶段（即非籼粳）的原始型水稻，也就是说是处于早期栽培的类型。英德牛栏洞和石硖遗址同在北江边，但牛栏洞在曲江石硖遗址以南130多公里处，和广西临桂县的庙岩遗址处于差不多的纬度上。这种情况是偶然呢还是必然呢？这都很难说准。再看看处于湖南之道县玉蟾洞遗址，与其说把它划归长江中游范围，倒不如把它划归岭南地区更为合理，因为它地处南岭北麓，紧靠着桂北丘陵，从纬度上来看，它已进入亚热带的范围。生态环境已是和桂林地区一般。所以，从上述的材料来看，岭南地区作为稻作起源的主要地区是很有可能的。当然，水稻的种类不少，野生稻也不可能只有岭南地区才有，只要自然条件适合，而早期人类又在当时当地的条件下，从集中强化采集，逐渐把当地的野生稻培养成栽培稻也不是不可能的，哪怕是时间比其他某些地区晚了些，这样这个地区的水稻也不失为稻作起源区之一。我觉得任何一种作物都不可能只有一个起源区。凡是独立发展起来的都应是起源区，不见得非得由别处传播过来的。

以上谈的是关于稻作的起源，至于其他农作物的起源则更为复杂，而且还得与出土的农耕工具结合起来全面考虑才行，因此，在此就不一一介绍了。

四、家畜驯化之起源地

家畜起源也是一个主要的课题，它和农业起源有着密切的关系。摩尔根和恩格斯认为，先有动物饲养，后有农业生产，他们以为农业生产的根本原因归结为解决动物饲养对饲料的需要。赞同此观点的中外学者不少，例如，S. 梅加夫认为，最早的农业不是出现于最适于耕种的地区，恰恰相反，农业发生仅在那些适于放牧牲畜的地方才有可能。布雷伍德也主张，农业起源是由于公元前 9000—7000 年间西亚家畜饲养的发展以及加强野生谷物采集、实践的结果。中国学者孔令平先生在许多文章中都表明了同样观点。农学家梁光商也认为，南方野生稻变为栽培稻是牲畜饲养的需要而引起的。

持不同观点的学者也有。例如，文化地理学家埃里奇·伊萨克认为农业先于动物驯化，他指出："人类驯化植物早于驯化动物的事实似乎是明确无疑的。"考古学者冯孟钦对此问题作了精辟的分析，他写道："姑且不论孰先孰后，它们（指农业起源与家畜饲养）之间有关联，但未必是因果关系；说它们有关联，是因为它们都与永久性定居生活相适应。需要着重指出的是，并非所有的牲畜饲养都仰赖农业提供饲料，摩尔根观点的正确性是有限的。在考古发掘中经常可以见到牛、羊、鹿的骨头，这类动物的饲养是不需依靠农业的；对于这类动物，其实只有草、叶供应便足够了。狗是最先饲养的动物，也不必以农业为基础。至于猪的饲料是否一定依赖农业提供饲料，也需探讨，从生理学的角度看，在猪饲养的初始阶段，人们不可能预见到可以把人类粮食作为猪的饲料；合乎逻辑的推想只能是，当时人们用于饲养猪的饲料，跟野猪的食料相似，即野生植物的叶、茎、根块等。只是到了后来，人们才用残羹剩饭作补充饲料，并逐步过渡到以残羹剩饭（或粮食）为主的阶段——也只有在改变了食物结构之后，猪才能获得驯化特征。基于以上分析，我们不难看出，在诸多牲畜中，唯有猪在一定程度上需要提供饲料。因此确切地说，猪的饲养才可以作为判断农业发生的一条标准。”

那么世界上到底什么时候开始对野生动物的驯化？哪些动物最早被驯化？这些动物的驯化在中国范围内哪里出现最早？对此我只能概括性地谈谈，重点还是放在中国范围内。

迄今世界上已发现的较早驯化的动物品种有：绵羊、狗、山羊、猪、牛、水牛、牦牛、马、爪哇牛、驴、骆驼、家鸡、蜜蜂、蚕蛾、鸭、鹅、鱼。

狗是大家公认的被人类最早驯化变为家养的野生动物。世界上最早的狗被发现于伊朗的巴勒高拉，年代为公元前1.2万年。在非洲和美洲也发现了狗的骨骼，年代都相当早，都是距今1.5万—1万年前。中国最早的狗骨骼发现在距今7000年前浙江余姚河姆渡遗址中，至于发现在广西桂林甑皮岩遗址的标本，是否属于家养的狗还很难确定，虽然有少数标本已经反映出狗的特点：嘴较短，齿列紧密，齿隙小，下颌骨水平枝变弯等等，但大多数标本还保留着狼的特征，不如说甑皮岩遗址出土的犬科标本正处于被驯化的早期阶段更为合适。

猪也是人类驯化相当早的野生动物。世界上已发现最早的猪过去认为是在伊拉克库尔德斯坦地区的贾木尔遗址中，发掘出距今约8500年前的猪骨，还有在土耳其加约努出土的猪骨，年代也是距今约9000年前。在中国，一般认为浙江余姚河姆渡遗址中出土的猪绝对是饲养的家猪，它已有距今约7000年的历史，但古生物学家李有恒和韩德芬两位研究了甑皮岩遗址出土的野猪骨骼后认为，这里发现的不是野猪，而是具有家养特征的猪。若此无误，中国驯化野猪的历史应该是迄今世界上最早的，距今约1万年，在国内也是最早的。

其他的野生动物被驯化的时间都较晚，不少都不在岭南地区，甚至不在中国。如黄牛最早出现在土耳其和希腊；水牛最早发现在印度和巴基斯坦；牦牛最早发现于我国西藏；马最早发现在中亚草原上。不过最近在广东英德云岭牛栏洞遗址中，发现了一个很重要的迹象，从遗址时代的中段起，食草的偶蹄类种属和个体同时大增，尤其是年轻的个体数量有明显的变化，以至偶蹄类动物占整个动物群的65%。这种现象似乎标志着牛栏洞遗址的先民此时已开始驯养鹿类。

由上述的资料来看，岭南地区成为某些家畜驯化的起源地是很有可能的。如果依上所述，家畜驯化和农业起源的关系密切，谷物的种植是出于饲养家畜的需要。那么猪、狗的驯化在岭南地区应该有其物质基础，因为岭南地区成为稻作的起源地之一是不成问题的。

五、中石器文化研究的重点地区

中石器时代文化的研究到了今天已进入到一个新台阶，关于中石器时代是否存在，什么是中石器文化，中石器时代的界定和称呼都不是最为重要的，因为这些问题，在欧洲地区已取得了共识，在世界其他各大洲中也逐渐意识到它的存在。更为重要的是，大家都意识到，在旧石器时代行将结束，新石器时代即将开始之际，在人类历史的长河中，人类经历了一个新的转折点，这个转折将导致人逐渐摆脱完全依赖自然的采集食物经济，变成富于创造性的生产食物经济。随着这一转折，人类的农业、家畜饲养和畜牧业都在起源，人种分化已完全确定，社会结构体制开始转化，由原始群转化为氏族社会，人类流动生活转向半定居和定居，原始宗教和艺术都在萌发。并且在长期的研究中发现，这个时期的文化内涵和当时当地的生态环境的变迁有着极为密切的关系，由于这样，使我们清晰地意识到，要解决这个转折时期的文化及有关问题，单靠历史或考古学科的研究已经不行了，必须依靠多学科的参与才能真正解决问题。同时又清楚地看到，由于在这个转折时期，地球上正处在最后一次冰期行将结束，冰后期即将开始的时候，地球上的生态环境正处于剧烈的变化中，由于受到这些因素的影响，所以全球各地的自然条件千差万别，就算处于同一时期的不同地区的自然条件也差别很大。正因为如此，所以过去考古界一直喜欢寻求一种模式去把中国南北不同地区在同一时期的文化统起来，实践证明这是行不通的，尤其是对于处于变化万千的转折点时期的文化，中国中石器时代文化之所以一直未能取得共识，可能这也是一个主要的原因吧。过去几十年以来，不少中国学者都看到中国南北地区，大范围内清晰地反映在这个转折时期，起码存在着以细石器为主体的文化（北方）和以陡刃砾石石器为主体的文化（南方），有些人很难理解为什么会出现这种局面，以为凡是不能用一个模式统起来的文化，就不能算是一个时期的文化，往往人为地把两个文化面貌截然不同的文化划归不同时期，没有意识到这是文化的同期异相，更不知道导演出这种状况的主要原因是生态环境。

近十年来，笔者经历了岭南地区近20个属于这个转折点时期遗址的发掘和研究，再拿此结果与前22年来本人在华北和东北地区工作时所接触到的同属于这一时期的遗址作对比，结果发现上述的南北两大文化类型的存在是客观的也是非常合理的，之所以说它们是合理的就因为这是生活在这个转折时期的先民们在适应当时当地的自然环境中各自创造出来的文化，由于当时当地的生态环境差别大，所以在这种条件下创造出来的文化，从内涵到形式以及后来反映在工具造型技术和工具类型上均不相同，这是必然的结果。所以要解决这个转折时期的中国文化，必须在认同这两种文化类型的前提下，分别进行研究，然后再从这两个文化的接合部地区，寻找它们的相同点和相互影响的特点。这样才能真正解决问题。

在南方这个转折时期的文化地点分布很广，北到长江以南，西到云贵高原东侧，东到台湾，南到海南岛，尤其集中于岭南地区。早在20世纪60年代初期，裴文中教授在广西地区已有所发现，武鸣苞桥A洞、芭勋B洞、腾翔C洞、桂林D洞等一系列洞穴遗址均属这一时期的文化遗址。当时只因为从这些洞穴遗址中发现的文化遗物与北方地区发现的那套以船底形石核和小石叶为代表的细石器文化所象征的中石器文化格调不一样，因此，对这些文化遗存的确认，一直处在反复之中，有时把它们划为旧石器时代晚期末，有时又把它们划归新石器时代早期文化。亦有人把它们划为中石器时代的文化。但如果拿它们与欧洲那些典型的中石器时代文化相比，就显得更加相距太远。所以反复在所难免。可是随着南方田野考古工作的开展，这类遗址的发现越来越多，如广西宾具盖头洞、柳江思多岩、陈家村、崇左矮洞、柳州白莲洞Ⅱ期，大龙潭鲤鱼嘴下层、桂林穿山月岩、东岩洞、桂林甑皮岩下层；广东的阳春独石仔下层、封开黄岩洞、罗沙岩上层，还有罗髻岩、乞丐岩、高岩、罗定的饭甑山岩、平塘下山儿洞、英德青塘朱屋岩、云岭牛栏洞下层等等遗址。在湖南的湘南和湘西怀化地区也陆续发现了这类文化遗址，既有分布在溶岩地区的洞穴内，也有分布在大小河流的阶地上，甚至有些以贝丘遗址形式出现。在沿海岸和海岛的沙堤遗址中，虽然迄今仍未有确切的发现，但在香港大屿山岛南面的石壁东湾遗址中，在其砾石层面上，已发现了陡刃砾石文化，这很可能是属于这一时期的文化遗物。当今，香港地区已有距今6000年前的文化，突破这一时期的文化有所存在也不为奇。

依上所述，这类遗址目前大多数集中在岭南地区，所以，要解决中石器文化的研究问题，岭南地区是一个至关重要的地区，如果联系到现代中国人的起源问题，这个课题的研究就更有意义了。

既然有文化，与文化有联系的社会结构问题，意识形态问题，以及人种分化问题，原始宗教和艺术起源问题的研究也将会有丰富的材料提供，因为这是相互有密切联系的相关问题。由此可见，岭南地区在中国史前考古中具有何等重要的地位就一目了然了。

参考文献

[1] 陈淳：《现代中国人起源问题的考古学探索》，中山大学岭南考古研究中心内部资料，2001 年。

[2] 陈远、胡大鹏、易西兵：《甑皮岩遗址动物群的再研究》，《中石器文化及有关问题研讨会论文集》，广东人民出版社，1999 年。

[3] 邱立诚、张镇洪：《史前农业起源与生态环境的关系》，《中石器文化及有关问题研讨会论文集》，广东人民出版社，1999 年。

[4] 顾海滨、张镇洪、邱立诚：《牛栏洞遗址水稻硅酸体的研究》，《中石器文化及有关问题研讨会论文集》，广东人民出版社，1999 年。

[5] 冯孟钦：《岭南中石器遗存工具套略析》，《中石器文化及有关问题研讨会论文集》，广东人民出版社，1999 年。

[6] 周国兴：《白莲洞文化与华南中石器时代》，《中石器文化及有关问题研讨会论文集》，广东人民出版社，1999 年。

[7] 谌世龙：《桂林庙岩洞穴遗址的发掘和研究》，《中石器文化及有关问题研讨会论文集》，广东人民出版社，1999 年。

[8] 顾海滨：《广东英德牛栏洞遗址硅质体、孢粉、碳屑分析》，《英德史前考古报告》，广东人民出版社，1999 年。

[9] 陈淳：《中石器时代的研究与思考》，《农业考古》，2000 年第 1 期。

[10] 张文绪：《中国古稻性状的时位异相与栽培水稻的起源演化轨迹》，《农业考古》，2000 年第 1 期。

[11] 张镇洪：《岭南文化之源珠江来》，《岭南考古论文集》，岭南美术出版社，2001 年。

[12] 张镇洪、邱立诚：《人类历史转折点——论中国中石器时代》，广西人民出版社，1997 年。

（原载《岭南考古研究》第 2 辑，岭南美术出版社，2002 年）

浅谈岭南史前考古的主攻方向①

一、前言

岭南地区地处我国最南端，生态环境属于热带和亚热带气候。我国四大河流之一的珠江水系贯穿其境。这里是高温、多雨、潮湿、日照强、海岛多、海岸线长、台风多的地区。全区山地、丘陵多，平原少。喀斯特地形在本区特别发育，原始森林分布广泛，构成了一个复杂的自然环境。到了人类社会出现以后，这里又成了多民族聚居的地区。适应各种各样的生态环境中，在这里生活的先民们，创造了丰富多彩的文化，尤其是史前阶段更为精彩，但在研究史前史过程中，作为考古工作者应该朝着哪一个方向努力，才能取得事半功倍的成果呢？这是本文要尝试探讨的问题。

二、岭南地区史前文化特色

由于岭南地区生态环境复杂，史前的先民们在适应复杂的生态环境中创造了丰富多彩的史前文化。总结起来，在岭南地区发现最多的史前文化遗址可归为四大类。

第一类是洞穴遗址。这是分布最广、数量最多、保存得最好、文化堆积较完整而文化内涵最为丰富的遗址。例如闻名中外的马坝人、柳江人、桐梓人化石的文化遗址就属于洞穴遗址。此外，还有广东封开垌中岩、黄岩洞、罗髻岩、罗沙岩；阳春独石仔；罗定下山儿洞；英德云岭牛栏洞、宝晶宫和广西桂林穿山东岩洞、宝积岩、甑皮岩、庙岩、大岩；柳州都乐岩、大龙潭鲤鱼嘴、思多岩；崇左矮洞、白莲洞；隆林那来洞；荔浦水泉东洞；田东定模洞；都安干淹岩、九楞山、巴独山牛洞以及贵州兴义猫猫洞；贵阳穿洞；水城硝灰洞；威宁草海；六枝桃花洞；黔西观音洞；盘县大洞等等，均属于洞穴类型遗址。

① 本项研究由（香港）中山大学高等学术研究基金会资助。

第二类是贝丘遗址。比较有名的有广西南宁豹子头遗址、顶狮山遗址；桂林的庙岩遗址、大岩遗址和甑皮岩遗址；柳州大龙潭鲤鱼嘴遗址和白莲洞遗址；广东阳春独石仔遗址；遂溪鲤鱼墩遗址；广东英德云岭牛栏洞遗址等等。这类遗址有的和洞穴遗址有交叉现象，有不少洞穴遗址的堆积中往往有若干层是带贝壳的文化层，同时也具有不带贝壳的文化层，这种遗址往往跨越的年代比较长。纯贝壳文化的遗址也有，如广西南宁豹子头遗址、顶狮山遗址；桂林的大岩遗址；广东遂溪鲤鱼墩遗址等等。

第三类是阶地遗址，也有人称台地遗址。这类遗址都是分布在河流两岸的阶地上，从一级阶地（T1）一直到三级阶地（T3）上都有，个别可达四、五级阶地上。如广西百色盆地中的左、右江两岸阶地上分布得比较多，在珠江干流——西江两岸阶地上分布也很普遍。例如广西南宁豹子头遗址、顶狮山遗址；柳州兰家村遗址；广东英德青溪史佬墩遗址；封开勤竹口遗址以及最近发现的广西百色隆林百达遗址都属此例。

第四类是在华南沿海地区或海岛地区存在的一种特殊的文化遗址，称为沙堤遗址或沙丘遗址，我个人认为为避免与沙漠草原区的沙丘遗址相混，称它为沙堤遗址更为好些。这类遗址有人称它为季节性遗址，并非一年到头有人在此活动和生活，而且随着每年的季节变化而周期性利用。所以文化层的堆积带间隙性，但实际上，因其利用周期频繁，在文化层的堆积上看不到明显的间隙，基本上还是连贯的。这种遗址都和水上先民们或活动于海边的居民们有着密切关系，所以无论在生产工具的制造和使用上以及居住活动形式上都有自己的特点。例如香港大屿山石壁东湾遗址、南丫岛大湾遗址、深湾遗址、屯门龙鼓滩涌浪遗址、马湾东湾仔遗址；澳门黑沙湾遗址；还有珠海的宝镜湾遗址；深圳大黄沙遗址等等，均属此类。

根据迄今已发现的史前阶段的遗址情况来看，岭南地区史前文化遗址有三种特色：其一，以洞穴遗址居多，一直到新石器时代中期，不少洞穴遗址中也出现贝丘文化层，阶地上发现的纯贝丘遗址不算很多，而阶地遗址中不带任何贝丘文化层的遗址也不多，往往到了新石器时代晚期这种文化遗址才出现。其二，在岭南地区的史前文化遗址中，文化层堆积普遍比较薄，尤其是阶地上的文化遗址（亦包括个别山坡遗址），这可能与岭南地区的自然环境有直接关系。因为岭南地区气候高温多雨，自然侵蚀力量大于沉积力量，所以能保存下来的文化堆积物不可能太多，文化层显得单薄。其三，岭南地区的文化遗址，除洞穴遗址中有因石灰岩碳酸盐钙化胶结作用，使得大量的哺乳类动物化石和少量人类化石得以保存下来外，阶地遗址和大部分纯贝丘遗址中，都很难找到其伴生动物群化石，只有在较晚期的遗址中才能找到一些兽骨残块。这种现象也是由于岭南地区气温高而且潮湿。在第四纪地层中，发育着一套带酸性的呈褐红色或褐黄色的风化壳，有机物如动物骨骼等均易被腐蚀，难以形成化石保存下来。这样一来，有些阶地遗址的相对年代和当时的伴生动物群的确定和了解就很难知晓，对恢复当时的气候和生态环境增加一定困难。而且先民们生活过程中留下的各种遗物，除石头工具外，其余的都难于保存，虽然尚可利用植物孢粉、硅藻、硅酸体进行一些分析，但无法或难于与北方地区同期的文化遗址进行对比研究。这样一来，岭南地区的洞穴遗址中，由于石灰岩碳酸盐钙化作用，使不少先民们的遗物得以保存，虽然其条件远远达不到北方地区同期的文化遗址，但已为我们保留了许多珍贵的遗物。因此，岭南地区的洞穴遗址成了研究岭南史前史的主要实物来源。

然而，随着历史的发展，古人类在史前阶段后期已从洞穴生活走出来，到了山坡和河流阶地上、海岸沙堆的沙堤上、海岛海湾沙滩的沙堤岬角上。生活范围宽广了，和大自然接触更多，生产活动内容大大丰富，生活过程中给我们后代留下的各种文化遗物也琳琅满目，但经不起大自然的强力侵蚀，所以所剩无几，尤其是史前早一阶段的文化层很难找到。前面讲过，在洞穴里会保存得好些，但在海拔高度低一点的洞穴中又遭现代的人为破坏，诸如旅游开发、采集钟乳石和“挖磷肥”等等，大部分的洞穴遗址被破坏得也差不多了。而在海拔高度60米以上的洞穴，由于登山困难，现代人较少踏足，大部分文化堆积均保留完好，广西柳江巨猿洞就是一例。在这些洞穴中可能将有重要的发现，不过目前我国考古学家还未将注意力集中到这些地方，加上研究经费缺乏，设备落后，也局限了向这方面发展。

从前面的介绍，大家都明白岭南地区的史前考古不管是客观因素或是主观原因，都存在着一定的难度。本来是有利的条件，已被人为破坏；剩下可利用的地方有限，而眼前人们却没能力去利用。前人和现代人所做的一切工作是否已经解决了所有的问题？没有！是否已到此为止？显然也不是。那该怎么办？

三、抓主要课题带动全局

不管怎样说，新中国成立以来，我国考古学的研究工作有了长足的发展，考古调查和发掘普遍地进行，特别是自从开放改革以来，随着工农业和现代科学的发展，考古成果是丰硕的，不少重大的考古发现陆续地呈现在国民面前。但一直被认为是蛮荒之域的岭南地区，虽然新的和重大的发现也不少，但和北方、中原地区却是无法相比的。尤其是史前时期的发现，考古学研究的深度和广度都不如我国中原地区。不过从考古调查和发掘中发现，有些方面岭南地区研究的深度和广度远比我国中原和其他地区先进，如稻作起源和家畜饲养的起源是在岭南地区最早出现的。在人类起源和人种分化确定与辐射方面，岭南地区可能不仅仅是一个桥梁地带和中转站，同时也是现代中国人起源的辐射中心。

近十年来岭南地区的考古发现和深入研究，如广西桂林庙岩遗址的发现，广东英德牛栏洞的发现，加上紧靠桂北的湖南道县玉蟾洞的发现，已经证明我国稻作起源是在南岭南北这一片地区。通过南方中石器时期及其文化的研究，通过以英德牛栏洞动物群的研究和广西甑皮岩动物群的再研究，发现猪和鹿的驯化最早也是出现在岭南地区，狗的驯化也一样。而且从旧石器中晚期一直到新石器早期阶段，岭南地区存在着一套以陡刃砾石石器为代表的砾石文化，新、旧石器时代之间确有一个过渡阶段，即客观上存在着一个和北方同期的中石器时期及其文化。随着历史的发展，岭南扮演着不同角色。特别是近十年来，分子生物学研究在考古学上的应用取得了突破性的成果。

不久前，由中国医学科学院生物学研究所诸家祐教授领衔，由中国 7 个研究机构 12 位研究人员承担的中国基因多样性课题组，对中国 56 个民族中的 28 个民族群体的基因样本进行了分析，并将其与其他亚洲和非洲群体进行了比较，完成了题为“中国各人群的遗传关系”的论文。中国遗传学家的研究结果认为“源自非洲的现代人构成了目前亚洲人口基因库的主体”，他们认为现代中国人的祖先大约在 60000—40000 年前，从非洲出发向东经印度洋取道东南亚进入中国华南地区。这意味着原来科学界所公认的中国人自北京中国猿人和其他古人类类型进化而来的传统观点遇到了严峻的挑战，而这项挑战来自于生物科学的最新探索领域——分子人类学。

其实，早在 20 世纪 80 年代下半叶，美国加州大学伯克利分校的一批分子人类学家根据对 147 名各大洲不同人种妇女胎盘细胞中的线粒体 DNA 分析，将所有现代人起源追溯到 20 万年前生活在非洲的一位妇女。这一被称为“夏娃理论”或“走出非洲”的假设对学术界产生了巨大的冲击，这意味着人类起源和进化的主干在非洲，其他各大洲的古人类代表都不过是进化中的旁支。

1997 年，德国莱因汉斯博物馆和慕尼黑大学的分子人类学家联合，采取聚合酶链反应（PCR）分析方法，确认欧洲典型尼人的线粒体 DNA 序列处在现代人类序列的变异范围以外，因此不可能是欧洲人的直系祖先。这一成果被列为当年世界十大科技成就，并被西方媒体认为其意义可以和人类登陆火星媲美。

最近分子人类学研究又有了新的突破，一项由 19 项信息更为丰富的 Y 染色体指标被用来揭示东亚人群父系传承的遗传学研究在美国的斯坦福大学完成。由于变异相对较小，用 Y 染色体指标来重建人群的遗传历史长期没有进展，直到一种更有效的测定方法——高性能液相层析法（High - performance liquid chromatography）被引入之后，这一领域的探索才有了进展。在过去几年里，大量 Y 染色体指标被分辨出来。通过对包括中国 21 个不同民族的人口、22 个省份的汉族人口，3 组东北亚人口，5 组东南亚人口以及 12 组非亚裔人口在内的大量样本的分析，表明东南亚人口要比亚洲北部人口拥有更大的变异。这意味着东南亚大陆应是东亚现代人群最早的定居点。根据 Y 染色体变异速率的推算，晚期智人进入东南亚的时间大约在距今 60000—18000 年前，紧接着开始了向北方的迁徙过程。与此同时，有另一批晚期智人群体从东南亚开始向南迁徙，进入马来西亚和印尼并到达太平洋群岛。为此，Y 染色体分析的结果与线粒体 DNA 的证据完全吻合，进一步证实了“夏娃理论”和东亚人自南向北迁徙和扩散的模式。

但是，分子生物学的进展并没有获得中国大多数古人类学家和考古学家的欣然认可。以中科院院士吴新智教授为首的学者认为中国发现的古人类化石不但在形态上、而且在时空分布上都显示出进化上的连续性，而且中国的旧石器文化也显示出传统的延续，缺乏人口替代经常伴随发生的外来进步文化的取代。吴院士还指出，如果中国的晚期智人是从非洲来的，那么他们应当携带着更进步的和中东地区类似的旧石器工具，但是中国并没有发现这样的工具。吴院士认为，晚期智人从非洲迁徙到欧洲取代尼安德特人的过程可能是真的，但是中国经历了一个不同的进化过程，现代人类在远东的演化以本地人种延续为主、外来人种杂交为辅。这是当今国内古人类学家和考古学家主流的看法。但不管怎么样，“走出非洲”或“夏娃理论”为 21 世纪的中国旧石器时代考古学提出了一个意义极其深远的科学难题，解决这个难题的关键地区看来不是在华北的黄河流域，而是在我们先前认为旧石器发展脉络不清的华南地区，这是现代智人首选从东南亚进入中国内地的第一站。为此，华南地区的旧石器时代考古学在解决现代中国人的起源问题上，占有极其重要的地位，而地处华南地区南部的岭南地区显得更为重要。面对科学新课题的挑战，岭南地区的考古学已经处在一个极其重要的关键位置。

由于国际学术界意识到“走出非洲”或“夏娃理论”，是立足于现代人群线粒体 DNA 和 Y 染色体等遗传物质突变速率推算所得出的假说，这一遗传学证据并非直观而被科学界称其为“软材料”，我们还需要考古学和古人类学的实物证据来作进一步的检验，而考古学材料被认为是重要的“硬材料”。因此，关键证据的获得还是要靠考古学的发现。

根据以上介绍，毫无疑问，这个现代中国人的起源问题不仅是全国考古界最新、最重要的科学新课题，更是岭南地区考古学迄今最紧迫、最关键的科学新课题。

如果说现代中国人的祖先不是本土古人类连续进化来的，而是来自非洲外来者，那么我们需要解决以下几个问题：

第一，我们要弄清这一人群替代的详细过程。是采取了一种整体取代或是一种杂交和逐渐融合的过程？

第二，我们必须通过现已发现的古人类化石的进一步研究，找到确凿的证据，来显示外来的种群进入华南地区后如何生存，并与当时当地的土著古人类群体共生、杂交和融合的情况。虽然我们已经在华南地区发现了马坝人、柳江人和资阳人、桐梓人等早期和晚期智人化石的材料，可惜其数量太少，以它们来检验中国人非洲起源说显然显得单薄。我们需要通过扩大田野调查范围，希望获得更多的材料，与此同时对已发现的所有古人类材料加以深入的研究，找出他们的异同点，并与周边同期的古人类化石进行对比研究，找出他们之间的关系。

第三，我们必须从文化人类学的角度寻找比较好和数量比较充分的文化遗址，了解古人的活动情况，他们的石器技术、生存方式和意识形态上的细节。尤其是关注五六万年前可能发生这一重大的转变和过渡。

第四，我们必须寻找所谓东西方文化传播的因素，从已发现的上百个旧石器时代中、晚期的文化遗址中已出土的上万件石器、骨器及其他一切生产工具中寻找和非洲及中东地区类似的旧石器工具与加工技术。

众所周知，人类历史发展到几万年至八九千年之间。人类社会演化的许多大事件都是在这个时期发生和确定的。如农业起源、家畜饲养和畜牧业起源、原始宗教、艺术起源、人类社会形态形成、人种分化最后的确定等等，都是与此时期有直接或间接关系的。如果我们把万物之灵——人类起源的问题解决了，上述提及的其他问题的解决就不成问题了。

所以，岭南地区史前考古研究的主攻方向，我们认定是现代中国人起源及有关问题的研究。如果把这一问题解决了，或者为这一问题的解决提供充分的实物证据（所谓硬件），那我们将是功德无量了。

参考文献

[1] 张镇洪、邱立诚：《人类历史转折点——论中国中石器时代》，广西人民出版社，1997 年。

[2] 曾骐：《环珠江口两侧的史前文化》，《东南亚考古论文集》，香港大学出版社，1995 年。

[3] 陈淳：《中国猿人》，上海科技教育出版社，1998 年。

[4] 邱立诚、张镇洪：《史前农业起源与生态环境的关系》，《中石器文化及有关问题研讨会论文集》，广东人民出版社，1999 年。

[5] 张镇洪：《现代中国人的祖先有可能来自非洲吗?》，《岭南考古研究》第 3 辑，香港考古学会，2003 年。

（原载《岭南考古研究》第 4 辑，香港考古学会，2004 年）

从考古发现看岭南文化与西江的关系

岭南文化和我国的中原文化、红山文化、东南文化一样，都有其长久的发展过程，都有它的来源和发祥地，亦有它的发展中心。中原文化发源于黄河流域，辽河流域孕育了红山文化，东南文化产生于长江流域，岭南文化之源主要是珠江水系最大的支流西江。可以说没有哪一种文化的诞生和发展是离开大江大河的，因为文化是人类创造的。而人类的生存和发展是绝对离不开水的，从古到今都如此，所以说水是万物之源，现在不妨让我们从人类发展史的角度来加以论证。

一、西江是连接人类起源地的桥梁

根据近一百多年的发现和研究结果，世界上绝大多数学者都承认人是从古猿进化而来的。

至于人类的起源，有的学者认为在亚洲的南部，也有的学者认为在非洲。不管人类的起源地是在南亚或者是在非洲，作为人类向周围地区辐射传播和迁移的途径有许多，例如，沟通欧洲大陆的有地中海沿岸和深入内陆各条河流，横贯欧亚和连接非洲的中东地区和红海走廊，贯穿非洲南北的尼罗河和东非大峡谷。在亚洲，中国横断山脉下的各大河流（作为南北向通途）和连接云贵高原与东南沿海地区的珠江水系和长江水系各大河流（作为东西向的通途）都处于不容忽视的地位。

中科院古脊椎动物与古人类研究所的古人类学者林一璞先生在他发表的《自然之谜》第 4 辑中的《古人类迁移与“金沙走廊”》一文中已明确地指出，金沙江、澜沧江及横断山脉中属于长江上游的其他的各条河流，如雅砻江、大渡河等都是沟通南亚与我国中原地区的重要通道。作者指出，无论人类起源的中心在什么地方，元谋—金沙江河谷的这个盆地，是亚洲间人类迁移到其他地区的中转站和主要途径之一，而且这种作用，早在 170 万年前就已经存在了。但是，到了中更新世，由于在亚洲西部已形成了世界屋脊，足以使南亚与北亚广大地区的联系隔断，在这种情况下，南亚的古人类向外迁移和分布的途径又何在呢？对此问题，本文作者早在1987年已发表的《东海走廊——远古人类迁移和分布的通道之一》一文中指出，到了中更新世之后，远古人类从起源地区往东亚、东北亚地区传播的重要通道之一是“东海走廊”。而连接“东海走廊”的最重要途径现在看来就是发源于云贵高原的珠江水系中的西江及其各支流。

这种结论有何依据？我们不妨从南、北人类的血缘关系来寻找它们之间的关系。

1. 1982年，在丹东市东沟县前阳乡山城子的一个洞穴里发现了一个较为完整的人类头骨化石，我们称她为前阳人。经研究，发现她属于蒙古人种是无可置疑的，而且发现前阳人的下颌骨上升枝最小宽度比较小，左侧为33毫米。与东北亚和北美洲土著居民，特别是爱斯基摩人比较相去甚大。如果再与南亚的人种比较，则出现异常的相似。

从数字比较可以看出，东亚的北部和西部下颌上升枝最小宽度的尺寸有由大向小变化的趋势，丹东前阳人的下颌骨，就其上升枝最小宽度而言，明显地落在东亚南部人群的数值之中，而与北部的人群相差太远。所以我们认为，如果不是偶然之故，不难设想丹东前阳人的渊源与其说是来自我国东北地区或华北地区，倒不如说来自我国华南地区可能更有说服力。

2. 1980年在本溪庙后山遗址中发现的人牙化石中，出自第9方第6层堆积的那颗右下第一臼齿，其结构很有特点。它的齿根除了有显著的三根外，还从远中根舌侧分出一根小的齿根，而且从X光透视照片中可以看出，该牙齿的牙髓腔比较发育，属“牛牙”型齿。这两个特征在北方的蒙古人种中极为少见，而在南方的蒙古人种中则极为普遍（现在例外）。由此可见，这种现象不能说纯属偶然性。

3. 安徽和县猿人化石中不少特征是更为接近爪哇猿人的。如上臼齿的齿带特征，颊舌径的大小，以及齿髓腔属牛齿型，还有眶上圆枕和额鳞之间存在的眉脊上沟的特征等等都是和南方的蒙古人种极相似，如果不能说和县猿人演化上与南方的蒙古人种有直接关系的话，起码在系统演化上有着明显的渊源关系。

此外，山东沂源的头骨和南京猿人头骨也有类似的特点。

4. 在年代较晚的人类迁移和分布上同样可以找到这样的证据。1983年，在临近日本南端的冲绳县宫古岛的洞穴里，发现了旧石器时代人类的头骨和脊椎骨，这是由横滨国大教授长谷川善为首的调查团发现的，经研究后被认为是

2 万年前之物，而且这些化石的发现，加强了认为日本人的祖先是从中国华南地区经冲绳到来的看法。因为这些人类化石的形态特征与在中国广西发现的柳江人化石极为相似，所以很自然地引申出上述结论。不仅如此，连在静冈县引佐郡三日町发现的“三日人”（约 2 万年前）、在爱知县牛川町发现的“牛川人”化石、在大分县圣岳发现的“圣岳人”化石，以及在那霸市洞穴中发现的“山下纲人”（约 3. 2 万年前）和在冲绳本岛南部相继发现的“港川人”化石等等都可以作为“东海走廊”存在的佐证。

而且西江流域高阶地上出土的砾石石器从其特征和打制技术上来看与朝鲜半岛南部的全谷里遗址（约距今 40 万—30 万年）出土的同类石制品是如此的相似，这不能不使人认为，这两处的文化在演化上可能存在某种的联系。

由此可见，东亚和东北亚，乃至北美洲的古人类及其文化都与南亚以及西南亚地区的古人类迁移及其文化有着深远的渊源关系，也可看出古人类及其文化分布的轨迹。同时清楚地看到西江流域作为连接人类起源地与东亚、东北亚地区的桥梁地带的作用。

二、西江流域又是古文化的中心

正因为如此，所以在本流域范围内，从旧石器时代早期一直到新石器时代，这一地带的文化都很繁荣。从考古发现非常丰富就可说明。由上游算起，例如 1993 年全国十大考古发现的贵州盘县大洞遗址（距今 40 万—10 万年）就位于西江上游的南盘江流域内。这个洞穴遗址洞口朝东，洞口宽 55 米，洞厅纵深 220 米，洞内平均宽 35 米，面积近 8000 平方米，洞内堆积由洞口向洞内缓倾，堆积层厚度最厚处（洞口露出部分）可达 19. 5 米。入洞后 30 米左右有一直径约 20 米的石钟乳大石柱，石柱之南侧和其下的堆积保存完整。经初步试掘后已出土了大量的文化遗物，其中包括人牙化石、打制石器和骨器，还有 40 多种哺乳类动物化石。经年代测定，其文化层的延续时代较长，从距今 40 万—10 万年之间，是一个难得的旧石器时代早期文化遗址。

接着是在广西百色地区发现了大批含手斧形器物的砾石石器（图 1），这种砾石工具广布于西江上游另一条支流右江的高阶地上，经年代测定结果初步确定为距今 70 万—60 万年。这套砾石工具分布很广，1995 年秋天，我们在野外调查中，已经在西江中游与贺江和桂江交汇地段发现了这套大砾石石器的存在。同样出土于砖红色网纹红土的地层中。时代可与右江百色地区的砾石石器相比。还有，早在50年代已发现的柳江人化石是世界闻名的晚期智人阶段的典型化石。加上近十年来，西江流域发现的文化遗址更为丰富。首先，于1978年秋和1989年冬在封开峒中岩先后发现了两颗人牙化石和大批的哺乳类动物化石。根据铀系法的测定，其年代为距今14.8±1.3万年。比曲江马坝人化石（绝对年龄为距今12.9±1.1/1.0万年），还早2万年。另外，1992年在封开庙边罗沙岩洞穴遗址中发现了人牙化石、人工打制石器和大批哺乳动物化石（图2），这个遗址包括了三个文化层，代表了三个不同年代的文化（即第四文化层为距今7.9±1.5万年，第三文化层为距今4.8±0.5万年，第二文化层为距今2.24±0.16万年），填补了广东距今10万—2万年这段时期史前文化的空白。其次，封开黄岩洞遗址的深入研究，证明经过几次发掘后出土的1000多件砾石石器工具是属于旧石器时代晚期末的产物（图3），年代为距今约2万多年，和上文化层（胶结层）中出土的人头骨化石（年代为距今1.93±0.2万年）一起，成为研究中国华南地区中石器时代及其文化的重要材料。

在此期间这类遗址的发现不仅限于封开黄岩洞及附近的罗髻岩遗址，处于西江流域上游的柳江和漓江阶地上均有重要的发现，如桂林的甑皮岩遗址（图4）、柳州的白莲洞遗址、大龙潭鲤鱼嘴遗址（图5）、兰家村遗址，还有广东阳春独石仔遗址（图6）等等都属于由旧石器时代向新石器时代过渡的遗址，如此系统和如此密集的发现在国内其他地区是不多见的。他们的发现为研究华南地区中石器时代及其文化提供了丰富而珍贵的材料。也成为这一时期西江流域文化昌盛的一个有力的佐证。而且清楚地表明，这里的生产已发展到了相当高的水平，文化与经济也有较大的发展，而且形成较多的人群聚落，成为原始社会早期发展中心地区之一。

到了新石器时代，这种繁盛状况更为显著，封开杏花乌骚岭新石器时代墓地的发现就是一典型例子。在仅有150平方米范围内密集地排列着111座墓坑，这在全国乃属罕见，这是人类社会发展的有力证据。

造成这种局面并非偶然，一来是与该地区的地理位置重要有关，因为西江（特别是中上游）及其各支流不仅在贯通东西方向联系方面重要，而且又是沟通南北方向联系的另一重要通道。贺江、漓江、灵渠与湘江的潇水和灌江之沟通就十分重要。正因为如此，使这一桥梁地带成为东西与南北交流的交汇地带，促进了这一地区文化的繁荣。二来是和这一地区有着非常优越的自然环境和生态环境有直接的关系。特别是人类社会发展到原始群解体、氏族社会形成的过渡时期，此时人类已完成了体质形态上的演变，人种的分化也已确定，人类社会可以说面临着全面发展的阶段，优越的自然生态环境的存在对人类的发展是至关重要的。而处于低纬度的岭南地区，在全球性的最后一次冰期——大理冰期行将结束时，全新世即将开始之际，由于水平面的上升，内陆的河流水源充足，低洼的地方出现大片的湖泊和沼泽地，降雨量明显地增加，大地充满一片生机。在一些江河交汇处和沿海浅海之滨，大量的水生生物迅速地繁衍着，为人类提供了丰富的食物来源。人类的采集生产活动不仅在森林中进行，慢慢地发展到水边，采集的内容也由采集根茎野果和各类种子逐渐扩大到采集和大量捕捞各种贝类和瓣鳃类动物。南宁豹子头遗址、柳州大龙潭鲤鱼嘴遗址、桂林庙岩遗址、大岩遗址、阳春独石仔遗址、封开黄岩洞遗址上文化层和英德云岭牛栏洞遗址上层等都是明显的例证。它们都属于含大量贝壳类的遗址。狩猎的活动也由于森林的扩展和技术的提高而大有改善。收获量大大提高，除了供应量外仍有富余。这就给家畜饲养业的诞生创造了条件。桂林甑皮岩洞穴遗址出土的兽骨已清楚地表明，猪已开始被饲养。封开黄岩洞、阳春独石仔和柳州白莲洞等遗址出土的穿孔砾石石器和磨石，以及近期桂林的庙岩遗址出土了距今1.8万年的原始陶片。虽然不能说它们是农业起源的标志，但起码可以看成是加工某种谷类作物种子的工具，很可能是采集已发展到集中采集的地步。这是原始农业诞生的前奏。

上述情况的出现，证明人类已有了较迅速的发展，不仅人口增加，群体加大，而且活动范围已从洞穴和森林扩大到水边及阶地上。在河流的交汇处形成聚落，开始了半定居和定居的生活。这为文化和经济发展中心的形成打下了基础。

而西江流域不少地方都具备以上的自然生态环境，所以它很自然地成为人类发展的中心，这些中心为后来的人类社会发展打下了牢固的基础，后人选择这些地方建立城镇和政权中心就一点也不奇怪了。封开地区就是这种中心中的一个。它的地域正好处于西江和桂江及贺江的交汇处，是一个得天独厚的地方。后来，在此建立岭南首府广信，成为历史文化古都就不奇怪了。正如汉武帝把此地区说成是“域枕三江水，山连百越青”就非常恰当。所以说，西江孕育了岭南文化，它是岭南文化之源，是有据可依的。

（原载《岭南文化珠江来》，中国评论学术出版社，2006年）

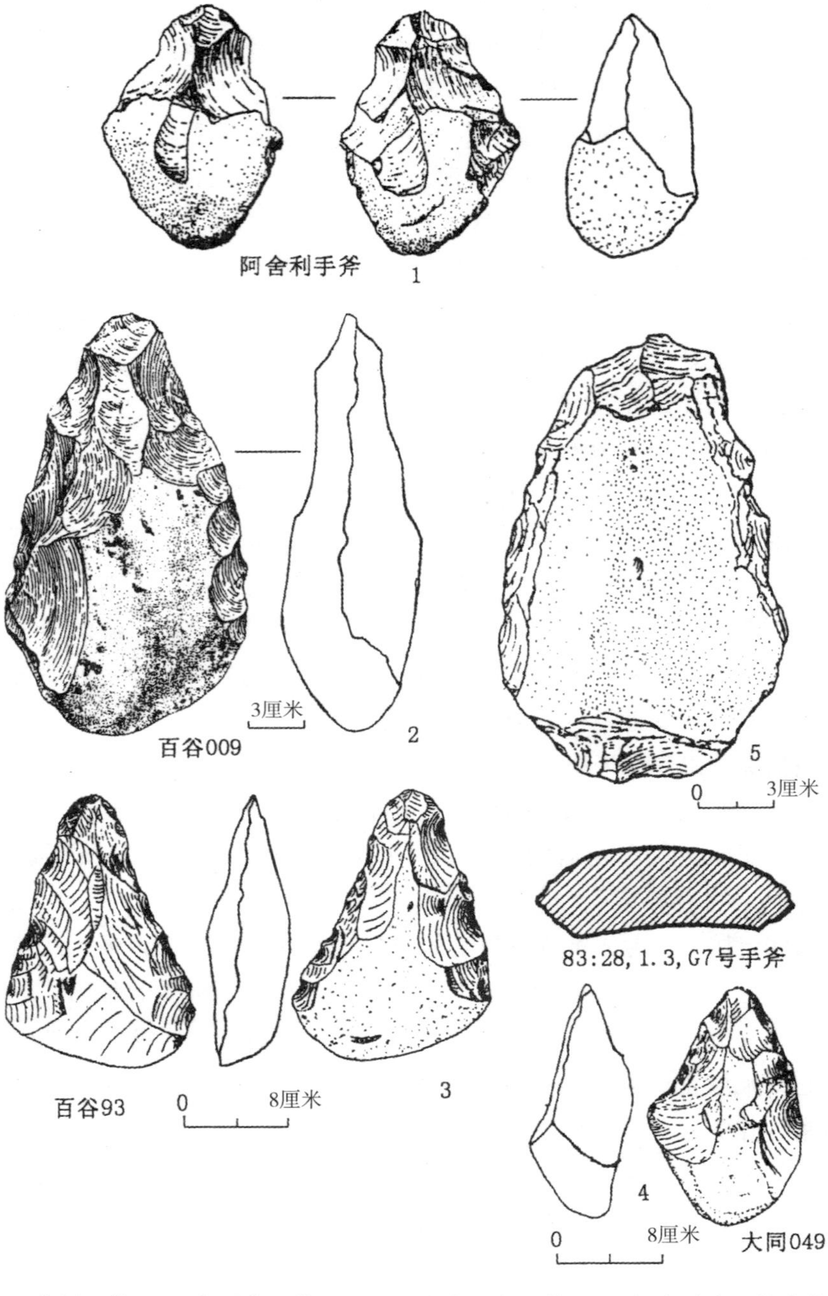

图1　非洲手斧（1）与百色手斧（2－4）和小孤山手斧（5）标本对比（依张镇洪）

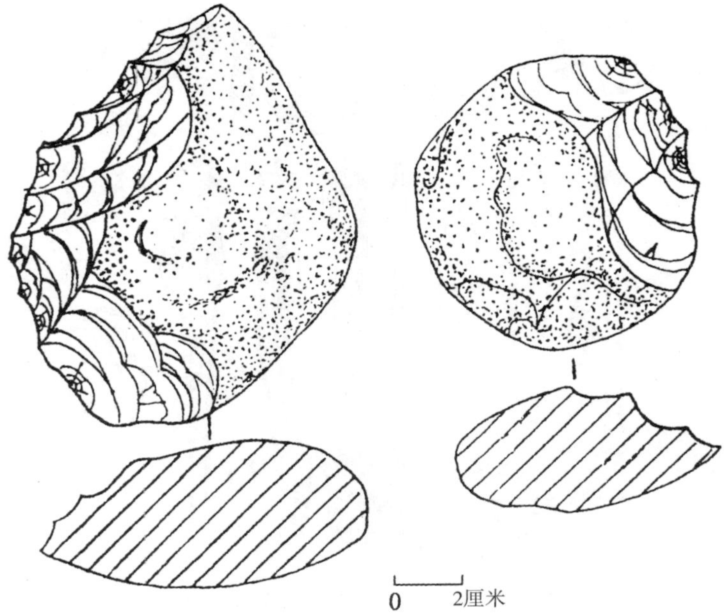

图 2　封开罗沙岩出土的砾石石器（依张镇洪等）

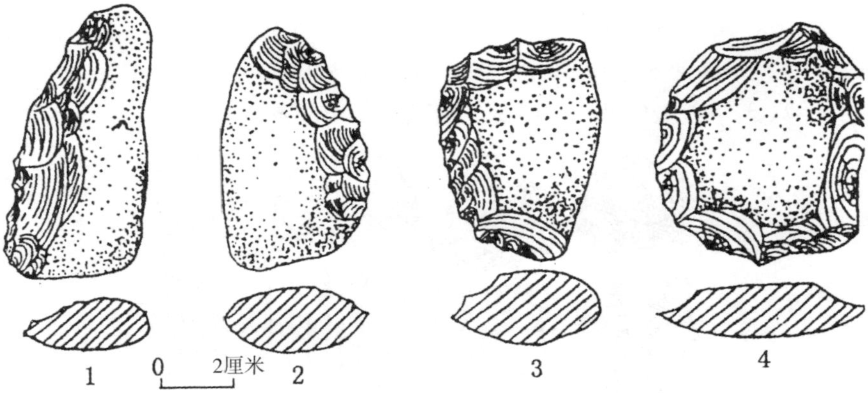

图 3　封开黄岩洞遗址出土的石器（依宋方义等）

1. *直刃砍砸器*　2. *弧刃砍砸器*　3. *端刃砍砸器*　4. *盘状器*

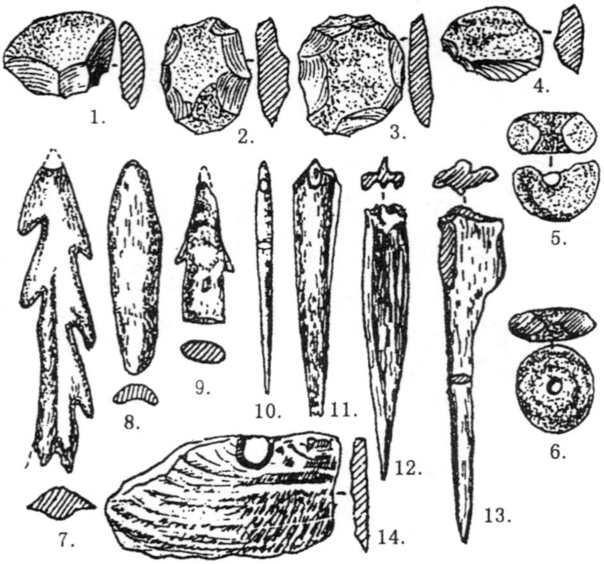

图4　桂林甑皮岩遗址出土的石器和骨器（依巫惠民等）

1. Ⅰ式边单刃砍砸器（$DT_5$③：7）　2. Ⅱ式双边刃砍砸器（$DT_5$③：3）　3. 盘状器（采1）　4. 刮削器（$DT_1$③：1）　5、6. 穿孔石器（$BT_1$③：1，$DT_2$③：2）　7. 骨鱼器（$DT_1$③：1）　8、9. 骨镞（$BT_2$③：1，$AT_1$③：1）　10. 骨针（$DT_2$③：3）　11. Ⅰ式骨锥（洞外2）　12. Ⅱ式骨锥（$DT_6$③：1）　13. Ⅲ式骨锥（$DT_2$③：1）　14. 穿孔蚌刀（$DT_5$③：3）（1、2、3、4为1/6，5、6为1/4，10为2/5，余为3/5）

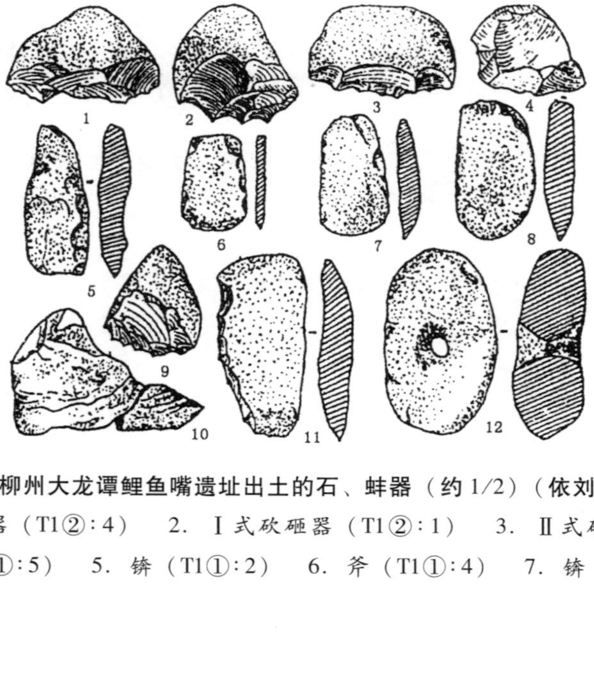

图5　柳州大龙谭鲤鱼嘴遗址出土的石、蚌器（约1/2）（依刘文等）

1. Ⅱ式砍砸器（T1②：4）　2. Ⅰ式砍砸器（T1②：1）　3. Ⅱ式砍砸器（T2①：1）　4. 刮削器（T1①：5）　5. 锛（T1①：2）　6. 斧（T1①：4）　7. 锛（T2①：3）

8. 斧（T2①：2） 9. Ⅰ式砍砸器（T1①：1） 10. 蚌刀（T1①：8） 11. 斧（T1②：5） 12. 穿孔石器（T1②：6）

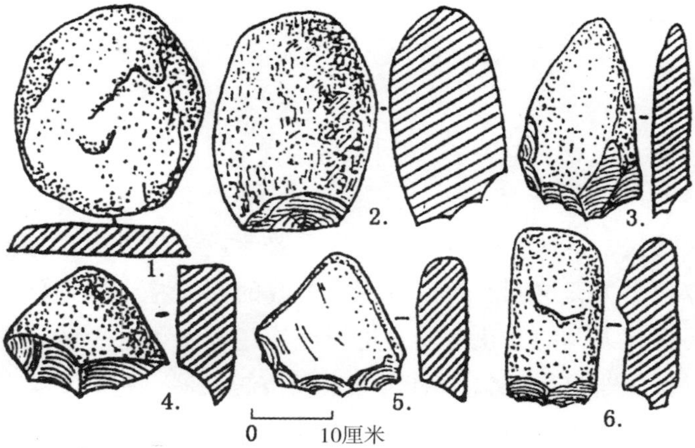

图6 独石仔遗址出土的石器（依邱立诚等）

1. 石砧（$T_4$③：6） 2. 石锤（$t_3$③：1） 3. Ⅲ式砍砸器（$T_4$③：5） 4、5. Ⅰ式砍砸器（$T_4$③：3，$T_4$②：3） 6. Ⅱ式砍砸器（$T_4$③：4）

浅说文化起源

一、问题的提出

最近有人问我，目前不少省市都在号召要建设文化大省，甚至连县区也一样要往这个方向努力，这到底有没有意义？我的回答是，这很好，说明了不少领导知道，要提高人民的文化素质是进行经济建设不可缺少的元素。在进行社会经济建设时，并非只往“钱”看。其实经济越发展，越需要文化，高科技就是文化，历史经验和现代的行政管理方法也是文化，社会意识形态和人们的思想水平与动向，有哪一种不和文化有关系？所以一个国家，一个省，一个市，甚至一个县的经济发展和文化的发展应该是同步的。

但事物的发展是不平衡的，不是千篇一律的，也不能一成不变的。这种变化带有明显的时代性，也带有一定的区域性，同时还有人类社会性和大自然变迁性。这些变化不管如何，但总有一个原因，一个底蕴，即所谓万变不离其宗，而宗就是指其根源和基础，尤其是涉及一个地区和国家。

所以当有人问到我，你们为什么把封开这一地区称为文化古都？

其实在20多年前，当人们探讨广信文化时，以中山大学黄伟宗教授为首的与广东省参事室和文史馆一批专家学者都曾经论证过。最近十年来，我又进一步作了更广泛的研究，发现广信文化的产生和发展是有条件和基础的，不是信口开河随便说说的。

二、文化产生的条件和基础

早在史前时期，特别是在旧石器时代中、晚期一直到新石器时代早期，整个西江流域都是人类起源辐射的桥梁地带，特别是到了晚期智人阶段，即距今15万年前左右，古人类将要完成了体质形态的进化，变成了现代人的时候，西江流域的两广地区，出现了密集的文化聚落，尤其是封开贺江支流渔涝河中、下游地区。于1978年秋和1989年冬在封开河儿口镇的渔涝河畔峒中岩中先后发现了两颗人牙化石和大批哺乳类动物化石。根据铀系法的测定，其年代为距今14.8±1.3万年，比曲江马坝人化石还早2万年。另外，1992年在封开庙边村罗沙岩洞穴遗址中发现了人牙化石，人工打制石器和大批古生物化石。这个遗址有三个文化层，代表了三个不同年代的文化，最早一层其年代为7.9±1.5万年，中间一层为4.8±0.5万年，最晚一层为距今2.24±0.16万年。这个遗址的发现，填补了广东距今10万—2万年这段时期史前文化的空白。还有，在距峒中岩河对岸不到2公里的黄岩洞遗址，经三年多次的发掘，共发现了1000多件砾石石器，年代为距今2万多年，在其上胶结层中还出土了两个较为完整的人头化石，年代为距今1.93±0.2万年。在黄岩洞附近还有罗髻岩遗址也属此列。同是西江河畔在封开斜对面不远的云浮蟠龙洞遗址，也发现了两颗年代和峒中岩人年代差不多的人牙化石。再沿南江河南下，到了罗定的金鸡苹塘下山儿洞遗址，其年代都属于这一时期的。不仅如此，到了中石器和新石器时代这一地区的文化更加发达，如封开黄岩洞上层，罗沙岩上层，阳春独石仔下层等等。特别突出的是封开杏花乌骚岭新石器时代墓地的发现，在仅有150平方米范围密集地排列着111座墓葬，这是全国罕见的，这是人类社会文化、经济、生产高度发展的有力证据。

造成这种局面并非偶然的，这和该地区地理位置和自然环境有直接的关系。因为封开地区（包括梧州）地处西江中游北岸，位于贺江和西江的交汇处，又是夹于桂江（漓江）和贺江之间，这两江往北通过贺州和道州盘地，经谢沐关不用爬山越岭就可以进入湖南境内连接上湘江和潇水，然后经洞庭湖、长江、汉水直达中原。如果由北往南经谢沐关往东过鹰杨关可达粤北地区。后又开凿灵渠，构成了湘江—灵渠—漓江（桂江）和潇水—贺江两条最古老而又最重要的通道。

不仅如此，在封开对面西江南岸不远的地方，有北流江和南流江，两江之间有短短的鬼门关陆地连接就可以到达海边城市徐闻和合浦，而下游不远在郁南的南江口，往南经罗定江到信宜通过鸡笼山连接鉴江即可到海边城市湛江。封开沿西江往东经肇庆，番禺可直出珠江口，这样东西南北都可沟通的地区是罕见的，正如汉武帝把此地区说成是“域枕三江水，山连百越青”（图1）。特别是史前时期很自然地成为人类聚落集中，经济、文化交流的中心，也是后来变成的一个政治和军事统治中心。正因为如此，所以前面所述的考古发现就成了一个有力的佐证，是社会发展的一个自然趋势。今天我们之所以说封开是岭南地区一个文化的发源地，是一个古都，是史前时期的历史、经济、文化发展的中心就是根据以上的事实而定的。

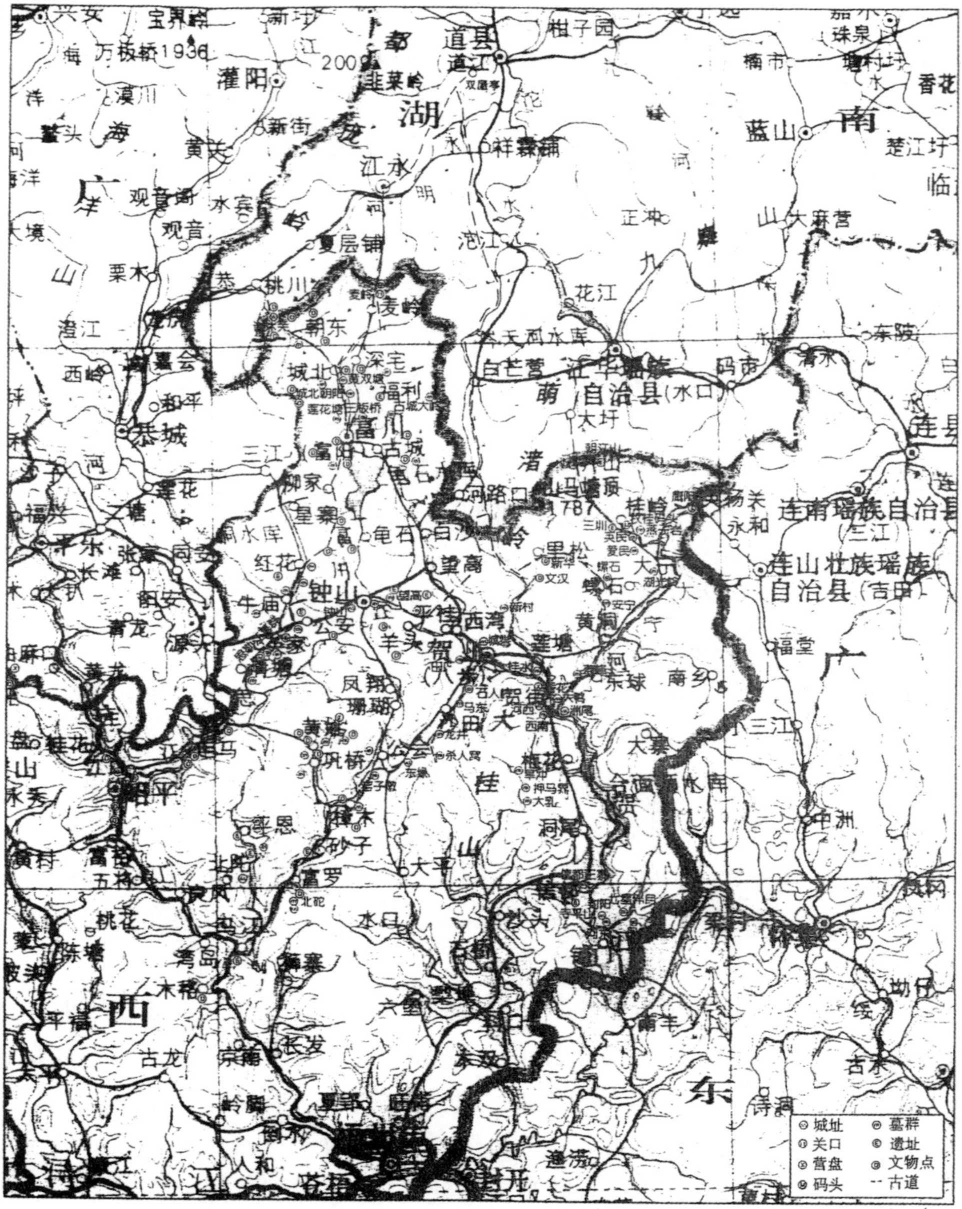

图 1　潇贺古道（北段）沿线文化遗迹

从种族起源来说，由于这一带有着非常优越的自然环境，最近十年来，上海复旦大学现代人类学研究中心的金力教授及李辉博士，利用最新的分子人类学材料——Y 染色体（DNA）技术对民族系统进行精细分析，发现百越系统与中国的其他民族系统差异较大，而与南岛语系民族（马来系统）特别是台湾语族群体相当接近。同时也已经研究出百越族群显示出遗传发生关系和语言文化类型的差距，这点十分重要，因为这与百越的整体认同和地域分化有关。根据数据的主要成分分析，可得到百越民族系统遗传结构的三个特点：（1）百越有单起源的遗传学迹象，可能大约于三四万年前起源于广东一带，而后慢慢扩散开来（图2）；（2）百越二分为以浙江为中心的东越和以版纳为中心的西越；（3）百越民族群体在发展过程中曾经由广东向东北（东江及东海走廊——笔者按）、西北（北江、贺江及其支流——笔者按）、西南（西江流域各支流——笔者按）三个方向辐射出去。在此过程中百越接触过的许多族群也涵入部分越族的遗传类型。百越由广东经江西、浙江的扩散可能发生于很早以前，福建与浙江的越族群体是沿不同路线迁走的，所以在台湾原住居民的遗传结构中同样表现出这种二元性。西部傣族类群是很晚才从广东迁出的。百越民族所谓一元二分性就是指起源于广东一带，然后分化为东越和西越的二分。

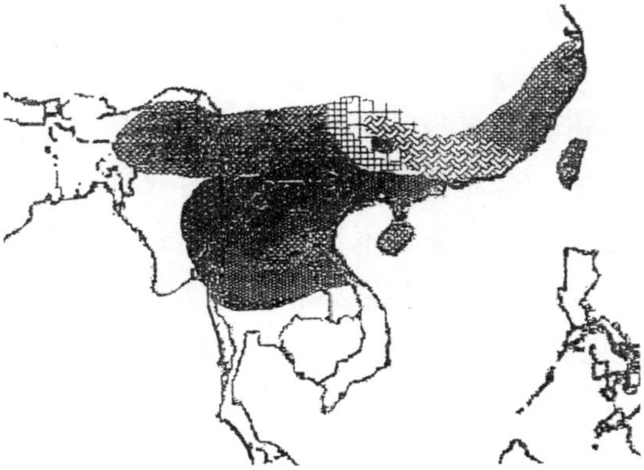

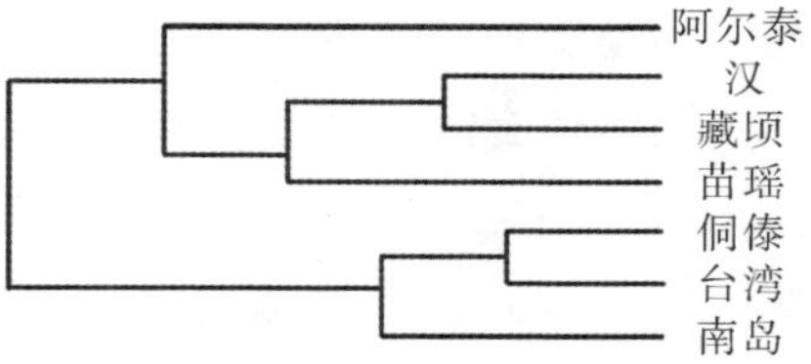

百越遗传结构的三主成分的地理分布及 Y 染色体构建的东亚民族系统亲缘

图2　百越族的起源与辐射及百越族与各民族的关系（依李辉，2004）

因此，遗传研究的百越范围至少还应包括侗傣语系的僮傣语族、侗水语族，仡央语族、黎语族，以及东部地区的越裔群体，也包括台湾几支原居民。

根据上述的情况可清楚地看到，在整个珠江流域内，由此向外扩展，成为当今生活在我国黄河以南，各省区的众多民族的发源地，同时辐射到整个东南亚地区。因此引起众多的古人类学家的关注，认为珠江流域的古人类（古百越族）在中国现代人起源上有着不可忽视的重要性。

依上所说，不管从哪个角度来看，封开地区（古广信地区）都是中心中的中心，这是历史条件、自然条件所决定的，不具备这个条件，就算在此大范围内也不能形成中心，例如肇庆至三水这一段地域，属于这一时期的文化地点，遗址发现都很少，直到战国时期才有较丰富的文物出土，什么原因会这样，可能和自然环境有直接关系。这是区域文化发展的特点。有些地域离起源地或文化发展中心虽然很近，但由于条件不具备，它就不能形成中心。但随着社会的发展，统治者政治上的需要，政治、经济、文化中心也会产生变化的，宋代以后，肇庆变成一个新的政治经济中心就是一个例子，因为自唐张九龄开通大庾岭山道以后，五岭南北交通重心转到大庾岭山道，五岭其他交通线，其中包括原来最早的萧贺古道、兴安灵渠所在的越城岭古道相继衰落，封开作为西江交通枢纽地位也日渐显得不重要，加上沿海的开放，经济的发展，整个广东的经济重心已转移到珠江三角洲和沿海地区。西江文化赖以存在，发展的地区的经济基础相对变得萧条而陷于一个停滞局面。相反，肇庆地区作为端王赵佶封地，又盛产端砚，闻名全国，作为两广总督驻地长达183年之久，离广州又近，明末西洋传教士利玛窦从澳门入粤首经肇庆，在此传播西方文化，这样一来肇庆就成为西方文化传入内地的第一站。所以自宋以后随着区域开发向东移，而促成了肇庆成为近代史时期的文化中心。但这个中心与封开地区这个文化古都和广信文化起源地不是一码事，正如前面我所讲的历史的发展是不平衡的，不是千篇一律的，也不能一成不变的，这种变化带有明显的时代性和地域性。同时还有人类社会性和大自然变迁性。这些变化不管如何，但总有一个原因，一个底蕴，即所谓万变不离其宗，而宗就是指其根源和基础。因此，封开地区所显示的文化底蕴是整个珠江文化的底蕴，也是整个岭南地区文化的基础。珠江流域各种文化从古到今就是在此基础上逐渐发展起来的。

广府文化集中于从广西南宁、玉林地区，广东的封开、南江流域各市区，一直到珠江三角洲各市县就可作为一例子。

三、小结

最后，我觉得为了建设文化强省，或文化大市，而去挖掘和开发各种文化资源是必要的，但要实事求是和尊重历史地去做，不要忽悠领导。只有这样做才能把文化最美好、最真实和光辉的一面表现出来，一个真正的文化强省或一个文化大市才能建立起来。

参考文献：

[1] 贾兰坡：《有关人类起源的一些问题》，载《旧石器时代考古论文集》，文物出版社，1984年，页211—218。

[2] 张镇洪：《现代中国人起源的考古学研究》，载《岭南文化珠江来》，中国评论学术出版社，2006年，页168—196。

[3] 吴新智：《关于中国人起源的新思考》，载《“元谋人”发现40周年纪念暨古人类国际学术研讨会文集》，云南科技出版社，2006年，页93—96。

[4] 李辉：《百越遗传结构的一元二分迹象》，《广西民族研究》2004年第4期。

（原载《岭南考古研究》第11辑，中国评论学术出版社，2011年）

南江文化考察报告

2004年，广东省珠江文化研究会一批专家学者到云浮市及其所辖各县调查研究，发现这里存在着一个独特的“南江文化带”。广东省政府参事、广东省珠江文化研究会会长黄伟宗教授提出了《为南江正名，挖掘整合南江文化》的建议，引起了强烈反响。

为了深化南江文化的研究，今年10月23—27日，广东省珠江文化研究会岭南考古研究专业委员会主任张镇洪教授一行六人，分两组沿南江流域地区作进一步考察，对其古百越文化、丝绸之路文化及古村落文化等进行深入探讨。

一、南江及其有关问题的确定

南江称谓古已有之，它是珠江下游南岸最大的一条支流，汇入珠江的地方称南江口。这条江曾几度易名，汉灭南越国后，在今南江口北设端溪县，所以

此时的南江就叫端溪。但南江上游有一处石峻水急的地方，名为泷喉马埒，所以有人将南江称为泷水或泷江，泷州也因此得名。明万历五年（1577 年），明军平定罗定地区的“瑶族叛乱”后，把泷水县升格为罗定直隶州，而南江流域几乎全在罗定州辖区内，所以后人才把南江叫罗定江。但民间大多数仍称它为南江。官方地图上一直到 1949 年后才以罗定江为标准，此前都称之为南江，而且南江之称更能体现它的流域性，因此称南江最为合适，这是河流称谓的确定。

经过众多学者的实地考察之后，第二个可以确定的是何处是南江之源，大家一致认为南江发源于信宜市的鸡笼山（海拔 1281 米）。它的主流只有 201 公里，但支流众多，其水系流域面积达 4493 平方公里。南江主流以泷水为主，泷水上游分两源，一称罗镜河（西水），此水源自信宜云开大山区大营坳；另一源是太平河（南水），此河源出大云雾山区西南部鸡笼山北。二河北流至官渡头汇合后统称南江（泷江或罗定江）。罗镜河本身也有两支流，其中一条自西北入信宜，上至大营坳、马坑止，在分界处汇信宜北流入的太坪岭水，再往东汇信宜平塘河，又东往在镜南接受三叉顶水（海拔 1002 米）。而太坪河亦分两支源头，分别在白龙、银岩附近。而两支源头的无名小支流也众多。

南江的两源北流至官渡头汇合后往下流经一系列东西低山丘陵而形成峡谷河床，到了新榕接受了西面流入的大河水，北流后又接受了连州流入的连水，再接泗纶水。到罗定后又接受西来的榃滨水，入郁南后东来的濂清水及 5—6 条小溪汇入。但总的来讲，东来水较少，西侧支流较多，因为西侧是云开大山区，山高林密，植被好，贮水量大，而东侧是罗定盆地，相对贮水量小，无法形成雨水河流。只有一些源于山地的支流才有丰富的水源。如源于信宜阿婆髻（1008 米）的大河水，源于木兰山的连州河，源于上下赖的泗纶河和源于罗云大山的榃滨河等等。在罗定盘地内最大的一支来源于东边山区的船步水（围底河），流至郁南县才汇入南江。郁南境内还有另一大支流镇安河在河口汇入南江，此外由云浮西来的高村河在连江汇入南江。这是较大的支流，余者皆为无名小溪，甚多，无法一一列举。因此，南江水系流域面积虽然不大，但水源丰富，流量最大时可达 2920 立方米/秒，而最小时也可达 3.7 立方米/秒。其总流量仅次于南流的鉴江。尽管南江水系流经地区的地形地貌复杂，但由于水量大，遇到一些险滩，如“浪沟”“泷喉马埒”等等，也能通过，所以在各个不同历史时期内，都能通航，成为一条黄金水道。也成为沟通海陆丝绸之路的连接通道。

从上述情况来讲，南江流域的覆盖面应该包括当今的云浮、罗定、郁南、新兴等地，有一部分还涉及信宜，确定南江源头不仅为寻找南江之源，同时了解整条南江流域的覆盖面，以及流域覆盖面范围内的地质地貌和生态环境，以便为解决下列问题提供依据。

首先，为什么这个不大的南江流域从古到今都如此繁荣，建立州、县如此多？

史学、考古学家研究结果认为，南江流域古已为骆越开发的地区，并已有土邦建立，已进入奴隶制国家。其证据就是，1977 年罗定太平南门垌有战国早期墓的发现，共出土青铜器 136 件，其中以有人首柱形器和有“王”字图象的青铜矛以及土邦祭祀用的整套铜甬钟最为突出和具代表性。同样，罗定罗平背夫山战国时期土坑墓的发现，也是一有力的证据，这座墓出土青铜器 98 件，其中也有人首柱形器。考古学者认为，罗定出土的甬钟确有自己的特色，在鼓部铸有勾连天雷纹的纹饰是北方各地少见的，只分布于岭南各地，而且在大小相配、身瘦、长木枚形态上也不同于北方的，应为当地自制的，不是自中原传入之物。有“王”字矛的出土，其分布较广，长江以南都有之，这与古代越族分布地区相符。人首柱形器的出土也是奴隶制的象征。此外，其他被定为“越式”的还有鼎、剑、矛等，都见于此，可见当时南江中游的岩溶平原、台地区域已成为先秦时期的土邦中心地区。

楚文化何时及从哪一条通道下南海之滨？

南江的一条较大支流叫太平河，在其上游南门垌山口曾出土一大型战国墓。该墓出土大量铜器，其中铜斧和铜矛是原铸件，未经使用，考古学者陈大远认为这是当时的商品，是贸易的货物，此物的出土证明太平河在战国时已是通高州入海的要道之一。在此还有旁证，今天沿太平河上游谷地南下，见有古时建立的一串村落或圩聚落，如信宜的新宝镇、合水镇都是信宜东部重要乡

镇，圩日都为四天一集（三、六、九），赶集人达数万。太平河畔的潭白即为南江流域汉人最早建立的“龙乡县”治所（晋末置）。此外，从沿雷州半岛至海南以北一线均发现可做40—50人饭的西汉六耳铜锅的事实，亦可证明汉以前已有陆路通行高凉与南江罗定之间。这才使汉代行军有所依托。

还有一证据是，在罗镜河支流林垌河口一带发现了汉墓，林垌河南通入位置，与南流的鉴江上游相隔一小山。今天沿林垌河两岸就有不少圩镇、聚落，如苹塘即为木船上下货物河湾地点，这是汉代南下通道之一，故汉墓在此能发现。从墓葬出土物如铜镜、金器及南朝青铀瓷器等看来都是由西江输入的制品，是由此南下高凉的货物，所以说此处为一通路。其实汉人开发南江上游地区，从晋代在此建龙乡县，以此作管理过山口的南北交通枢纽。随着南江的开发和内陆经济的发展，南朝以后在南江流域设置更多的郡县。这种态势说明了南江流域本身确是一块物产丰富、气候温和、适宜人类生存和居住的地方，因而这里不仅云集了古越族以及后来的瑶族、壮族，而且吸纳了大量的汉人，成了一个多民族混居的地区，随之而来的是多元文化的共存。另一方面也说明了南江这一水道确曾成为中原与粤西南出海口合浦、徐闻的重要连接通道。其实这一通道早在史前阶段就已基本形成，它像湘桂的灵渠和潇贺古道以及西江南岸的南、北流江和鬼门关一样，都是连接西江与中原地区，沟通粤西南地区出口的重要通道，所以此通道两侧地区早在旧石器时代晚期，即4—5万年前就有古人类活动，这里留下了他们的痕迹。罗定苹塘下山儿洞遗址、饭甑山遗址、封开的垌中岩遗址、罗沙岩遗址、黄岩洞遗址、阳春独石仔遗址，还有近期发现的云浮盘龙洞遗址，都是在南江范围内或是它的周边地区发现的史前文化遗址，而且都是处在古道周边的文化遗址，因此可以说这是一条自然通道，人类从古到今一直在不断开发和利用它。

二、南江文化资源的开发和需要注意的地方

这次通过对南江文化资源的调查，我们得出如下几点看法：

1．南江文化资源丰富而有特色。

之所以说其丰富，是因为南江文化中不论是物质文化或是非物质文化都相当丰富，原生态的自然环境保留得比较好，环境污染程度比较轻，古民居建筑保留数量相当多，尤其是在新兴江和南江两大水系沿岸，相当完整，并富有时代的特征和民族特色，既凝聚于一个中心，又处处表现了社会的多元性、开放性和兼容性，概括来说，南江不仅是一个地理区域概念，更是一个文化区域概念，从古到今它是古百越文化保存较完整的地区之一，又是当今广府文化保存较好的地区，由珠江三角洲到广西南宁这一条带状区域内，新兴和郁南这个南江流域的中下游地区，成了广府文化的中心地带，到了广西，就与八桂文化连接起来，这里成了很自然的交接地带。南江两岸，山清水秀，层林叠翠，美不胜收。具代表性的景点不少，如神仙滩生态景区，它位于郁南县建城镇冷水、车坑村交界处的大历山，到处古木参天，急流飞瀑，一派原生态的自然景观。郁南县都城镇大瑶国家森林公园是人们工作之余休闲的好去处。南江源头鸡笼山顶又是另一种风光，当您迎着朝阳遥望远处，信宜、阳春、高州三地的风光尽收眼底，且与罗定市遥遥相望，此时此刻，您会有心旷神怡和甘泉沁人肺腑之感。

2．南江流域的文化底蕴甚为深厚。

根据上述情况，南江流域的文化资源从旧石器时代中、晚期就已经存在，然后一直发展下来，在各个不同的历史时期都有新的发展，到了明清时期更为繁荣。尤其是在古建筑方面更为突出。如始建于顺治四年（1647 年）的罗定学宫（孔庙），建于清嘉庆年间的古堡光仪大屋、大湾古民居群，建于明朝万历年间的岁岁封候张公庙，以及坐落在连滩镇上桥村的天塘山顶上的天池庵，反映历史文化内涵的古建筑比比皆是。这些古建筑不同于北方人和客家人围屋的建筑风格，而保留了广府文化镬耳、波纹的山墙特色，这些在岭南的其他地方是不多见的，只有在南江流域及其周边地区比较集中和典型，这是广府文化在建筑风格上的表现，也是一种具有自己特色的文化资源。类似这样的文化资源在整个南江流域内都普遍地存在着，比如在民族宗教信仰上的寺庙和宗祠，在表现民族风俗习惯上的民间歌舞和山歌，都充分表现出南江文化的多元性、包容性和开放兼容的特色。既保留了广府文化的特色，又能吸收外来文化的精华，是在特殊生态环境下形成的文化资源积累，也是南江流域历代居民所创造的文化遗产，我们应该好好珍惜。

野外遗址工作场景

三、文化资源的开发利用

南江流域的文化资源不管是物质或是非物质的都相当丰富，我们应该如何去开发和利用呢？在此我们想谈几点不成熟的看法，因为近十年来我们有机会接触和参与有关文化资源的开发和利用项目，特别是为建设文化大省而努力开拓旅游业。众所周知，旅游业是一个国际性的产业，过去一般人以为搞旅游就只局限于吃、喝、玩、乐的问题，但随着社会经济的发展，人群文化素质的提高，人类对文化方面的要求不断提高，一些通俗的比较低层次的文化内容已经不适合也不能满足广大观众、游客的要求，而是要求更高层次的文化表现和追求，这些追求不仅反映在景点的内涵和包装上，更体现在整个景区的经营和管理上，在此前提下，有几点是我们必须注意到的。

1．只要有文化资源，旅游业就能发展，这种看法不符合实际。我们只能说有了文化资源总比没有文化资源好，等于人们要做饭必须有米才行，但有了米不等于你一定能做好饭。开发好文化资源，首先要有一个正确的指导思想，尤其是身处领导位置的人。在此我举一个真实的例子，广东省英德市是一个文化资源十分丰富的地区，英西峰林、十里长廊、宝晶宫、通天岩、地下河、石门台国家原始森林、长湖、大小北江、温泉、大峡谷等等都是他们的，可以说应有尽有，土特产十分丰富，单茶叶一项已世界有名，英德红茶连英国女王都赞赏，但始终都没能把这些宝贵资源开发利用好，为什么？经一番调查后才知道，关键问题是领导班子看法不统一，自行其事，因为要办好这么大的一件事，不是一个部门就可以完成的，其涉及旅游局、文化局、宣传部、国土局、环保局等等，内中有一个部门的领导不认同，事情就打折扣，两个部门不认同，事情办起来就踢皮球，人的精力大量浪费在内耗上，结果是事情没办好，还破坏或浪费了资源。因此，首要问题是领导层有一个统一而又正确的指导思想，这点是不容质疑的。

2．对各种各样的文化资源应该有一个系统的整合，不能眉毛胡子一把抓，哪个主哪个次，应该有个明确而周详的计划，不能无头苍蝇般乱碰。条件成熟一个上一个，不成熟的了解清楚问题出在哪，从而想办法把条件促成，使其健康地发展起来。在开发南江文化资源的时候要有一个全局观，不是单一个郁南、一个罗定、一个云浮、一个新兴就可以完成的，而是应该看到整个南江流域范围内的各市县，都有密切互相拉动的关系，我们应该在一个统一思想指导下，各自做好本市县的有关景点或景区的建设和开发工作，做好各行业相互配合的工作，让这些景点、景区和行业成为充分表现南江文化内涵的品牌，起到互补的作用。

3．在开发南江文化资源的过程中，一定要贯彻好以人为本的精神，单纯是政府行为以行政手段去办此事，不充分调动基层和普罗大众的积极性和不照顾到人民群众的利益，开发工作是做不好的。大家不要忘记，大量开发的具体工作是依靠老百姓去做的，要依靠基层去贯彻。没有他们的支持，事情是办不好的。我们的领导千方百计去开发这些文化资源，就是要体现干部的政绩，如

野外遗址工作场景

果干了半天，老百姓一点好处也得不到，这样还能算是政绩吗？人民群众不认同的东西，当干部的就要去宣传，去教育群众，但宣传教育之后人民群众仍然不认同，我们就要问一个为什么，千万别强行去做。

4．现在我们掌握的文化资源大部分是原生态的资源，如果要作为旅游景点或景区去开发，就要经过一定的包装，在此过程中，我们很可能要请一些科研单位或公司来承担。多年的经验证明，用当今流行的方式，请一些北方南下来淘金的单位承担设计和规划任务，没有多少案例是成功的。往往是到头来货不对板，不单使项目不能按原来的规划完成，还会造成资源的破坏和浪费。这点不能全责怪领导或决策人，因为往往来投标的北方公司，来头不小，名声也大，有时还有一定的社会背景，通过上级或熟人介绍，难以拒绝，所以容易中招。其实大家都忽视了一点，我们国家大，南北各方面的条件差异大，文化也有明显的差异，尤其是我们现在要开发的地域文化，这差异更加大，不可能经过短期的接触和了解就可以解决问题。了解不深刻和不全面，要做好一个设计和规划真有点强人所难。我在此举一个例子，大家一看就明白，当年英德市石门台国家原始森林要开发，经别人介绍请了北京市某科学院一班有名专家学者来搞规划，结果规划中没有谈到南方特别要注意的防涝问题，却大谈特谈防沙化问题，结果使规划无法通过。这是南北生态环境的差别，不了解南方的特点，而用北方的模式来套，这怎么可能成功呢？类似的情况到处可见，因为现在社会的所谓商品经济化已经侵入到每一个行业，只要有钱挣，许多人连职业道德也不顾了，有人说这是现在的时兴呀，但我认为，不能因为时兴而把最起码的原则丢了，我们要牢记，我们现在搞开发建设用的钱，是广大纳税人的呀，不能轻易花掉。

（原载《珠江文化》2007 年，第 4 期）

人类起源

现代中国人的祖先有可能来自非洲吗？

一、前言

关于人类起源的问题，自从达尔文进化论公布之后，众所周知，世界人类起源于古猿中的类人猿。自1929年中国猿人第一个头盖骨发现后，达尔文从猿到人的学说就有了更强有力的科学证据支持。但人类的直系祖先是来自非洲或亚洲一直争论不休。不过一直以来人类都以为现代人的祖先均是从直立人演化出早期智人，然后再由早期智人经晚期智人而演化成现代人的。

具体到中国现代人的起源问题，在过去70多年里，以周口店发掘为起点的中国旧石器考古学建立起以华北为中心的演化模式，表现为泥河湾早更新世地点为代表的直立人，经蓝田人、北京人、许家窑人、大荔人、金牛山人、峙峪人和山顶洞人为主要脉络的进化谱树，根本预想不到会有其他的演化模式。

随着科学的发展，20世纪80年代下半叶，美国加州大学伯克利分校的一批分子人类学家根据对147个各大洲不同人种妇女胎盘细胞中的线粒体DNA分析，将所有现代人起源追溯到20万年前生活在非洲的一位妇女。这一被称为“夏娃理论”或“走出非洲”的假设对学术界产生了巨大的冲击，意味着人类起源和进化的主干在非洲，其他各大洲的古人类代表都不过是进化中的旁支。

这一研究在世界科学界中引起轰动，其可信程度如何？请看如下一些事实。

1997年德国莱因汉斯博物馆和慕尼黑大学的分子人类学家联手，采取聚合酶链反应DNA分析方法，确认欧洲典型尼人的线粒体DNA序列处在现代人类序列的变异范围以外，因此不可能是我们的直系祖先。这一成果被列为当年的世界十大科技成就，起码它已确认现代的欧洲人不是由典型的尼人演化而来。

其他各大洲的情况又如何？不久前，由中国医学科学院生物学研究所诸家祐教授领衔，由中国7个研究机构12位研究人员承担的中国基因多样性课题，对中国56个民族中的28个民族群体的基因样本进行了分析，并将其与其他亚洲和非洲群体进行了比较，完成了题为“中国各人群的遗传关系”的论文。中国遗传学家的研究结果认为“源自非洲的现代人构成了目前亚洲人口基因库的主体”。他们认为现代中国人的祖先大约在6万到4万年前从非洲出发向东经印度洋，取道东南亚进入中国华南地区。

最近，分子人类学研究有了新的突破，一项由19项信息更为丰富的Y染色体指标被用来揭示东南亚人群父系传承的遗传学研究在美国的斯坦福大学完成。由于变异相对较小，用Y染色体指标来重建人群的遗传历史长期没有进展，直到一种更有效的测定方式——高性能液相层析法（high—performance liquid chromatography）被引入之后，这一领域的探索才有了进展。在过去几年里，大量Y染色体指标被分辨出来。通过对包括中国21个不同民族的人口、22个省份的汉族人口，3组东北亚人口，5组东南亚人口，以及12组非亚裔人口在内的大量样本的分析，表明东南亚人口要比亚洲北部的人口拥有更大的变异。这意味着东南亚大陆应是东亚现代人群最早的定居点。根据Y染色体变异速率推算，晚期智人进入东南亚的时间大约在距今60000—18000年前，紧接着开始了向北方的迁徙过程。与此同时，另一批晚期智人群体从东南亚开始向南迁徙，进入马来西亚和印尼并到达太平洋群岛。为此，Y染色体分析的结果与线粒体DNA的证据完全吻合，进一步证实了“夏娃理论”和东亚人自南向北迁徙和扩散的模式。

据《华盛顿邮报》2003年6月11日报道，由几个国家的科学家组成的联合考古小组在埃塞俄比亚东北部发现了距今约16万年的“现代人”头骨化石。这是迄今为止发现的最古老的现代人化石，填补了人类进化史中的一段重要时期的空白。这个发现是由美国加利福尼亚大学的古人类学家蒂姆·怀特带领的多国考察小组在位于埃塞俄比亚首都亚的斯亚贝巴东北225公里的一个淡水湖附近发现的。这一发现的年代和美国加州大学伯克利分校的分子人类学家以各大洲不同人种妇女胎盘细胞中的线粒体DNA分析中所得的结果十分吻合。

由此看来，这个“走出非洲”推论似乎有一定的科学检测结果并得到一些古人类化石材料的证实。

但是，分子生物学的进展迄今为止并没有获得大多数中国古人类学家和考古学家的欣然认可，以中国科学院院士吴新智教授为首的一批学者认为，中国发现的古人类化石不但在形态上，而且在时空分布上都显示出进化上的连续性，而且中国的旧石器文化也显示出传统的延续，缺乏人口替代经常伴随发生的外来进步文化的取代。吴院士还指出，如果中国的晚期智人是从非洲来的，那么他们应当携带着更进步的和中东地区类似的旧石器工具，但是中国并没有发现这样的工具。吴院士认为，晚期智人从非洲迁移到欧洲取代了尼安德特人的过程可能是真的，但是中国经历了一个不同的进化过程，现代人类在远东的演化以本地人种延续为主，外来人种杂交为辅。

同时，不管各家观点如何，但有一点是大家认同的，那就是“走出非洲”或“夏娃理论”大多数是立足于现代人群线粒体 DNA 和 Y 染色体等遗传物质突变速率推算所得出的假设，这一遗传学证据被称为科学的“软材料”，还需要大量的考古学和古人类学的实物证据来检验，这些考古学材料被认为是重要的“硬材料”。

再从地区性来看，欧洲地区的现代人起源问题似乎已基本解决了，是由后来从非洲迁徙到欧洲的非典型尼人种群所演化而来的。但在亚洲和其他各大洲，现代人起源问题则还没有得到解决。

上述已介绍的遗传学观点认为，现代的亚洲人（包括现代中国人）起源也是来自非洲，要解决这一问题的关键地区不在华北地区，而是在我国华南地区，这是现代智人首先从东南亚进入中国内地的第一站。然后由此再进行南北辐射、迁徙和扩散到其他地区。最后的结果如何，当然需要我们去寻找更多的“硬材料”，但也不妨从过去已发现的材料中看看是否能寻找到一些蛛丝马迹。

二、中国古人类材料和旧石器文化的复述

（一）古人类化石

人类 DNA 的研究结果认为，现代中国人的起源问题在地区上仅涉及我国华南地区，其中心地带是岭南地区；在时间空间上是涉及智人阶段，尤其是晚期智人阶段。鉴于此，这里根据《中国远古人类》一书中的论述，将早期智人至晚期智人的相关形态予以叙述。

“中国的早期智人”一章是由吴新智院士执笔的。他把中国早期智人化石的材料分成南、北两大地区。北方地区主要以大荔人、金牛山人、许家窑人和丁村人为代表。南方地区则以马坝人、银山人、长阳人和桐梓人为代表。在时代上他把中国早期智人又分成早期和晚期两个类型。大荔人代表早期类型，马坝人代表晚期类型。

他们认为，中国的早期智人是当地的直立人经过原地区进化并吸收了外来

基因演变的产物（吴新智、张银远，1978）。中国的直立人到早期智人、形态上有些变化。这些变化一般符合人类进化的普遍规律，如脑量变大、颅穹增高、眉脊由一字形变为八字形，脑颅增厚，结构如矢状脊、枕脊变弱、颞鳞变高、下颌关节盂变宽变浅、枕骨大脑窝与小脑窝的比例变小、面部骨骼变弱、突颌度减弱等。

他们还认为，虽然进化、与外地人群的基因交流以及个体变异等因素，使得早期智人的早期和晚期的化石之间有一些形态差异，但是由于他们是中国古人类进化链上的环节，他们之间保持着一系列共同特征，显示出中国早期智人与世界其他地区同时代人类之间有着地区差异。这种差异在下述一些特征方面尤为显著。

1. 颧骨额蝶突前外侧面的朝向

大荔人头骨、马坝人头盖骨的这个角度分别为85°和80°以上；欧洲早期智人标本除Steinheim人头骨的角度超过100°外，大都不超过80°，一般在70°上下。非洲的Broken Hill人的角度则接近欧洲的。

2. 颧颌角

大荔人头骨经复原后角度为125°，金牛山人头骨看来与此相近。欧洲早期智人中时代较早者的角度较大，时代较晚的尼人此角度更小，均比中国标本的角度为小。非洲的Broken Hill人颧颌角也很小。

3. 上颌骨颧突

大荔人化石头骨的此突的前表面较为朝前方，与上颌体的前外侧面之间界限分明，形成一个深凹。此突T缘从上颌体的起点颇高，即距离齿槽缘一定距离。许家窑人上颌骨的颧突从上颌体的起点距离齿槽缘也有一段不算短的距离。

欧洲标本显然与此不同。Steinheim人头骨的上颌颧突起点低，颧突前表面与上颌体的前外侧面之间有凹陷。非洲的Broken Hill人头骨在上颌颧突起点位置较高，这一特征与中国者相近，但在其余特征上则与欧洲的标本更接近些。

4. 鼻区

大荔人、马坝人、金牛山人的鼻骨侧面角均接近直角，即鼻角不甚隆起。欧洲人标本晚期阶段者鼻梁高耸，早期阶段者与中国人差异较少。

5. 上面部高度

从上面部高度指数的比较可以显示，中国人标本的上面部较欧洲者低得多。但马坝人头骨可能例外，可能与欧洲人接近。非洲的Broken Hill人的上面部也很高，与欧洲者较相近。

6．**额鼻额颌缝**

中国标本一般呈微向上凸的弧形，但欧洲标本中，此四条骨缝组成的线条在中部向上凸出的程度比较大。非洲的 Broken Hill 的头骨在这一特征方面与欧洲者更相近。

7．**眉间区**

在水平断面上，大荔人头骨的眉间区呈浅窝形，向后缩入。从前面看，两侧眉脊中段上方的沟向眉间区会聚，形成一条尖端向下的人字形沟。马坝人头骨亦具有相似的形态。

欧洲尼人的眉间区在水平断面上不但不向后缩，反而向前突出。其连通沟呈一字形或呈较浅的人字形。非洲的 Broken Hill 人的眉区间略向后退缩，连通沟与欧洲的标本较相似。

8．**矢状脊**

无论大荔人、金牛山人或马坝人的头骨均具有此脊，形态上大体一致，位置也大体相同。欧洲同阶段标本的矢状脊变异较大，总的看来比中国的弱，而和非洲的 Broken Hill 人更接近，尼人中除 La chapelle 人有极弱的矢状脊外，余者均无此结构。

9．**印加骨**

大荔人头骨有三角形的印加骨，丁村及许家窑人的顶骨后上角也可能暗示有印加骨。但马坝人头骨没有印加骨。从现已发现的材料看，印加骨在中国早期智人中的出现率是颇高的。反之在欧洲和非洲的早期智人中尚未见报道有印加骨，非洲的 Broken Hill 人头骨亦无此骨。

10．**铲形门齿**

中国早期智人已发现的上门齿无一例外地均具铲形构造。在欧洲标本中铲形门齿的出现率较低。

从上述的情况可以看出，从直立人经早期智人到晚期智人，中国的古人似乎是连续进化的。但也有一些人的形态特征，如马坝人的眼眶比大荔人、金牛山人都高，且圆，令人联想到欧洲的 Petralona 人和眼眶更高更圆的欧洲尼人。印度的 Narmada 人的眼眶既高又圆（de Lumley et al.，1985），与马坝人相似，它在地理位置上介于中国与欧洲之间。另外，尼人枕骨的上部经常有一个发髻状结构，过去一直认为是典型尼人的独特特征之一。有意思的是，在柳江人、资阳人和丽江人的化石头骨上也都有类似的构造。此外，大荔人头骨梨状孔上外侧的上颌骨鼻突根部相当膨隆，这在中国的化石人头骨上是少见的，在欧洲的早期智人则颇为常见，欧洲的 Petralona 人也如此。这一系列的性状，似乎支持了在智人阶段已存在着基因的交流。

现在，我们不妨继续探讨一下中国晚期智人的情况。这一时期的化石包括晚更新世晚期和全新世，即距今约四万年前开始直至现在的人类。在此探讨的只限于化石人类。其代表包括周口店山顶洞人、广西柳江人、四川资阳人、贵州穿洞人和封开黄岩洞人等。

研究结果认为，柳江人头骨与山顶洞人头骨都具有如下一些原始特征：头很长、眉弓发达、额部倾斜、眼眶低矮、泪腺窝浅、颞鳞有的呈三角形、鼓板水平轴与正中矢状面夹角度较大、前囟点位置靠后、有矢状脊、整个面部在垂直方向上都有中等程度的突出，具有中等长度的硬腭、梨状孔宽阔，其下缘呈鼻前窝型、枕大孔朝向后下方、颏孔位置较低较后等等。但柳江人头骨与山顶洞人头骨也有一些差异，如颞鳞形状不同、柳江人没有矢状脊、头骨也不如山顶洞人长，柳江人是阔上面型和特阔鼻型。可以认为山顶洞人属中国北方人类型，而柳江人属南方人类型。

资阳人头骨也具有某些原始性状，如具有明显的鼻前窝，矢状脊、角圆枕和平扁的眶顶，矢状缝两侧的顶骨比较扁平，有发达的关节结节而没有盂后突，大脑窝较小脑窝为大而深，泪腺窝较浅而宽广等。如果与山顶洞人和柳江人相比，则显示出一些较为进步的特征，有的则与现代人完全相似。如头骨较短，额部不如山顶洞人和柳江人倾斜，颞鳞的形状，人字点与枕外隆凸点在同一直线上，脑膜中动脉分支情况，枕内隆凸点与枕外隆凸点处在同一水平上，颅盖高指数、前囟位置指数、前囟角和额角数值较山顶洞人和柳江人大。而这些特征均为现代人所有。

贵州普定穿洞人头骨虽然具有若干原始的特征，如头骨较为低平、额部倾斜，有不明显的矢状脊，眉脊上方有浅沟与额鳞相隔，下颌窝较深，乳突上脊与眼耳平面的夹角介于北京猿人与现代人之间，许多指数及角度都接近资阳人，但更多地表现出与现代人相似的特征。如：前囟点位置、颞鳞形状、鼓板水平轴与正中矢状切面的夹角、大脑窝与小脑窝面积的比例，脑膜中动脉的分支情况等都与现代人相似，尤其是前囟点的位置和大脑窝与小脑窝之比例，这两个特征是化石人类中唯一相似于现代人的例子。说明穿洞人是接近于现代人的化石人类。

依上所述，我国的晚期智人虽然还有一些黄色人种的特征尚未最终形成，但大多数基本特征已具有，如颧骨较大而向前突出，鼻骨低而宽，鼻梁稍凹，鼻根点并不低陷。梨状孔宽，其下缘不成锐缘而低凹。鼻前棘小，犬齿窝不明显。齿槽突颌程度中等。有下颌圆枕，上门齿呈铲形等等。

魏敦瑞在1939年发表的报告中认为：山顶洞人101号头骨在测量上很像某些西欧智人化石，102号头骨属于Melanesoid人类型，103号头骨属于爱斯基摩人类型。从而得出山顶洞这一家人是外地的部落成员，来此地后受到当地居民攻击而绝灭的结论。

Thoma（1964）曾依据山顶洞人、柳江人和资阳人头骨的头长、头宽、最小额宽、颅高、颧宽、上面高、眶高、鼻宽和腭宽共9项测量数值，将他们与欧洲晚期智人和现代黄色人种中的若干种族作比较，认为他们与欧洲晚期智人最相近，在种族上属“澳亚组”而不是黄色人种。对此结论，吴茂霖先生（1989）认为：Thoma所依据的分析项目，一是数量较少，不能反映全面的情况，二是有的项目数值可以是几个人种的变异范围，或该阶段人类化石具有的共同原始特征。

至于周口店山顶洞人三个头骨，早在1960年和1961年，吴新智院士已从一系列观察及测量项目中论证了101、102、103号头骨分别不同于欧洲类型、美拉尼西亚和爱斯基摩人的特征，而与中国人、爱斯基摩人、美洲印第安人特别相近。三个头骨并非属于三个不同类型，而是代表了原始的黄色人种，只不过还有一些形态细节尚未充分形成。

人类演化到新石器时代，大多数颅骨不仅出现了现代人种所具有的特征，而且还出现了与现代人种内的不同类型相符合的特征。例如，欧洲新石器时代人类颅骨，不仅呈现与现代欧洲人颅骨相同的性状，而且已明显分化出东欧类型（具有较宽的或中等偏宽的面宽及较大的鼻指数）和西欧类型（具有中等的或较窄的面宽及较小鼻指数）。在非洲新石器时代人类的颅骨特征中，也出现了南部类型和北部类型。至于亚洲新石器时代颅骨，有人认为也明显分化出高颅和中等面宽的仰韶类型和低颅宽面的外贝加尔类型（ByHak，1959）。甚至美洲新石器时代印第安人的颅骨也呈现明显属于蒙古人种的美洲类型—印第安人类型（Bass，1976）。

中国新石器时代的人类头骨特征研究依据人颅骨的颅形、颅长、颅宽、上面宽、眶形等项目的测量结果证明，中国新石器时代的人群基本可划分为两大类型，即南部类型和北部类型。

南部类型以甑皮岩、昙石山、河姆渡等组为代表。这一类型居民可能广泛分布于我国南部沿海地区，包括浙江、福建、广东和广西等。他们与北部类型相比有如下不同的特征：

项目＼类型	南部类型（南亚类型）	北部类型（东亚、西伯利亚类型）
颅长	正颅型、长颅型且中等偏低	短颅型，颅骨短且很宽、很高（高颅型）
鼻面角	在85.5°以上	在85.5°以下
鼻颧角	较小，在145°以下	大于145°
倾面指数	低，在50以下	大，多数在51.0以上
鼻根指数	在20—30	在27—33.6
眶指数	在80以上	在80以下
鼻前棘	略高（BrocaⅡ级）	较低矮（工级）
眉弓	较显著	较弱

南部类型中还有一组河宕组，广东佛山河宕人的颅骨性状有些特殊。头骨性状特征介于南、北类型之间，韩康信等（1982）认为属于蒙古人种中的南部边缘类型。陈德珍、吴新智（1985）根据河宕颅骨具有中眶、阔鼻和长颅的特点，把他归属于蒙古人种中的南部类型，因为相比之下与北部类型更为接近，但两者均有，以地理位置看与甑皮岩等同处南部地区，所以划属南部类型也是可以的。

如果从时代发展的观点出发，排除新石器时代颅骨与旧石器时代晚期颅骨的相似特征，那么我国新石器时代颅骨的南北类型之间的主要区别在于上面高、鼻高和眶高的不同。这一点与新石器时代颅骨主成分分析的结果相一致（王令红，1986）。

上述分析结果表明，我国新石器时代颅骨特征明显地存在两个不同的地区类型，基本上以长江为界，长江以北为北部类型，长江以南为南部类型。这一分析结果与现代中国人（活体）头面部特征的地区类型分析结果完全符合（张振标，1988）。

但后来发现的山东沂源人和辽东半岛的丹东前阳洞人头骨化石以及近期发现的南京人化石的研究结果乃是南方类型人种，是否可以说明南方类型人种在旧石器时代中晚期或者更早的时候已沿着东海走廊由南一直往北迁徙，到达东北亚地区（张镇洪，1987）。

另外，在旧石器晚期各类型人和现在世界上存在的四大人种（棕、黑、白、黄）基本已定型。这近一万年内，人类适应地球上各种不同的生态环境的变化而产生的一些体质形态上的变异是正常的，但绝不会严重到引发人类遗传基因大的变异。由于自然灾害和战争的屠杀致使个别部落的绝灭是可能的，但致使整个类型的人类绝灭是不可能的。随着人类种群的流动，通过染色体的交流，可能会形成一些杂交种的人群，但其 DNA 的组成主体还是有一个倾向性的。

从人类化石和新石器时代人类头骨的形态特征研究情况来看，中国古人类的演化似乎是连贯的，但到了早期智人晚一阶段和晚期智人时期，中国南北方的差异明显加大，而且明显地形成南、北两大类型的人类，尤其是南方类型的人类（以马坝人和柳江人为代表）还具有较明显的西方人类的某些特征。中国多数古人类学家大都认为早期直立人的晚段已经存在着基因交流的现象，到了智人阶段更为普遍。这些迹象说明了什么？当然，基因交流也存在一些问题，如这种交流是以何种方式进行？是毁灭式还是入侵掠夺式，或者是和平交流式？这一问题现在还没有谁能给予明确的回答。从研究结果反映出的基因交流情况来看，不存在毁灭式。如果是毁灭式就不可能有基因的交流，不管是男的或是女的。至于其他方式则需要进一步的分析探讨。

以上是从人类化石和新石器时代人类头骨的形态特征角度分析得出的情况。下面我们再从古人类制造和使用石器工具这一角度，来看看情况又如何？

（二）旧石器文化

由于中国幅员辽阔，中国旧石器文化从很早的时候起就出现了地区性的分化和差别。有的学者提出，旧石器时代早期，我国境内存在着特殊的以石片工具为主的小石器传统，在这一传统下，南北存在着不同的文化类型（裴文中等，1985）。关于旧石器时代中期文化类型，因南方的材料太少，尚难定论。到旧石器时代晚期，南、北方都出现了多种文化类型和同一个文化类型中又有若干文化变体（张森水，1987）。

近年来，有些旧石器时代晚期遗址出现了数量相当多的典型的细石器。有些学者认为，中国以及东亚、北亚和北美的细石器，总的来说属于同一传统，起源于华北（贾兰坡等，1972；贾兰坡，1978；王建等，1978；安志敏，1978）。

学术界也探讨了中国旧石器文化中的若干重要问题，虽然学者间的意见并不一致，如中国旧石器文化是否有不同的传统或系统的问题等。早在 70 年代之初，有的学者就提出，华北旧石器文化发展至少有两个系统，一个是“匼河—丁村系”，或称为“大石片砍砸器—三棱大尖状器传统”，另一个是“周口店第1地点—峙峪系”，或称为“船头状刮削器—雕刻器传统”（贾兰坡等，1972），并认为这两大系统的差别反映了彼此经济生活方式的不同（贾兰坡等，1973）。这种看法以后又有修改和补充（贾兰坡等，1976；Jia Lanpo et al.，1985）。但是，也有学者认为，华北旧石器时代早期不存在两种独立发展的文化（裴文中等，1985）；在旧石器时代早期，我国南北方均可归于以小石器为主的文化传统中（张森水，1987）。（笔者按：广西百色盆地右江两岸高阶地上出土的砾石石器又作何解释？）

另一个问题是，从旧大陆范围来看，中国旧石器时代早期文化属于什么传统？1948年莫维斯在研究南亚和东亚地区的旧石器时代早期文化时，提出旧大陆在旧石器时代早期存在着两个不同的传统，一个是西方的手斧文化传统，一个是东方的砍砸器文化传统，其中包括北京猿人文化（Movins，1949）。国内许多学者对此提出异议，不同意把北京猿人文化或中国旧石器时代早期文化归之于砍砸器文化传统（盖培等，1976；李炎贤等，1978；邱中郎等，1978；裴文中等，1985）。但是，有的学者认为，北京猿人文化“属于典型的砍砸器/石片石器工业，在这一东方远古文化传统中有着特别重要的地位”，“就世界范围而论，砍砸器工业无疑是最早发展和最有生命力的，它几乎遍及古人类所占领过的所有地区，并最长久地绵延于旧石器时代以至更晚，而手斧文化却未能远及东南亚和中国”，还认为“砍砸器工业应是旧大陆旧石器文化的主流和根源”，而“手斧工业则是支流，如果可以用人的进化比拟，只不过是由砍砸器工业系统分化出来的一个特化的旁枝”（戴尔俭，1985）。与此相反，有的学者认为，“中国不缺少手斧，东亚、南亚其他地区也不缺少手斧，手斧在这里某些旧石器初期工业中扮演着一个不容忽视的角色；这类工业的工具组合和欧洲手斧文化有许多相似之处”。上述发现表明两大地区的文化交流早在旧石器初期可能已经存在，因此“把旧石器初期世界划分为两个截然不同的文化圈的观点不符合事实”。（黄慰文，1987；黄慰文等，1987）。（笔者按：手斧在中国石器工业中的存在是客观的，但并非整个工具组合和欧洲手斧文化完全一样，只是有许多相似之处而已。说两大文化早有交流是可以的，完全视为同一文化圈是否合适？）

三、小结

笔者阅读了国内已公布的有关中国旧石器文化尤其是中国旧石器文化中晚期的材料，觉得在中国境内大致可分成两大文化系列，一个是含有手斧形石器工具系列，另一个是不含有手斧形石器工具系列（图1）。其分布区域大概是，含有手斧形石器工具系列的文化地点大多集中在岭南地区，这里是一个中心区，然后呈新月形状态往北辐射，西边可达汉中，东边沿着东海走廊一直可到辽东半岛和朝鲜半岛。不含手斧形石器系列的文化地点大部分集中在中原地带，两翼南边可到云南西部元谋盆地，北边直达东北亚。

在淮河流域一带两种文化系列则呈镶嵌存在。不含手斧形石器系列是属于典型的砍砸器/石片石器工业。而含手斧形石器系列是属于砾石石器工业。这个系列尤以岭南地区各文化遗址出土的石器工具最为典型。在这一文化系列中手斧形石器含量最丰富，这可据图2—7作一比较。

通过比较，我们不难看出，在华南尤其是岭南地区，砾石石器工业一直占主导地位，但到了旧石器中、晚期，这里的砾石石器工业发生了显著的变化，首先是石器打制技术大有进步。旧石器早期阶段，砾石石器大型者占多数，都是单面单向加工，刃角大多数少于50°，无论是尖状器、刮削器或是砍砸器都是一样，器物类型也比较单调。到了中、晚期，砾石石器中、小型者占多数，刃角大多数成了陡刃，大于70°。虽然也是单面单向加工，但大多数是经二次加工才完成。正因为如此，所以刃角才出现陡刃，这是加工技术进步的表现。而且石器类型也多，单边、双边和多边，还有圆刃、平刃及弧刃和端刃，同时还有相当数量的手斧形工具。据研究者认为，这些手斧和西方文化的手斧有许多相似之处（图8）。如果认为这些手斧加工技术和西方文化中的手斧加工技术源出一处，这样，中国含手斧文化岂不是含有与西方进行文化交流的证据？这种交流单纯是文化技术上的交流，还是由于人种上的交流随之带来的技术交流或传播？现在从人种的DNA研究上既然已证明了有人体上遗传物质的交流和融合，那么上述石器加工技术和手斧的普遍存在就毫不奇怪了。但这种交流和融合是以何种方式进行的还是个谜，是整体取代呢，还是一种杂交和逐渐融合的过程？这种交流和融合是在什么时间内完成的？在多大的范围内进行的？现在已发现的早期智人或晚期智人在同一地区内体质形态结构上的明显差异是否可作为显示两个不同人亚种共存的证据？这一系列的问题都有待于进一步探讨。

鉴于以上的叙述和提问，现代中国人的祖先是否有可能来自非洲这一问题虽然不能作百分之一百的肯定，但其倾向性是有的。问题并非如某些学者认为的那样，现代中国人的祖先都是完全来自非洲。是否在某些区域里，中国人的祖先还是以中国本土的原始居民为主体演化成现代的中国人？中国是一个多民族国家，分子人类学的测定只对中国56个民族中的28个民族群体的基因样本进行了分析，还有一半的民族群体情况又如何？这是值得关注的。所以我认为，吴新智院士等提出中国的现代人类在远东的演化是以本地人种延续为主，外来人种杂交为辅的看法是有一定道理的，很可能在某些区域里是这样。

以上只是本人根据现有资料提出的一种推测，最后的结果有待于今后的发现和研究结果的证实。但这毕竟是一个非常重要和有意义的研究课题，希望大家都关注。

感谢香港中山大学高等学术研究中心基金会的资助。

主要参考文献

［1］林圣龙：《中国古人类学的历史回顾》，《中国远古人类》，科学出版社，1989年，页5—7。

［2］董兴仁：《中国的直立人》，《中国远古人类》，科学出版社，1989年，页9—19。

［3］吴新智：《中国的早期智人》，《中国远古人类》，科学出版社，1989年，页24—40。

［4］吴茂霖：《中国的晚期智人》，《中国远古人类》，科学出版社，1989年，页57—61。

［5］张振标：《中国的新石器时代人类》，《中国远古人类》，科学出版社，1989年，页74—80。

［6］贾兰坡：《中国最早的旧石器文化》，《中国远古人类》，科学出版社，1989年，页81—92。

［7］张森水：《中国北方旧石器时代早期文化》，《中国远古人类》，科学出版社，1989年，页151—156。

［8］李炎贤：《中国南方旧石器时代早期文化》，《中国远古人类》，科学出版社，1989年，页159—172。

［9］邱中郎：《中国旧石器时代中期文化》，《中国远古人类》，科学出版

社，1989 年，页 196—218。

[10] 黄慰文：《中国旧石器时代晚期文化》，《中国远古人类》，科学出版社，1989 年，页 222—243。

[11] 曾祥旺：《广西百色地区新发现的旧石器》，《广西文物考古报告集》，广西人民出版社，1993 年，页 66—74。

[12] 曾祥旺：《广西田东县定模洞人类化石及其文化遗存》，《广西文物考古报告集》，广西人民出版社，1993 年，页 20—46。

[13] 袁家荣：《湖南旧石器文化的区域性类型及其地位》，《长江中游史前文化暨第二届亚洲文明学术讨论会论文集》，岳麓书社，1996 年，页 20—46。

[14] J. E. G. 萨顿：《东非史前史》，《非洲通史》第一卷，中国对外翻译出版公司，页 333—358。

[15] J. D. 克拉克：《南部非洲史前史》，《非洲通史》第一卷，中国对外翻译出版公司，页 360—339。

[16] R. 德贝勒·德受尔芒等：《中非史前史》，《非洲通史》第一卷，中国对外翻译出版公司，页 391—418。

[17] L. 巴卢：《北非史前史》，《非洲通史》第一卷，中国对外翻译出版公司，页 421—430。

[18] C. T. 肖：《西非史前史》，《非洲通史》第一卷，中国对外翻译出版公司，页 453—470。

[19] F. 代博诺：《尼罗河流域史前史》，《非洲通史》第一卷，中国对外翻译出版公司，页 472—480。

（原载《岭南考古研究》第 3 辑，香港考古学会，2003 年）

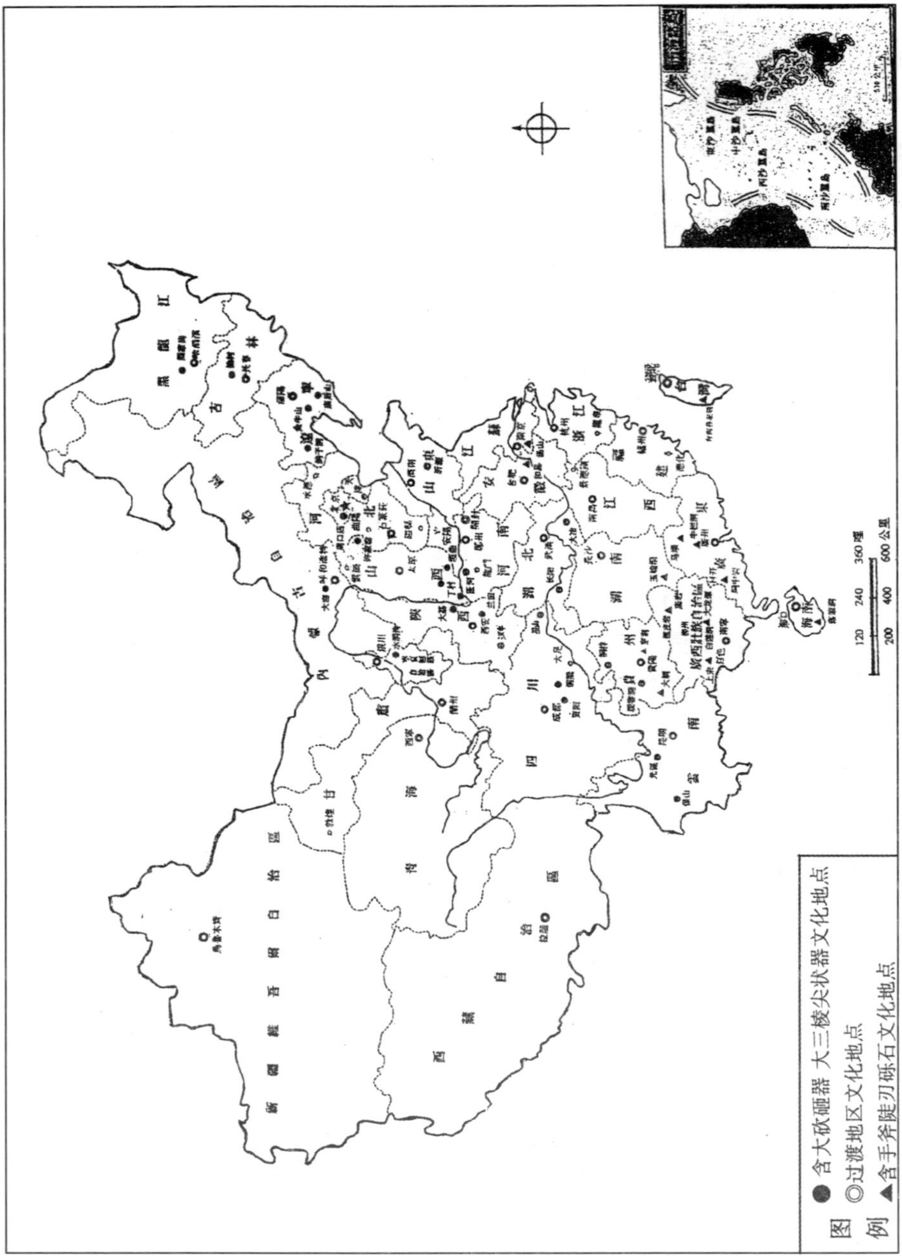

图1 中国旧石器文化分区示意图

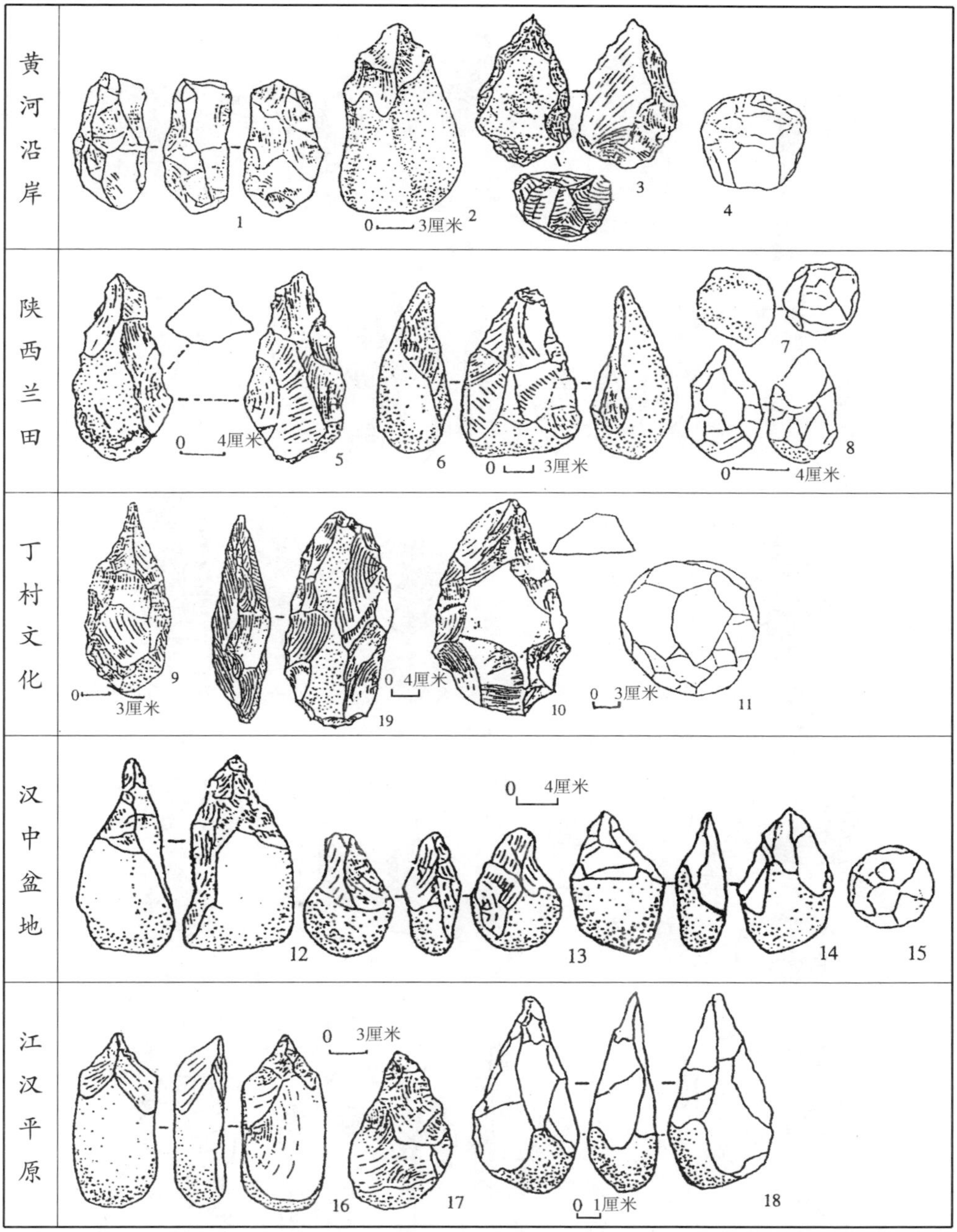

图2　长江以北一些地点出土的旧石器（依袁家荣，1996）

1. 三棱大尖状器（匼河）　2. 大尖状器（西候度）　3. 大尖状器（三门峡）　4、7、11、15. 石球　5、9、12. 三棱大尖状器　6. 砾棱大尖状器　8、13、14、17、18、19. 原手斧　10、16. 大尖状器

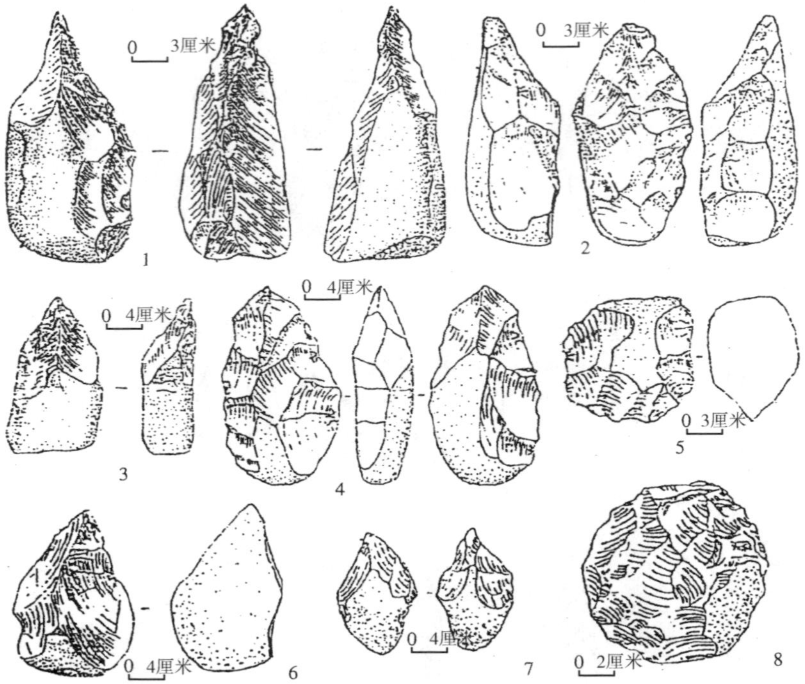

1. 砾石三棱尖状器；2. 砾棱尖状器；3. 双刃大尖状器；4. 似手斧；5. 双面砍斫器；6. 短身大尖状器；7. 似手斧；8. 石球（澧水文化类登）

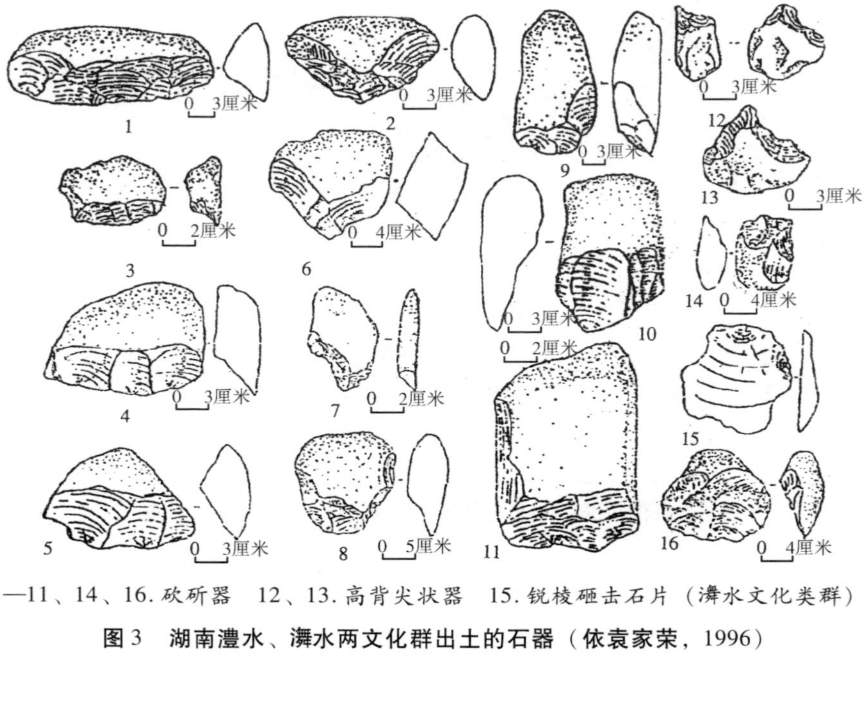

1—11、14、16. 砍斫器　12、13. 高背尖状器　15. 锐棱砸击石片（溇水文化类群）

图 3　湖南澧水、溇水两文化群出土的石器（依袁家荣，1996）

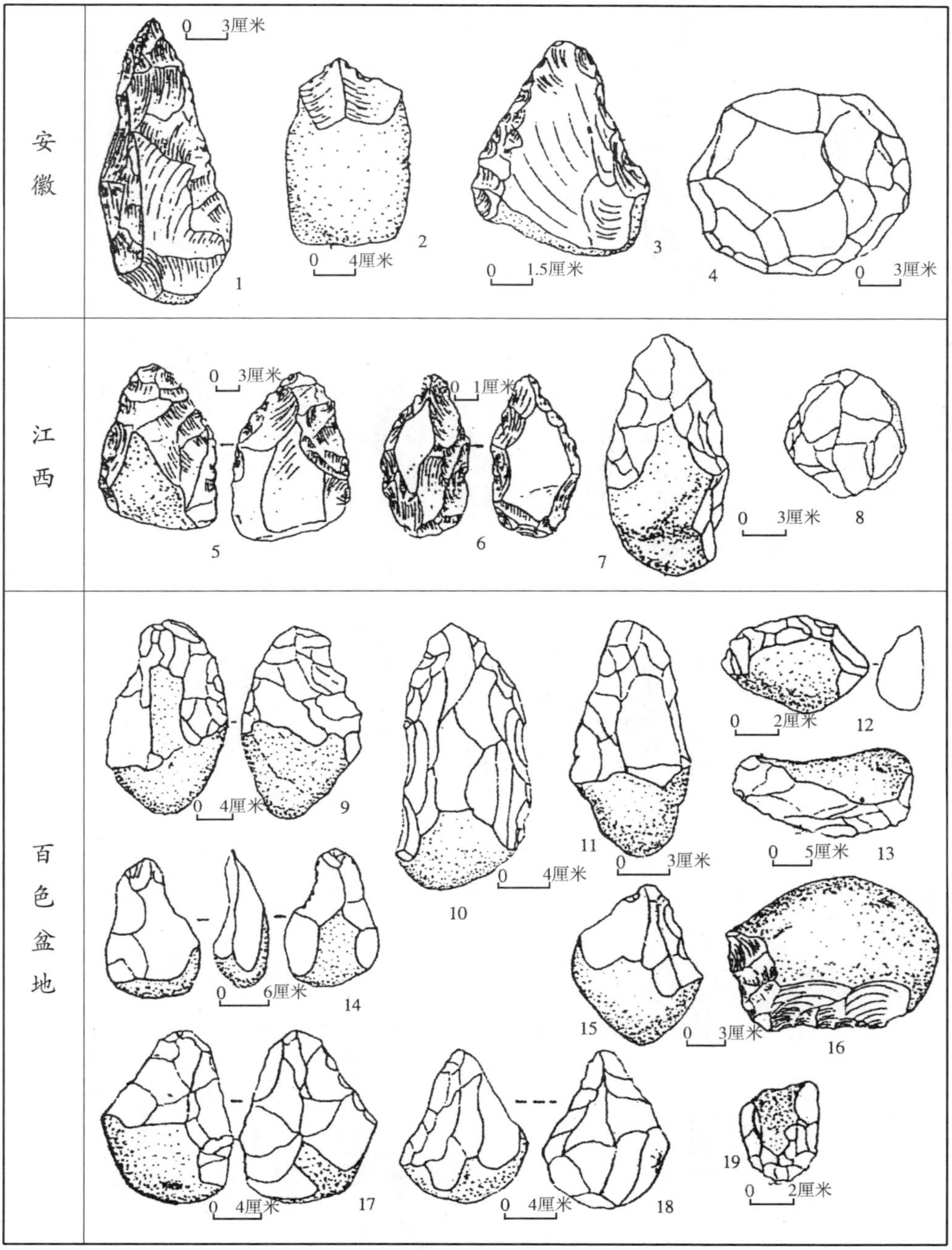

图 4　广西百色及江西、安徽出土的旧石器（依袁家荣，1996）

1. 三棱大尖状器　2. 双刃大尖状器　3、15、18. 短身大尖状器　4、8. 石球　5、6、9、14、17. 原手斧　7、10、11. 大尖状器　12、13、16、19. 砍斫器

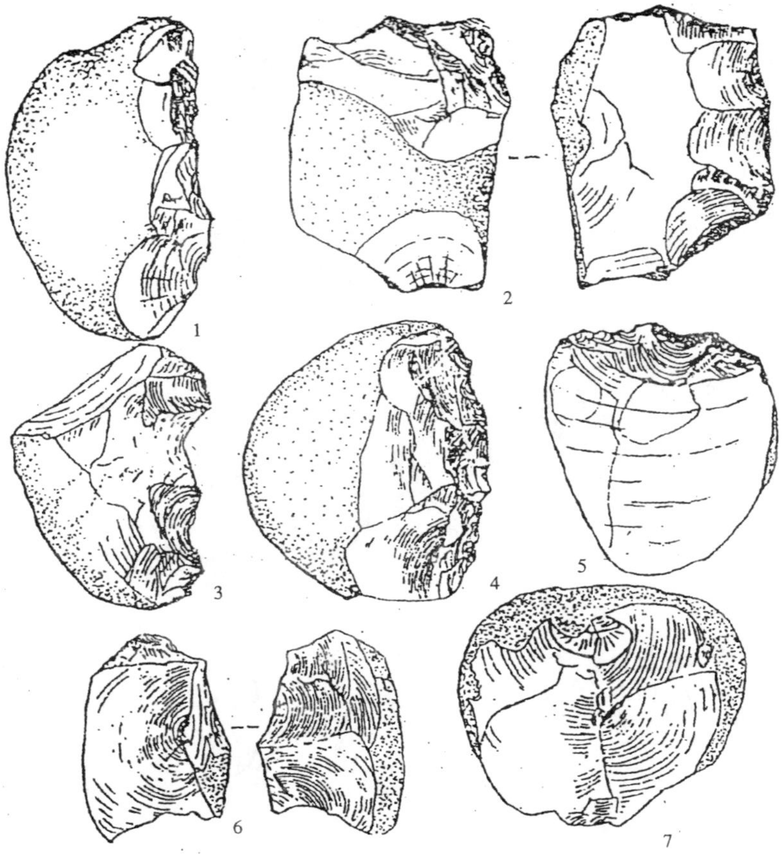

广西田东定模洞出土的石制品（依曾祥旺，1993）

1、4. 砍砸器（P0010、P0011） 2. 复刃刮削器（P0012） 3、5. 单刃刮削器（P0014、P0013） 6. 石片 7. 双台面石核（P0016）（均为2/3）

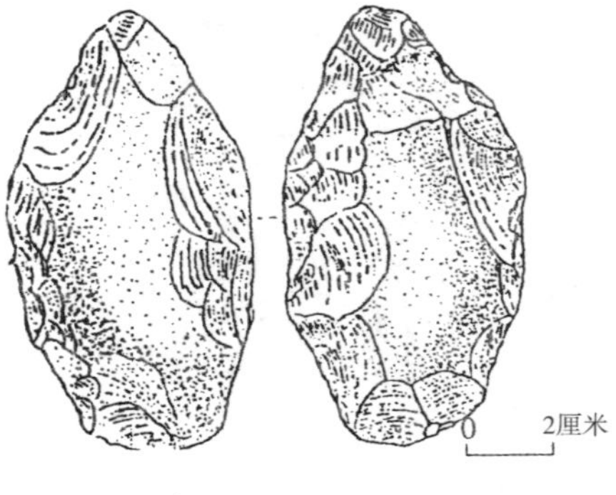

亚婆山遗址发现的手斧（依莫稚）

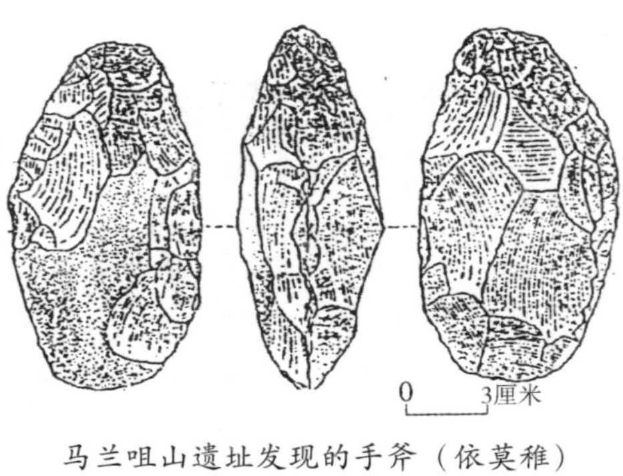

马兰咀山遗址发现的手斧（依莫稚）

图5 广西出土的手斧型石器

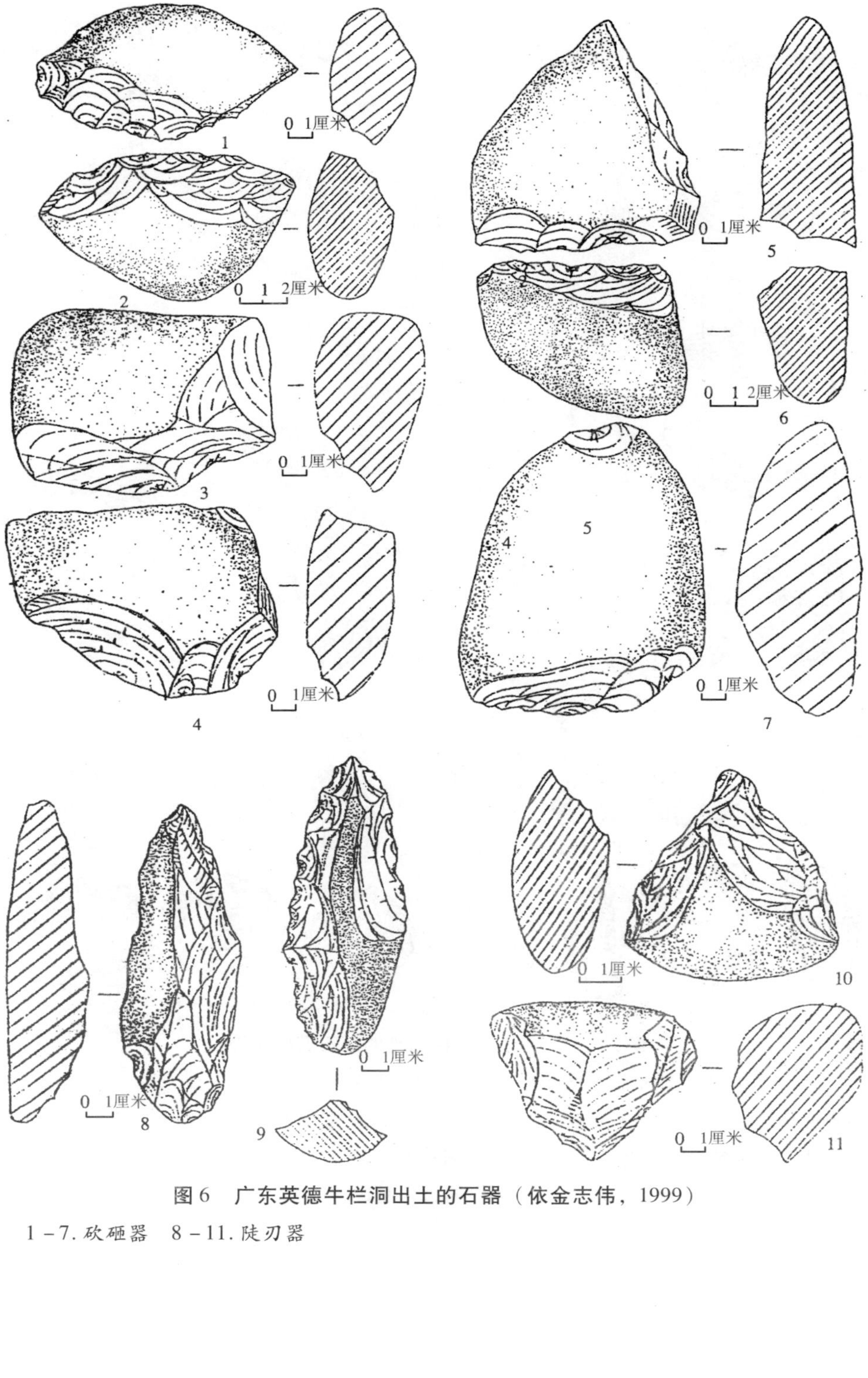

图6　广东英德牛栏洞出土的石器（依金志伟，1999）

1－7. 砍砸器　8－11. 陡刃器

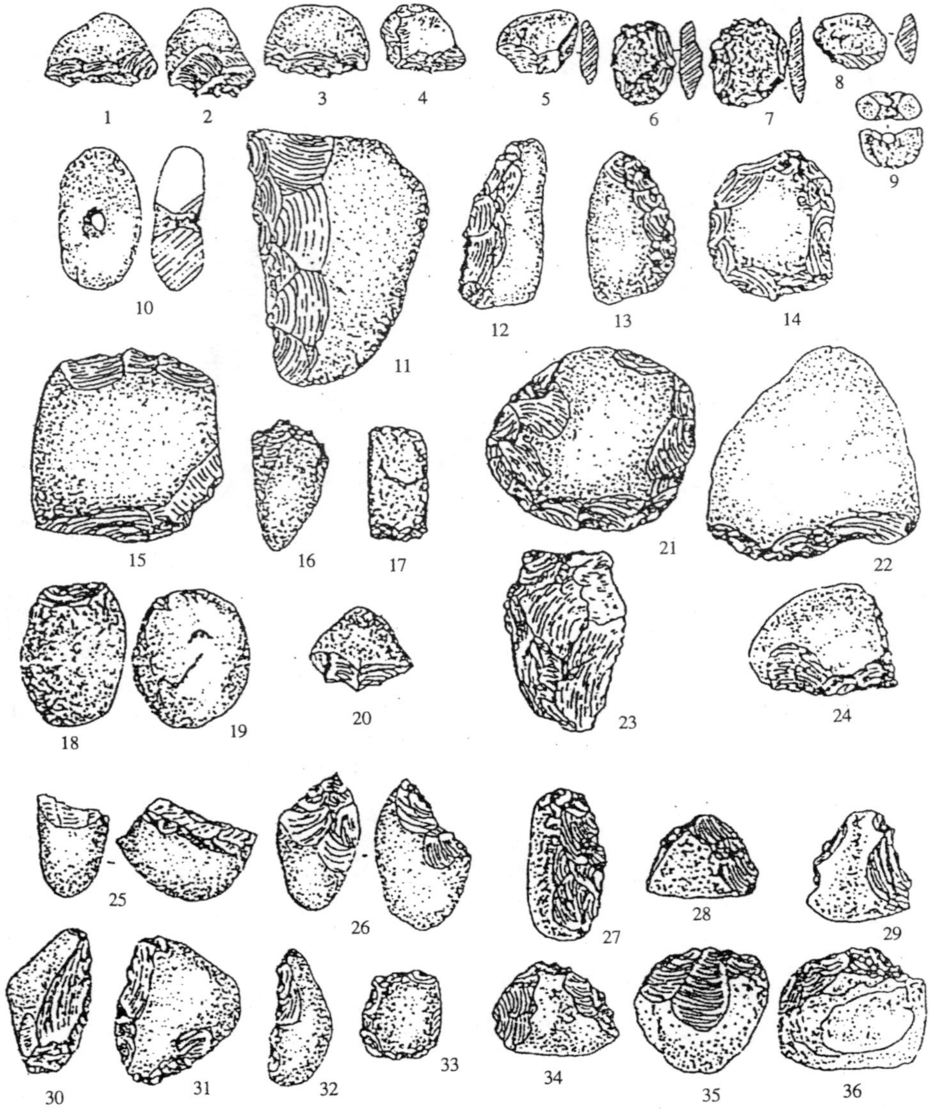

图7　两广、江西地区出土的砾石石器比较

1—4、10. 广西柳州大龙潭鲤鱼嘴遗址　5—9. 广西桂林甑皮岩遗址　11、15. 广西桂林宝积岩遗址　12—14. 广东封开黄岩洞遗址　16—20. 广东阳春独石仔遗址　21—24. 江西万年大源仙人洞遗址　25—26. 广西柳州白莲洞遗址　27—29、34—36. 广东英德青塘遗址　30、31. 广西东兴贝丘遗址　32、33. 广西柳州兰家村遗址

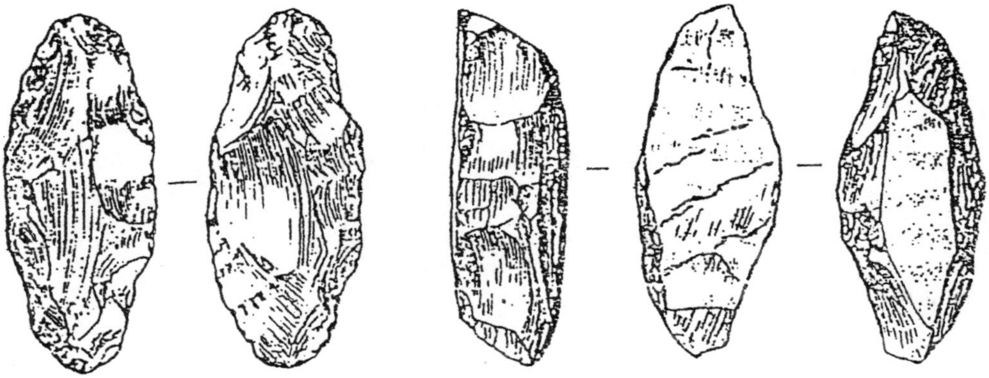

赞比亚利文斯敦附近赞比西峡谷的桑戈文化石器（据 J. D. 克拉克，1950 年）

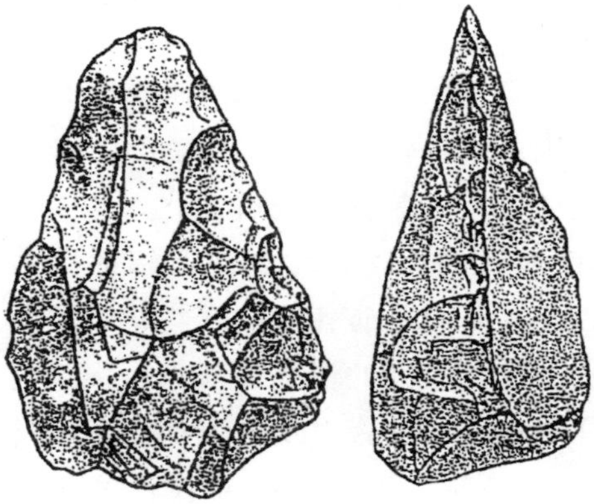

早期石器时代，第二阶段；
典型阿舍利手斧（依 J. 萨顿，1984）

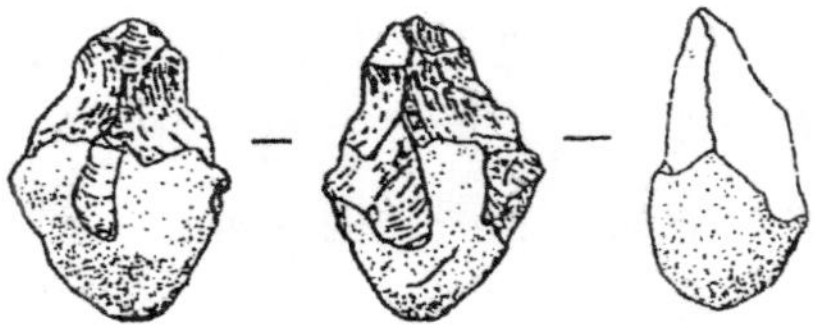

从斯泰克方丹中发掘的
早期阿舍利手斧（依 R. 梅森，1962）

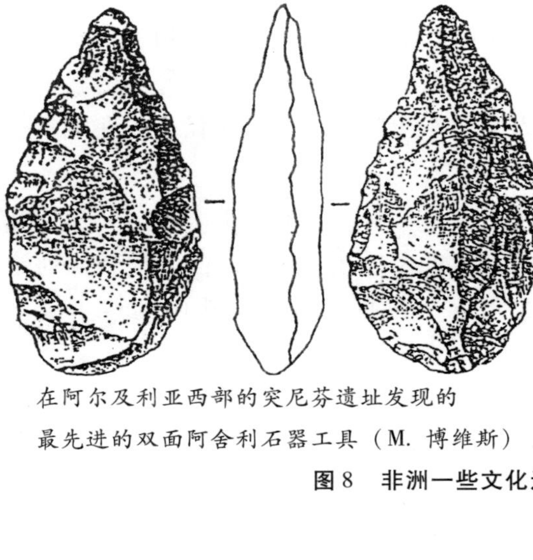

在阿尔及利亚西部的突尼芬遗址发现的
最先进的双面阿舍利石器工具（M. 博维斯）

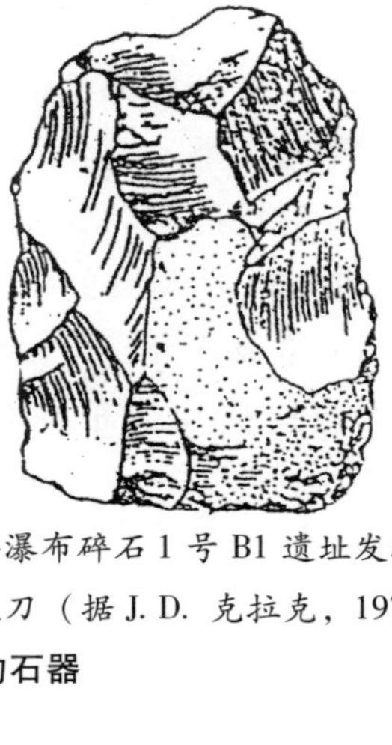

卡兰博瀑布碎石 1 号 B1 遗址发现的
工具砍刀（据 J. D. 克拉克，1970 年）

图 8　非洲一些文化遗址出土的石器

东海走廊

——远古人类迁移和分布的通道之一

一、问题的提出

人类起源与分布的问题，一直为人们所关注，已有不少的著作论述过。迄今为止，世界上大多数的人类学家，虽然对人类起源问题还没有一个十分肯定的答案。但都比较倾向于人类起源于赤道附近的热带和亚热带地区的看法。可是对于人类起源后向外迁移和分布问题则论述得较少，没有明确的答案。

在20世纪30年代，中国周口店北京猿人头盖骨发现后，北京猿人曾被认为是世界上最古老的人类，世界上其他地区的人类，均是由此辐射发展而来的。后来，更古老的爪哇人、元谋人以及东非和北非各地的人类化石不断地被人发现，表明世界上当今分布于各大洲的所有居民的祖先并非来自周口店，而更可能来自非洲和南亚地区。对于这样的观点，是否发现有可作为证据的事实呢？我们的回答是肯定的。古人类学者林一璞先生，1982年在他的著作《古人类迁移与金沙走廊》一文中明确地指出，无论人类起源的中心在什么地方，元谋—金沙江河谷的这个盆地，是亚非间人类迁移到其他地区的中转站和主要途径之一，而且这种作用，早在170万年前就已经存在。但是，到了中更新世时期，由于在亚洲西部已形成了世界屋脊，足以使东亚和北亚与外界的联系隔断，在这种情况下，南亚和东亚的古人类向外迁移和分布的途径又何在呢？这是本文需要讨论的问题。

当前根据一些材料的揭示，我们已发现了东南沿海地区是人类向北迁移和分布的一个重要途径，可以称得上名副其实的“东海走廊”，古人类就是通过这条走廊而迁移和分布到东北亚各个角落，并通过白令海峡而到达了美洲大陆。

二、人类迁移和分布的规律

迄今为止，在我国长江以南地区，除了云南地区已发现元谋人化石之外，在贵州地区还发现了属于旧石器时代早期的观音洞文化，再者就是近期在长江边的三峡地区发现了声称属于更新世早期的人类化石。在安徽地区和南京发现的人类化石也属于更新世早期的人类，而在东南沿海的两广、福建、浙江地区，早期的人类化石及其文化暂时还没有发现。

不过时代较晚的人类化石和文化地点是相当丰富的，如著名的广西柳江人和广东马坝人都发现于此。一直到新石器时代早期的河姆渡遗址，都是令人关注的。

不仅如此，在某些地区目前也露出了好的苗头，如广西百色右江流域的石器，广东西江罗定的下山洞和北江曲江的桂龙岩，还有不久前在福建地区发现的一些地点，它们都是不可忽视之地点，进一步的工作必然有更大的发现。

过了长江，属于旧石器时代早期的人类化石目前发现的也不多，只有安徽地区的和县人化石以及山东沂源人化石。再者就是在连接山东半岛和辽东半岛之间的庙岛群岛上已发现了旧石器时代早期的石器工具。到了辽东半岛，在西海岸边上的营口金牛山遗址中发现了属于旧石器时代早期末的人类化石。再往北就是本溪庙后山遗址的庙后山人化石了。这是时代较早的人类化石和文化遗址沿东南沿海地区由南向北分布的一条轨迹。

如果连时代较晚一些的人类化石和文化遗址也合起来考虑的话，则会出现新的情况。

我们曾对东北亚地区旧石器时代古人类分布特点进行了初步的探讨，结果发现如下的特点：东北亚地区的古人类遗迹文化分布的特点基本上是从南往北、从西往东、从沿海往内陆，从低纬度地区往高纬度地区分布的。而且绝大多数的遗址都随着河流水系的分布而分布。现以辽东和朝鲜两半岛遗址分布的情况加以说明。

在辽东半岛，1933 年杨钟健先生等在旅大龙王塘附近公路旁红土层中发现了两件石英岩的石器，这里地处辽东半岛的西南岸，距渤海湾只有三公里左右。再往北就到了营口大石桥金牛山遗址，金牛山人头骨 1984 年发现于此，这里也处在辽东半岛的西海岸，距渤海湾也不到十公里（最近处）。由此往北就是本溪山城子庙后山遗址，这里除了发现庙后山人牙齿化石外，还有一批旧石器。该遗址虽然离海不近，最远也不过 140 公里，坐落在太子河支流汤河畔上（亦有人称海城河）。

在辽东半岛和朝鲜半岛的交汇处，丹东东沟县的前阳洞里，于 1982 年发现了一个比较完整的少女头骨化石，这里距黄海北部湾只有十几公里，离鸭绿江口也只有40公里。

在朝鲜半岛上，情况有类似的地方，迄今为止，从南到北分布的旧石器时代遗址有：在1978年发现的、距汉城北面约50公里的京畿道全谷里遗址。据日本学者测定的年代为距今约30万年左右。但根据研究者认为，全谷里遗址的年代应属于旧石器时代早期末或旧石器时代中期早一阶段。绝对年代上限可达12.5万年，下限可达8万年。该遗址坐落在涟川郡汉滩江岸边，距西海岸约40公里。

往北的另一个遗址就是1966年发掘的，在平壤市东南的祥原郡特别市三公里的祥原江边上的黑隅里遗址，该遗址位于大同江的支流南江畔，距西海岸约87公里。其年代为旧石器时代早期，绝对年代约距今60万—40万年前。

下来一个遗址就是胜利山遗址，它在平安北道德川郡，坐落在大同江畔，距西海岸仅70公里。在这里发现了古人类臼齿化石，被命名为德川人。年代据研究者认定大约为距今15—4万年。

再往北的遗址就是属于旧石器中期的屈浦里遗址。该遗址发现于1963年，位置在咸兴北镜北道雄基郡。它的文化又称屈浦文化，其中可分为两个文化层，第Ⅰ文化期层是属于旧石器时代中期的，第Ⅱ文化期层则可能更晚些。此遗址距东海岸仅数公里。这里已接近苏联的远东地区。

从以上的材料可以看出，较早期的遗址确是大都分布在靠近黄海、渤海和东海大陆架的边沿地区，而且大都靠近西海岸、分布趋势是由南向北。另外，不管是哪一个时期的遗址同样都坐落在大小河流的河畔上。实际情况与上述的规律相同。

辽东半岛如此，在更往北的松辽平原地区和东西伯利亚地区又如何呢?

在广阔的松辽平原地区，发现的旧石器时代文化遗址和人类化石虽然不太多，但也有好几处。从南往北计有，吉林安图明月镇，吉林榆树周家油房，黑龙江哈尔滨顾乡屯、阎家岗子、黄山，龙江县的景星，齐齐哈尔昂昂溪的大兴屯，漠河老河沟，讷河清河屯，饶河小南山和呼玛十八站。其中绝大部分都是旧石器时代晚期的文化遗址，只有阎家岗子可能属于旧石器时代中期的文化遗址。早期的文化遗址目前一个也没有发现。

在严寒的东西伯利亚地区，近十年来的考古发现确实不少，发表的材料也很多。其中以苏联科学院院士阿·巴·奥克拉德尼科夫的著作中所提及的材料比较集中，也比较具有代表性。研究者认为，在西伯利亚地区，旧石器文化从早期到晚期同样存在。属于早期的地点有黑龙江上游的库马腊和结雅河水力发电厂、乌斯季托附近等地。还有1984年发现的雅库特中部的季林格——尤里亚赫村附近的地点。这些地点发现的砾石石器被他们称为“曙石器”。属于旧石器中期的地点有库马腊上层，乌苏里斯克市（双城子）到卡巴列洛诺，耶洛威公路四十里处的奥西诺夫卡村附近小丘上的遗址，还有黑龙江中游的帕什科沃村以及兴凯湖畔等地。

属于晚期的有乌斯季诺卡村附近的塔杜霞河、绥芬河岸的腊兹多尔诺耶村等地。

再往东就到了和阿拉斯加遥遥相望的楚科奇半岛，在高尔呼姆河下游也有一个地点。但总的来说，遗址的分布越往北越稀少了。

从东西伯利亚的材料来看，似乎并没有反映出前面提及的分布特点。但有一点是值得注意的，上述列举的所有被称为“曙石器”的材料中，除石器之外既没有谈及石器出土的层位，也没有引证同层位出土的动物化石，只根据石器的形态特征和打制技术确定他们是属于旧石器时代早期的，显然，这是不足为据的。对打制石器年代的确定，如果只限于石器本身的器形和打制技术而论，那纯粹是人为的东西。因为，一切打制石器脱离了地层关系，离开了伴生动物化石的证据都是不能说明任何问题的。所以把这些文化地点的年代划归旧石器时代早期是缺乏证据的。另外，古人类在用火问题仍未解决之前，能在这么寒冷的地区生活也是难以想象的。除非人类用火的时间由十几万年前又往前推进到一百多万年前，不然，以上的鉴定显然是靠不住的。实际上，迄今为止，世界上有关古人类用火的时代并没有超过一百万年前。由此可见，人类化石遗址和文化地点的分布仍然是按照上述规律进行的，越往北年代越晚，密度越稀。

这些特点又说明了人类起源的摇篮地不在纬度较高的地区，而在纬度较低的，气候更加温暖的南部地区。所以古人类化石以及文化地点的分布呈现出上述特点和规律。

而这些特点和规律的形成，有赖于地理环境和气候变化的条件。如果没有陆桥的存在，就不会产生上述特点和规律。这证明了陆桥是人类迁移和分布的捷径和桥梁。但陆桥的产生是和冰期的出现有密切关系的。由于当冰期到来之际，全球性的气温下降，降水量大大减少，在高山区和高纬度地区有大面积冰川覆盖，海水大幅度下撤，其下撤的深度最大可达110—160米之深。这样，不少的大陆架地区和浅海地区就暴露出来，成了大陆和半岛之间，大陆与岛屿之间的捷径和桥梁，大陆上的大江大河在这个时候同样也变得易于跨越，天堑变通途，方便和加速了人类迁移和分布的速度。由于冰期和间冰期的反复出现，所以人类迁移和分布出现了波浪式的重叠现象，在早期人类分布的地区同样会有晚年代的人类遗址的存在。不过其密度仍然保持南密北稀，西密东稀（指海岸地区），低纬度密高纬度稀的规律。

也许有人会问，陆桥形成是否有证据？回答是肯定的。不少人在这方面已经取得了可喜的成就。近年来不断在渤海、黄海和东海大陆架上发现了完整的古生物化石（犀牛、猛犸象、马鹿、野牛等），地质部门对东南沿海多次的海侵、海退都已研究清楚，并了解到每次海侵和海退，都与每次全球性的气候变化有着密切的联系。这证明了大陆架确曾露出水面，陆桥确实存在，而且陆桥出现不止一次，一直到更新世晚期仍有出现。这就是造成人类迁移和分布呈现波浪重叠式的原因。

三、血缘关系的证据

在了解清楚古人类在东北亚地区的分布特征和“东海走廊”客观存在之后，很有必要进一步去寻找南、北人类的血缘关系的证据。只有这样才能说明他们之间的真正关系。对此我们也已有所发现。

1982 年，在丹东市、东沟县前阳乡山城子山的一个洞穴里发现了一个较为完整的人类头骨化石，我们称她为前阳人。经研究，发现她属于蒙古人种是无可置疑的，而且发现前阳人的下颌骨上升枝最小宽度比较小，左侧为 33 毫米。与东北亚和北美洲土著居民，特别是爱斯基摩人比较，相差甚大。如果再与南亚的人种比较，则出现异常的相似。

关于较窄的下颌上升枝最小宽度与较宽的下颌上升枝最小宽度的人群比较。由比较数字（“岭南文化之源珠江来”文 P6 表）可以看出，东亚的北部和西部的下颌上升枝最小宽度的尺寸有由大向小变化的趋势，丹东前阳人的下颌骨，就其上升枝最小宽度而言，明显地落入东亚南部的人群的数值之中，而与北部的人群则相差太远。所以我们认为，如果不是偶然之故，不难设想丹东前阳人的渊源与其说是来自我国东北地区或华北地区，倒不如说来自我国华南一带可能更有说服力。这个例子有很强的说服力，所以在若干篇文章中我都反复地引用它。

1980 年在本溪庙后山遗址中所发现的人牙化石中，出自第 9 方第 6 层堆积中的那颗右下第一臼齿，其结构很有特点。它的齿根除了有显著的三根外，还从远中根舌侧分出一根小的齿根；而且从 X 光透视照片中可以看出，该牙齿的牙髓腔比较发育，属“牛齿”型齿。这两个特征在北方的蒙古人种中极为少见，而在南方的蒙古人种中则极为普遍（现在例外）。由此可见，这种现象不能说纯属偶然性。

安徽和县猿人化石中不少特征是更为接近爪哇猿人的。如上臼齿的齿带特征，颊舌径的大小，以及齿髓腔属牛齿型，还有眶上圆枕和额鳞之间存在的眉脊上沟的特征等等都是和南方的蒙古人种极为相似，如果不能说和县猿人在演化上与南方的蒙古人种有直接关系的话，起码在系统演化上有着明显的渊源关系。

此外，据了解山东沂源人的头骨也有类似之特点。

在年代较晚的人类迁移和分布上同样可以找到同样的证据。1983 年在临近日本南段的冲绳县的官古岛的洞穴里，发现了旧石器时代人类的头骨和脊椎骨，这是由横滨国大教授长谷川善为首的调查团发现的，经研究后被认为是二万年前之物；而且这些人类化石的发现，加强了认为日本人的祖先是从中国华南地区经冲绳到来的看法。因为这些人类化石的形态特征与在中国广西发现的柳江人化石极为相似，所以很自然地引申出上述的结论。不仅如此，连在静冈县引佐郡三日町发现的“三日人”（约 2 万年前）、在爱知县牛川町发现的“牛川人”化石，在大分县、圣岳发现的“圣岳人”化石，以及在那霸市洞穴中发现的“山下洞人”（约 3. 2 万年前）和在冲绳本岛南部相继发现的“港川人”化石等等，都可以作为“东海走廊”存在的佐证。

近期，我们有机会对广西百色地区的打制石器进行对比研究，结果使我们感到惊讶的是，原来百色地区出土的砾石砍砸器和手斧等器物，它们无论在器形特征、功能和打制技术上都与朝鲜半岛南部的全谷里遗址出土的同类石制品是如此的相似，这不能不使人认为，这两处的文化在演化上可能存在某种联系。以上几个典型例子我在《东北亚地区旧石器时代古人类分布特点初探》一文中曾较为详细地谈及。

四、小结

综上所述，我们可以毫不怀疑地相信，“东海走廊”是客观存在的，古人类在靠近赤道附近的热带和亚热带地区诞生后，即沿着一切可通行的渠道往外迁移和分布到可以生存的任何地区。“东海走廊”就是其中一条重要的通道，而且是东南亚通往东北亚最为理想的捷径。虽然在这条通道的某些路段上，如广东、福建、浙江、江西等地，迄今仍未发现有旧石器时代各个不同阶段的文化遗址或人类化石地点，只是零星地发现了一些个别地点和材料，但可以推断，这只是暂时的现象，不久的将来可能会发现它们的系统踪迹的。因为这个地区不仅具备了古人类赖以生存的一切必需条件，如充足的水源、丰富的动植物食物的来源和适宜的气候环境，还有随着每次冰期到来所提供的向外迁移和分布的捷径——陆桥。所以，成为古人类往北方各地和沿海岛屿分布的重要通道之一就是很自然的了。

这个问题的解决，对于我们全面认识人类的起源和分布，以及由此而引起的一系列问题的解决都是很有帮助的。

（原载《岭南文化珠江来》，中国评论学术出版社，2006 年）

东北亚地区旧石器时代古人类分布特点初探

——“东海走廊”的佐证

人类的起源与分布，一直是人们关注的问题。对这两个问题，已有不少著作进行过论述。这是两个彼此有必然联系的问题。世界上多数人类学家都比较倾向于人类起源于地球赤道附近的热带和亚热带地区的观点。不过，某些学者出于某种原因而提出了异议，特别是在东北亚地区，问题更为突出。对此，我们想通过对这一地区现已发现的古人类化石及其对文化布局的分析，初步探讨东北亚地区旧石器时代古人类分布的特点及其规律，从而全面了解人类起源及其发展与分布。但限于水平，谬误在所难免，请多多指正。

一、从我国东北地区已发现的人类化石及其文化看旧石器时期东北亚地区人类分布的特点

迄今为止，东北三省地区已发现的旧石器时代的人类化石有如下一些：本溪庙后山遗址出土两颗人牙化石，一段小孩股骨化石，还有在上部地层中出土的一块幼儿顶骨化石和一根桡骨化石；营口大石桥金牛山遗址上部地层中出土的一段人上臂骨化石（远端）；还有1984年发现的金牛山人头骨及部分股骨和肋条骨、椎骨等；喀左水泉鸽子洞出土的一颗小孩的前臼齿化石；建平南地乡发现的人上臂骨化石；吉林安图明月镇石门村洞穴遗址中出土的一颗人牙化石；还有最近发现的东沟县前阳一洞穴中出土的一个比较完整的人类头骨化石。

属于旧石器文化遗址的地点有：金牛山遗址（图1—6）、庙后山遗址（图7—15）、海城小孤山子青云山仙人洞遗址（图16—23）、锦县沈家台遗址、喀左水泉鸽子洞遗址（图24—29）、淩源西八间房遗址（图30—32）、复县古龙山遗址（图33）、吉林安图明月镇洞穴遗址、黑龙江哈尔滨顾乡屯黄山、榆树周家油房（图34—38），还有呼玛十八站（图39—41）、漠河老河沟、讷河县清河屯（图42—44）、饶河县小南山、龙江县景星，以及昂昂溪大兴屯遗址等等。

如果按时代划分，属于旧石器早期的有营口大石桥金牛山、本溪山城子庙后山，还有1933年杨钟健先生等在旅大龙王塘附近公路旁红土中发现的两件石器。属于旧石器中期的有喀左鸽子洞和庙后山遗址上部文化层。属于旧石器晚期的有海城小孤山子仙人洞（有可能更早些）、锦县沈家台、复县古龙山、建平南地乡、吉林安图明月镇、抚松仙人洞榆树大桥沟（图45—47）、吉林榆树周家油房、黑龙江哈尔滨顾乡屯黄山、呼玛十八站、漠河老河沟、讷河清河屯、饶河小南山，还有辽宁凌源西八间房、闫家岗、碾子山（图48—50）、黑龙江龙江县的景星，以及昂昂溪的大兴屯遗址（图51—53）等等。

从分布的经纬度来看，旧石器早期的文化遗址迄今最北分布到北纬41°14′49″、东经124°07′50″（庙后山遗址）。而晚期的遗址迄今已经发现分布到北纬50°20′、东经125°20′（黑龙江呼玛十八站）。如果把现在属于内蒙古自治区的扎赉诺尔也考虑在内，则西边已到了东经117°20′。

现在看来，不管其分布位置如何，或者其堆积环境是洞穴—裂隙堆积，还是属于阶地洪坡积，但它们有一个共同的特点，都在大小河流之畔。主要分布在辽河、大凌河、小凌河、太子河、松花江、嫩江和黑龙江等几条河流流域内。同时，时代较早的遗址距离现在的海岸线都比较近，金牛山遗址距海不到十公里（最近处），龙王塘则更近，只有三公里左右，离海最远的庙后山遗址也不过一百四十公里。如果从最近在东沟县前阳一洞穴发现的人头骨化石来看，则已接近海边。这种现象并非偶然，而是一个很值得考虑的问题。前一个时期在东沟县大鹿岛上发现一些石片，很像有人工加工痕迹。如果今后在地层上得到说明，则和山东省的庙岛群岛一样，证明在黄海大陆架某些岛屿上确有较早期的石器文化的存在，说明在某次冰期期间，作为黄海渤海大陆架上的一些岛屿早已成了古人类活动的场所。另一方面也有力地证明了，在冰期期间大陆架确是古人类迁徙和分布的桥梁。

二、从朝鲜半岛已发现的人类化石及旧石器文化看东北亚地区古人类分布的特点

迄今为止，朝鲜半岛已发现的旧石器时代的人类化石及其文化的地点从南到北都有，时代从早到晚一直延续着。据研究者认为，属于旧石器早期的遗址有1966年发掘的、在平壤市东南距祥原郡特别市三公里的祥原江边上的黑隅里遗址。那里只出土旧石器和二十二种古动物化石。它的位置距大同江的支流

南江约十七公里，距西海岸八十七公里左右，地理坐标为北纬 38°45′、东经 126°7′，根据伴生动物群的种属已定为 60 万—40 万年前。我们根据其出土石器的形状和打制技术，以及其伴生动物群的组成成分来判断，认为其时代属于 30 万—20 万年前的可能性更大。属于同一时期的还有 1978 年发现的、距汉城北面约五十公里的京畿道全谷里遗址，据日本学者测定的年代为距今约 30 万年，它坐落在涟川郡汉滩江岸边，地理坐标为北纬 38°4′、东经 127°8′，距西海岸四十公里左右。属于旧石器中期的有 1963 年发现、1965 年发掘的咸兴北镜北道雄基郡屈浦里遗址，称屈浦文化第一期层（所谓窝棚遗址），它的地理坐标是北纬 42°21′、东经 130°30′，距东海岸仅数公里。还有，1972—1973 年在平安北道德川郡胜利山遗址出土的古人臼齿化石，命名为德川人，这个地点的地理坐标是北纬 39°43′、东经 126°21′，在大同江畔，距西海岸 70 公里左右，研究者认为距今 15 万—4 万年。

属于旧石器晚期的有胜利山洞穴遗址中与发现古人的臼齿不同的地层中发现了新人的下颌骨化石，命名为“胜利山人”。还有这里出土的命名为屈浦文化第二期层的石器文化。研究者认为距今 4 万—3 万年前。这里出土的石器的石料为黑绿色的角页岩和大理岩，还有石英岩，以及用“间接打法”和“压削法”进行加工的石器。由此可见，较早期的遗址也同样分布在靠近黄海、东海大陆架的边沿地区，而且分布位置的经纬度比较低。另外，不管是哪个时期的遗址，同样都坐落在大小河流的河畔，主要分布在大同江、汉江沿岸。此外，从遗址分布的趋势来看，似乎是从西往东的，也就是来自黄海、东海的彼岸，所以古人类如果从陆桥上过来首先到达的自然是半岛的西海岸，这种推测和目前已发现的遗址分布情况是一致的。

三、从西伯利亚地区旧石器文化地点的发现来看东北亚地区古人类分布的特点

关于在西伯利亚地区发现旧石器文化地点的报道材料不少，以苏联科学院院士阿·巴·奥克拉德尼科夫的著作中所提及的材料比较集中，也比较具有代表性。现根据他的材料来看看这一地区古人类分布的特点。

他认为在西伯利亚地区旧石器文化从早期到晚期同样存在。属于早期的地点在黑龙江上游的库马腊和结雅河水力发电厂、乌斯季·托附近等地。这些地点发现的砾石石器被他称为“曙石器”。（也就是说这些石器是最早的古人类

所制造的。这里就是东北亚人类的摇篮）

属于旧石器中期的地点有库马腊上层，乌苏里斯克市（双城子）到卡巴列洛诺·耶洛威公路四十里处的奥西诺夫卡村附近小丘上的遗址，黑龙江中游的比比科沃村，以及兴凯湖畔等地。

属于晚期的有乌斯季诺卡村附近的塔杜霞河、绥芬河岸的腊兹多耳诺耶村等地。

从经纬度上来看，他列举的所有地点没有一个不是在北纬52°附近的。而且被称为“曙石器”的材料，除石器本身之外，既没有谈及石器出土的层位，也没有引证同层位出土的动物化石，只根据石器本身的形态特征和打制技术就确定为“曙石器”，显然是不足为据的。一切打制石器脱离了地层关系，离开了伴生动物化石的证据都是不能说明任何问题的。所以说这种命名不能令人信服。在这里，我们暂且不去分析它，先分析他所列举的所有旧石器文化地点的分布特点。

仔细一看，绝大多数的遗址都集中在各大小河流的附近，遗址广泛分布在从贝加尔湖以东一直到太平洋沿岸这一广阔的地区（即东经130°—147°区间），而且以靠近海岸线地区比较密集，一直往白令海峡方向伸延。目前，和阿拉斯加遥遥相望的楚科奇半岛上仅次于高尔呼姆河下游的地方，已发现了一处旧石器时代的人类遗址。同时在萨哈林岛上的西南海岸地区，也发现了若干个旧石器晚期的文化遗址。但总的来说，越往北遗址的分布越稀少。

四、小结

从上述三个地区的古人类化石及其文化分布的情况可以看出，东北亚地区的古人类分布的特点基本是从南往北，从西往东，从沿海往内陆，从低纬度地区往高纬度地区分布的，而且绝大多数的遗址都随着河流水系的分布而分布。

这些特点说明如下问题：

第一，进一步说明了人类起源的摇篮地区不在处于纬度较高的东北亚地区，而在纬度较低气候温暖的南部地区。因为如果东北亚地区也是人类起源的摇篮地区之一的话，那么古人类化石及其文化分布的特点就不可能表现出从南往北、从低纬度往高纬度地区分布的这一明显特点，而应该是呈现出一种放射状的分布状态，但事实上没有任何这种迹象。迄今为止，东北亚最早的人类文化遗址，根据古地磁测定，也不超过距今40万—30万年（庙后山）。

至于奥克拉尼科夫提出的在黑龙江和结雅河流域发现了“曙石器”这一问题，我们认为是不可能的。除了他本身分布的材料并不能说明它是“曙石器”外，更重要的理由是不具备人类起源的地理条件。众所周知，第四纪地史最大的标志是冰川的出现和人类的诞生。虽然目前还不能绝对肯定这两者之间有着必然的联系，但起码可以说影响是巨大的，也就是说当全球性的冰期出现时，气候周期性冷热变化的发生，对人类的起源、生存、发展与分布自然会有极大的影响。影响效果对于处在纬度较高、冰川覆盖面积较大、温差变化幅度较大的东北亚地区更为显著。所以不可想象早期的古人类，在当时还没有掌握和大自然斗争的有力武器——火的情况下，能有效地抵御冰期到来之际在高纬度的东北亚地区所出现的严寒。既然连最起码的生存条件都保证不了，那么人类的生产劳动和生活又从何谈起呢？因此人类不可能起源于此，早期猿人、早期直立人阶段的人类也不可能生活在此，所以这“曙石器”也不可能出现于此。

第二，以上材料说明陆桥是人类分布、迁徙的捷径和桥梁，因为我们从辽东半岛和朝鲜半岛上发现的古人类化石及其文化地点分布特点可以看出，它有从西往东的特点。如果完全依靠陆路迁徙和分布的话，这两个半岛的遗址的时代应该是北早南晚，绝不可能出现西早东晚的现象。所以形成这种由西向东分布的局面，我们认为唯一的解释，就是早在旧石器时代的早期末，南亚大陆的早期人类就可以漂洋过海了，但他们不是乘坐独木舟，而是几次冰期作用给他们创造了由陆路迁徙的可能。当冰期到来之际，全球性的气温下降，降水量大大减少，在高山区和高纬度地区有大面积的冰川覆盖，海水大幅度下降（撤），下撤的深度可达一百至一百六十米。这样，就有不少的大陆架地区和浅海地区暴露出来，成了大陆和半岛之间、大陆与岛屿之间的桥梁（图 54）。古人类就通过这些捷径分布到一些半岛和岛屿上来。如果以上的分析无误，辽东半岛和朝鲜半岛的古人类就是由大陆的南部通过陆桥到达西半岛的，首先到达的当然是它的西海岸，所以形成了上述布局。

也许有人会问，陆桥形成的理论有何证据？不少人在这方面的研究已经取得可喜的成果。我们认为近几年来不断在渤海和黄海、东海大陆架上发现了完整的古生物化石（犀牛、猛犸象、马鹿等）就是一个有力的证据。证明大陆架确实曾暴露出水面，陆桥确曾存在。对于这些陆桥出现的次数和时间，由于研究程度的差异，各说不一，但有一点可以肯定，陆桥出现不止一次，一直到更新世晚期仍然存在。形成了在半岛的西海岸地区，同样有时代较晚的人类遗址存在的现象。这些证明古人类向东北亚区迁徙，不是一次完成，而是波浪式多次向前推进的。

第三，这些特点说明了人类的分布与水系的分布关系密切。我们认为这种现象是必然的。因为旧石器时期人类对水有极大的依赖性，为了生存必须紧靠水系。在那个时期，在连最简单的盛水工具也不容易获得的情况下，只好依靠天然保存的水。能保存水的天然容器无非就是沼泽、湖泊和江河，所以古人类必须在这些天然的“大水缸”周围生活。

不仅如此，凡是有水的地方，不管在水里或在水的周围地区都蕴藏着丰富的食物（包括动物和植物）。古人类可以在水里捕获各种鱼类，采集各种贝类，以及其他可供食用的水生生物。在水草丰盛的地区，往往栖息着各种草食动物。这些动物成了古人类理想的狩猎对象和主要的肉食来源。

再则，由于流水的作用，在大小河流的河滩地上，流水给古人类带来了大量石质坚硬的各种石料。这是制造石器的好原料。所以人类从诞生那天开始，就和水直接或间接地发生着密切的关系。这是人类的分布随着水系的分布而分布的主要原因。

同样，在一些沿海地区，人类分布点也比内陆地区显得密集些，其原因也在于此。

以上的特点和规律在整个人类起源、分布的过程中起了很大的作用。人类的生产活动和生活也长时期受这些规律的影响。只有到人类完全掌握了火的使用后，才进一步突破了这些自然规律的约束，逐渐地分布到地球各个角落去，成了大自然的主人。今天来研究和总结这些特点和规律，对我们正确地认识人类的起源与分布，以及由此而引起的一系列问题是有帮助的。

（原载《岭南文化珠江来》，中国评论学术出版社，2006 年）

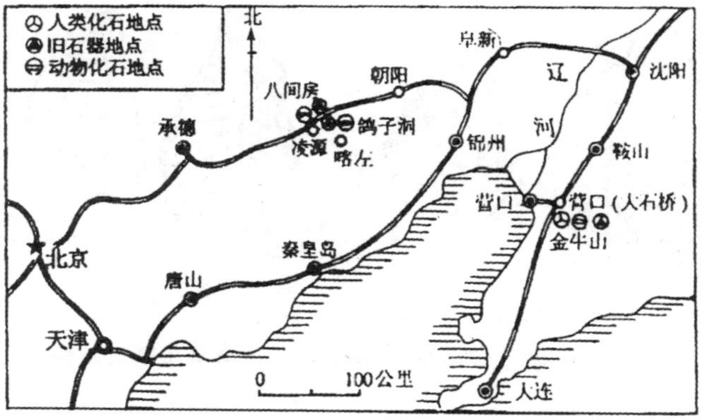

图 1　营口金牛山洞穴遗址地理位置图（依品遵谔，1989）

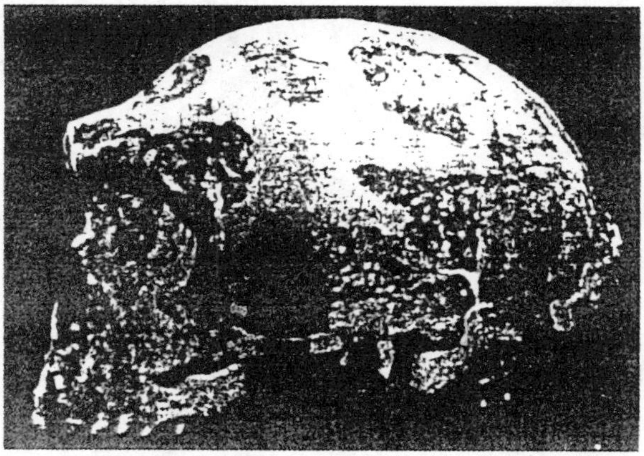

图 2　吴汝康先生 1988 年指导复原的金牛山化石人头骨标本 ×1/5

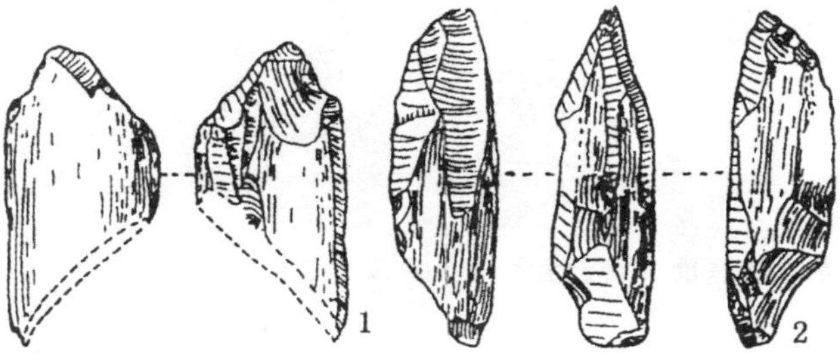

1. YP. 0019 号 X 型骨制品　　2. YP. 0025 号 X 型骨制品

图 3　金牛山遗址 A 点下部地层出土的骨器标本（依张森水等，1993）

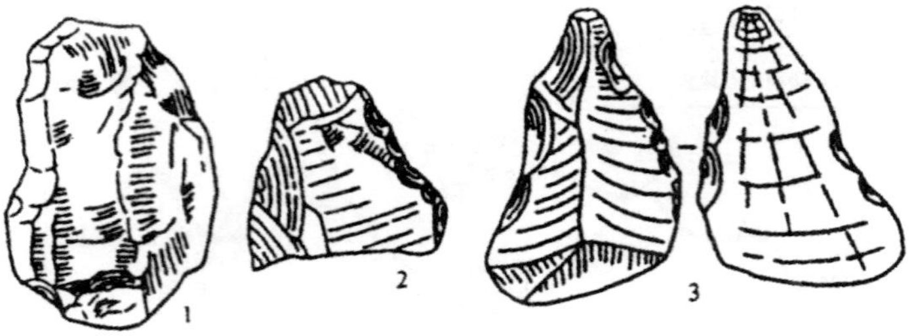

1. 单凹刃刮削器 2. 单直刃刮削器 3. 复刃刮削器

图4 金牛山 A 点和 C 点典型刮削器标本（依金牛山联合发掘队，1978）

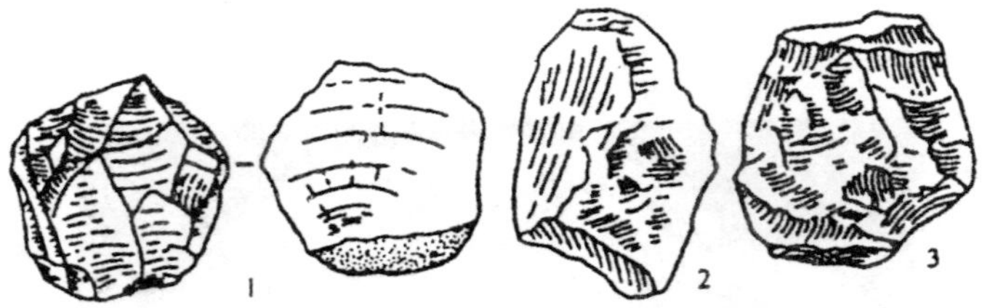

1. 半圆形刮削器 2. 尖状器 3. 半圆形刮削器

图5 金牛山遗址第一、二次发掘出自 C 点的刮削器和尖状器标本（依金牛山联合发掘队，1978）

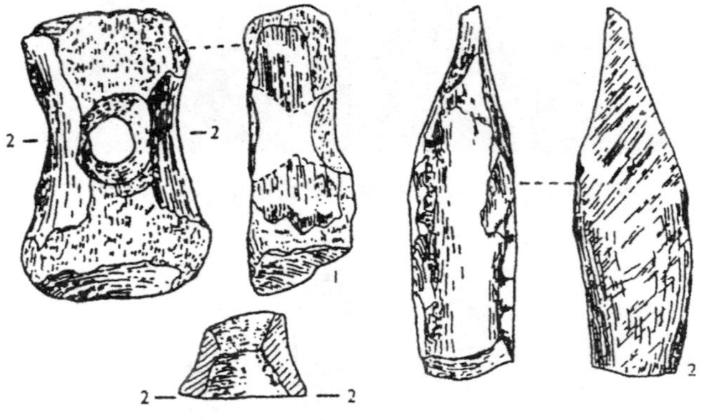

1. 穿孔骨器 2. 骨锥

图6 金牛山遗址 C 点出土的骨器标本（依金牛山联合发掘队，1978）

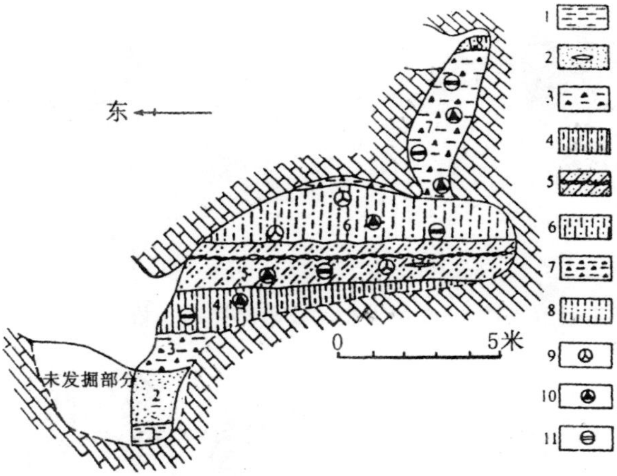

1. 浅黄色砂质黏土层 2. 砂砾石层 3. 含钙质结核黏质砂土质 4. 黏质砂土质 5. 角砾石层 6. 褐黄色砂质黏土层 7. 角砾层 8. 灰褐色砂质黏土层 9. 人化石层 10. 旧石器层位 11. 哺乳动物化石层位

图7 庙后山遗址 A 洞 A－A’剖面（依辽宁省博物馆等，1986）

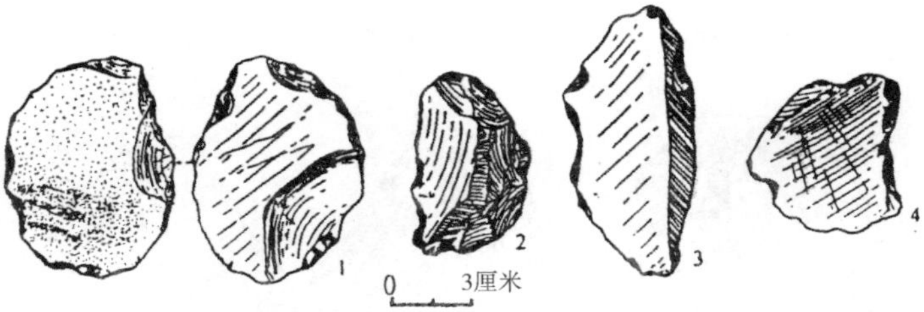

1. No. 113 号复刃刮削器 2. No. 164 号复刃刮削器 3. No. 175 号凹刃刮削器 4. No. 171 号凹刃刮削器

图8 庙后山 A 洞第4—6 层出土的刮削器标本（依黄慰文等，1986）

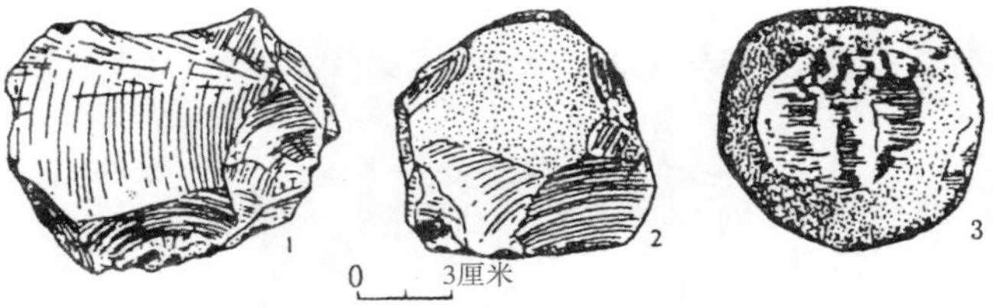

1. No. 218 号砍斫器 2. No. 220 号石球 3. No. 1 号石球

图9 庙后山 A 洞 5—6 层的石器标本（依黄慰文等，1986）

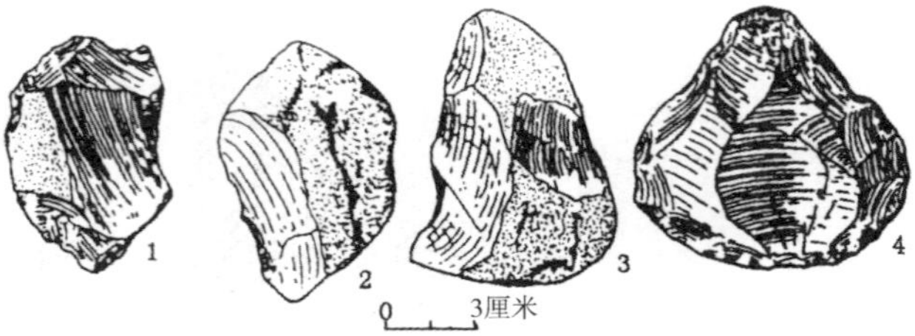

1. No. 165 号砍斫器　2. No. 162 号砍斫器　3. No. 155 号砍斫器　4. No. 74 号砍斫器

图 10　庙后山 A 洞 4—6 层出土的砍砸器标本（依黄慰文等，1986）

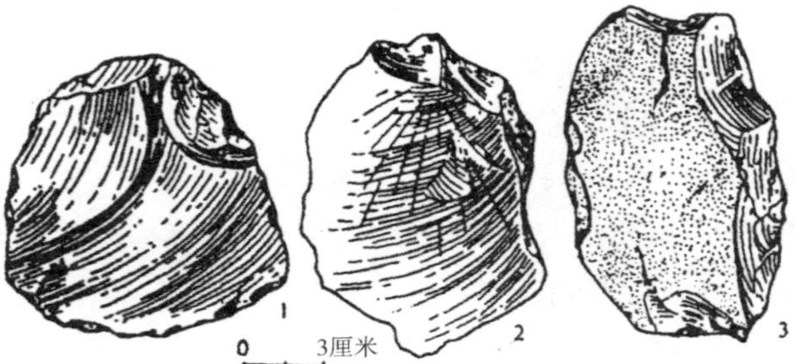

1. No. 214 号砍砸器　2. No. 105 号盘状砍斫器　3. No. 25 号修理把手砍斫器

图 11　庙后山 A 洞第 7 层及采自周围山坡上的石器（依黄慰文等，1986）

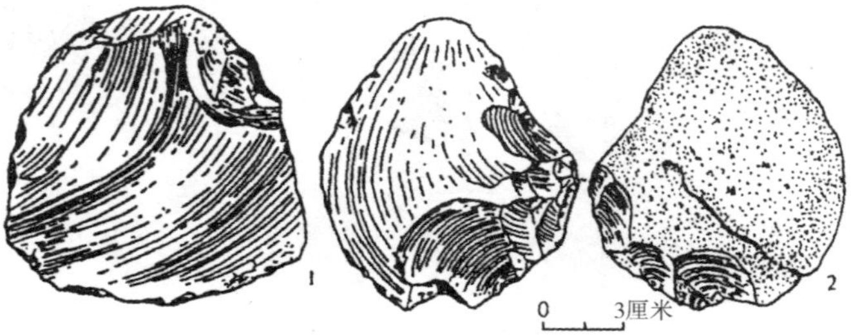

1. 庙后山 A 洞第 7 层出土的 No. 214 号砍斫器　2. 周口店北京直立人遗址第 15 地点出土之砍斫器

图 12　庙后山 A 洞砍砸器与周口店 15 地点同类器物对比（依黄慰文等，1986）

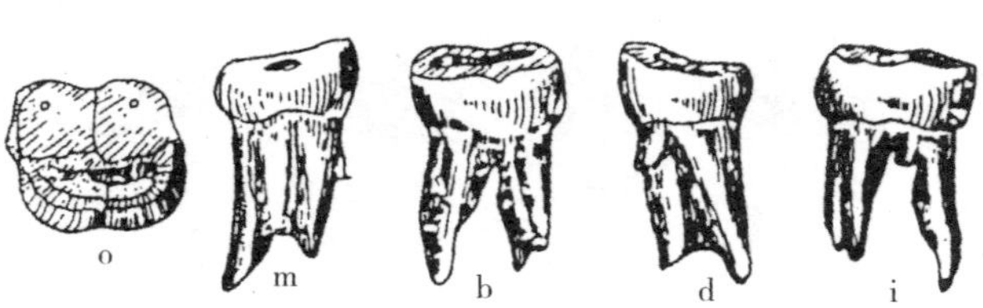

o. 嚼面观　m. 近中面观　b. 唇面观　d. 远中面观　i. 颊面观

图 13　庙后山 A 洞出土的智人下第一臼齿化石标本 ×1

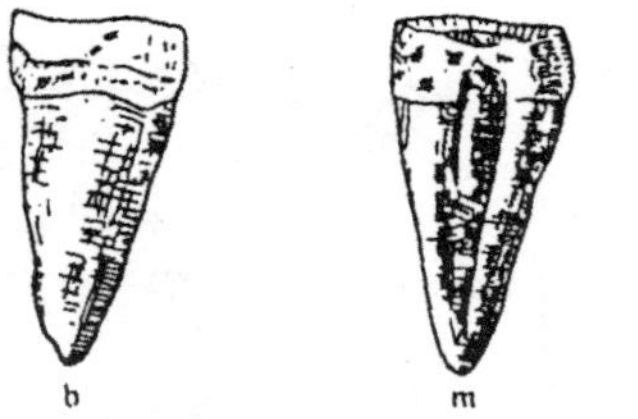

图 14　庙后山 A 洞下层出土的直立人右上犬齿化石标本 ×1

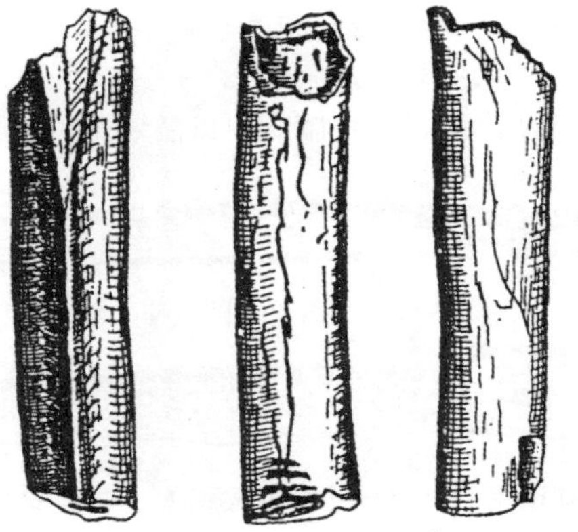

图 15　庙后山遗址出土的智人（Homo sp.）小孩左股骨残段 ×1（均依张镇洪等，1985）

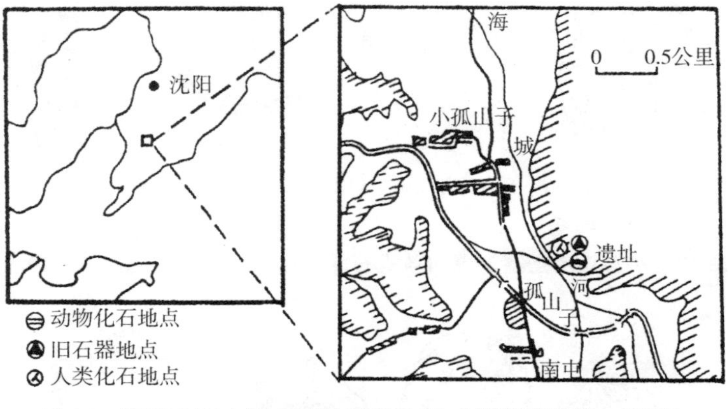

图 16　海城小孤山洞穴遗址地理位置（依张镇洪等，1985）

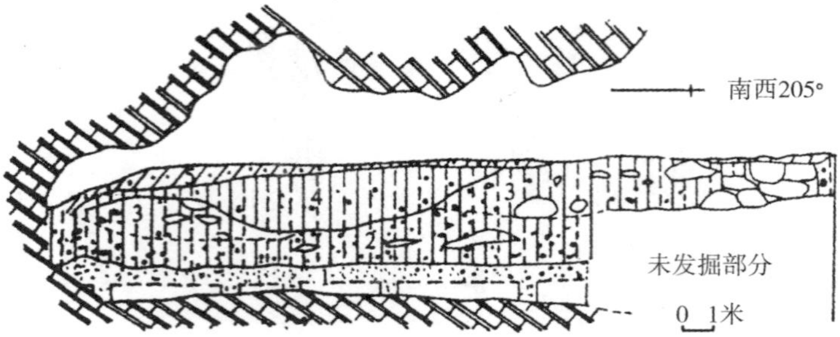

1. 砂砾层 2. 角砾层 3. 角砾夹黄褐色粉砂质黏土层 4. 褐色黏土质粉砂土层 5. 黑褐色黏土质粉砂土质白云质大理岩角砾层

图 17 小孤山洞穴遗址堆积物剖面及其地层划分（依张镇洪等，1985）

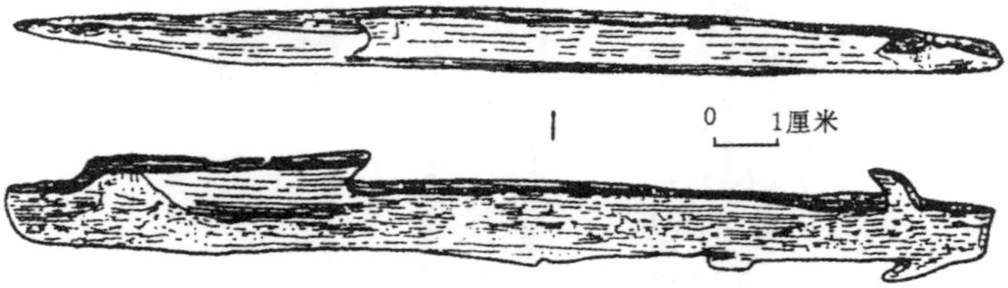

图 18 小孤山洞穴遗址出土的渔叉标本（依黄慰文等，1986）

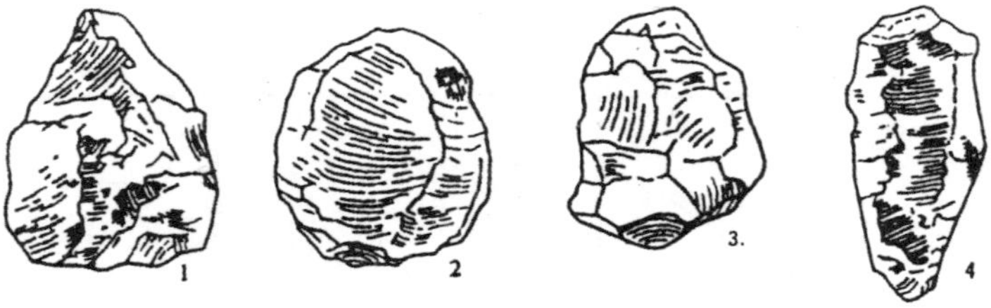

1. L3，E10 号雕刻器 2. 83∶28，L3，A12 号石球 3. 83∶19，L2，C4—D4 号锤击石片 4. 出自第 5 层的两端石片

图 19 小孤山典型雕刻器和各式石球石片标本（依张镇洪等，1986）

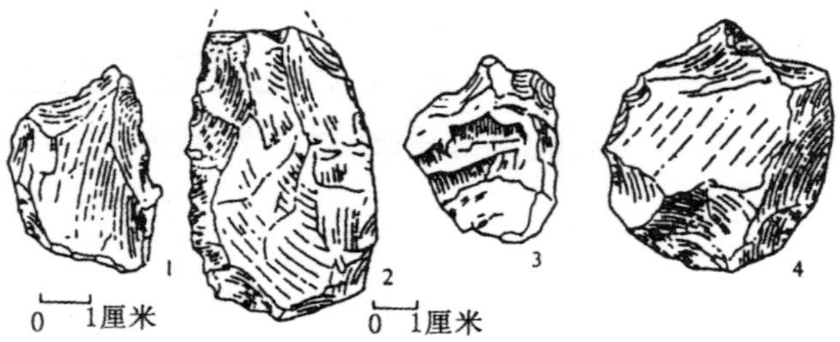

1. 83∶28. 1. 3. B10 号尖状器 2. 83∶28，L2 号尖状器 3. 1. 2. E10 号钻具 4. 83∶38，L4，B11 号钻具

图 20 小孤山各式典型尖状器和钻具标本（依张镇洪等，1986）

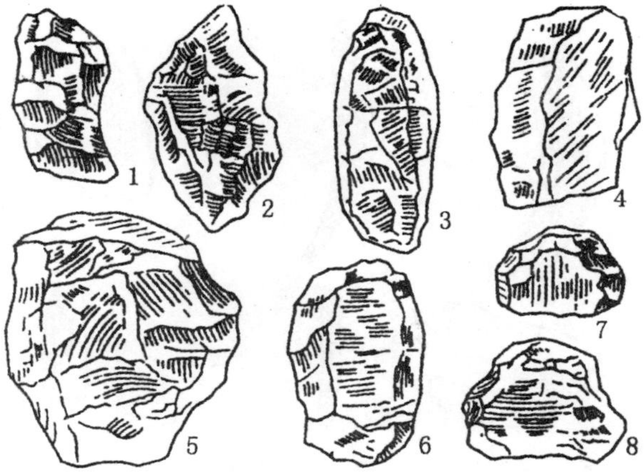

1. 83∶19，1.2，C4－D4k 号单刃刮削器　2. 83∶35，1.4，F12 号单刃刮削器　3. 83∶21，L2，C14 号双刃刮削器　4. 83∶23，1.3 号双刃刮削器　5. 83∶36，L4，C8 号圆刃刮削器　6. 圆刃刮削器　7. 83∶24，L3，C2 拇指盖状刮削器　8. 83∶18，1.2，C8 号吻状刮削器

图 21　小孤山各式典型刮削器标本（依张镇洪等，1985）

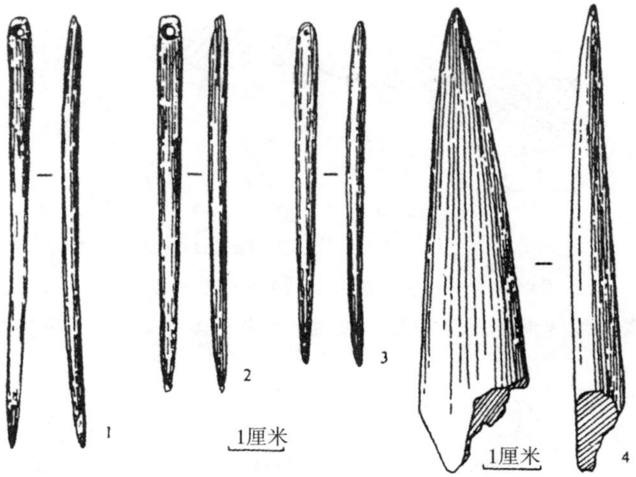

1. 83∶32，1.3，E7 号骨针　2. 83∶13，1.1，F7 号骨针
3. 83∶42，1.2，F2 号骨针　4. 83∶22，1.2，E12 号骨标枪头

图 22　小孤山遗址出土的骨针和标枪头标本（依黄慰文等，1986）

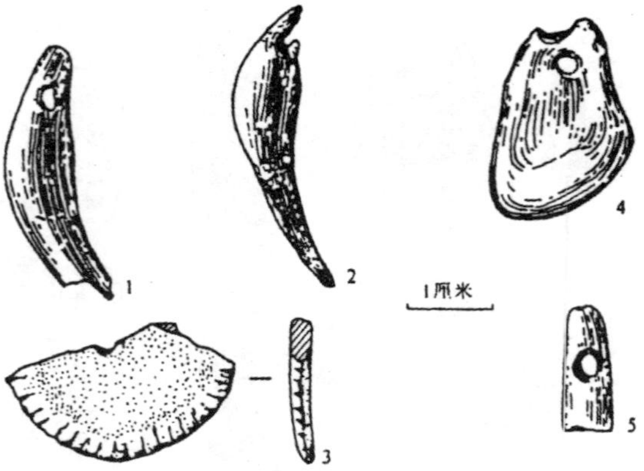

1. 83∶31，1.3，D9号穿孔牙齿　2. 83∶31，1.3，D8号穿孔石牙齿　3. 83∶24，1.3，G6号穿孔蚌壳　4. 83∶19，1.2，G8号穿孔牙齿　5. 83∶16，1.2，F6号穿孔牙齿

图23　小孤山穿孔牙齿和蚌壳等装饰品标本（依黄慰文等，1986）

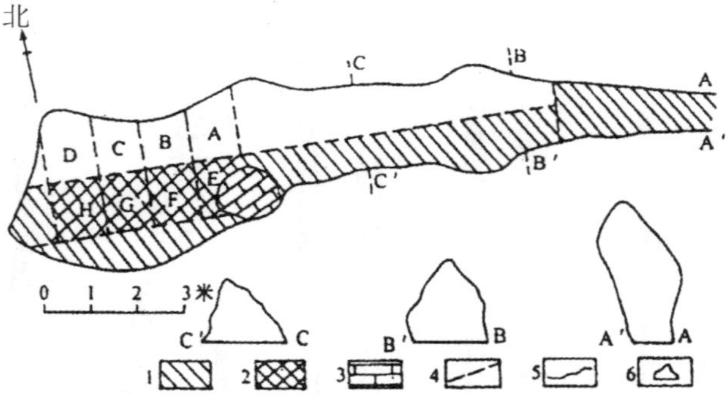

1. 保留部分　2. 发掘部分　3. 石灰岩层　4. 土方界线　5. 实际界线　6. 横切面图

图24　鸽子洞A洞平面及1974年发掘的部分剖面（依鸽子洞发掘队，1975）

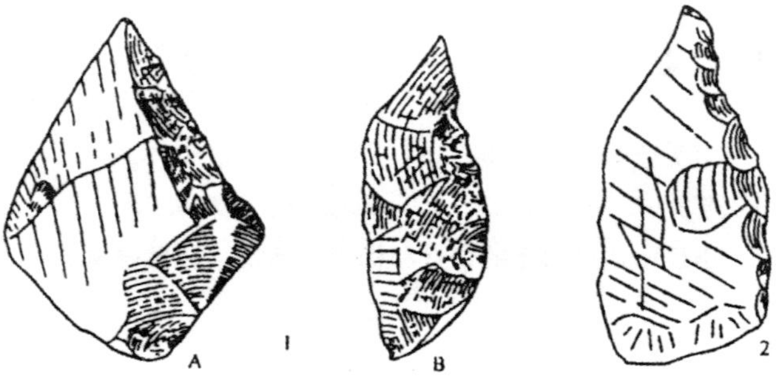

1. LP.016号单直刃刮削器A. 正面观；B. 侧面观　2. LP.006号单直刃刮削器

图25　鸽子洞出土的刮削器标本（依鸽子洞发掘队，1975）

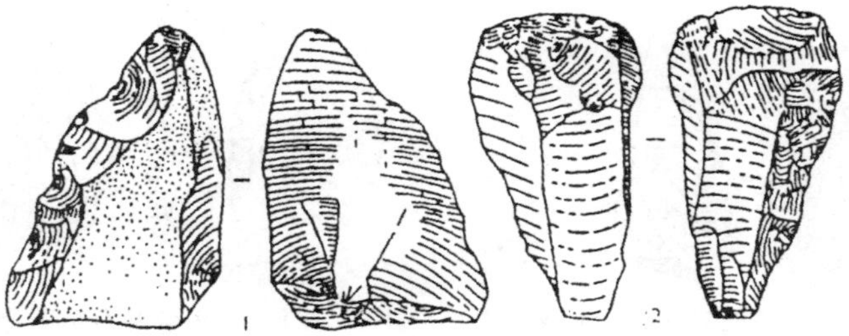

1．LP. 001 号单凸刃刮削器　2．LP. 004 号复刃刮削器

图 26　鸽子洞出土的刮削器标本（依鸽子发掘队，1975）

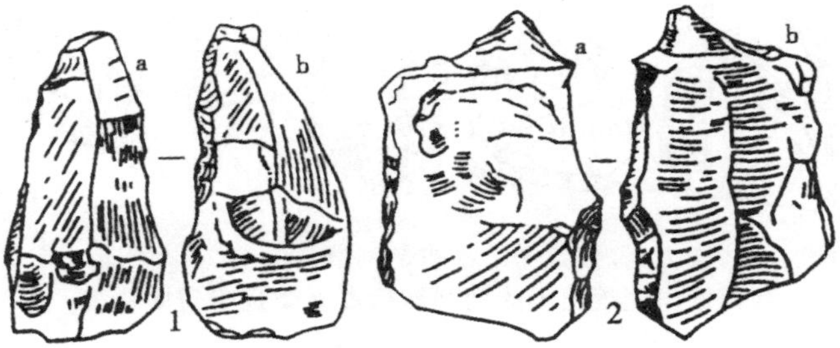

1．LP. 004 号刃刮削器　2．LP. 002 号尖状器

图 27　鸽子洞出土的刮削器和尖状器标本（依张镇洪，1981）×2/3

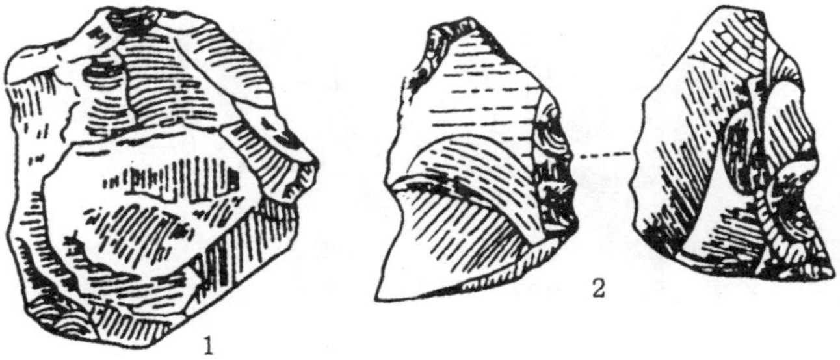

1．LP. 021 号砍砸器　2．LP. 003 号尖状器

图 28　鸽子洞出土的尖状器和砍砸器标本（依鸽子洞发掘队，1975）

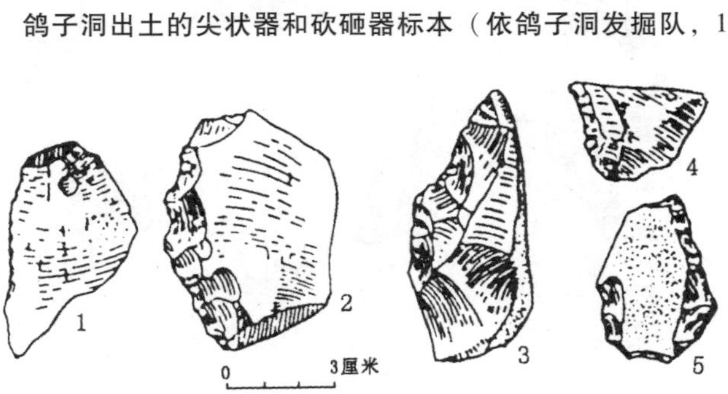

1．锤击石片　2．单凸刃刮削器　3．单凸刃刮削器　4．单直刃刮削器　5．角尖尖状器

图 29　喀左鸽子洞 1975 年出土的石片及工具标本（依张森水，1987）

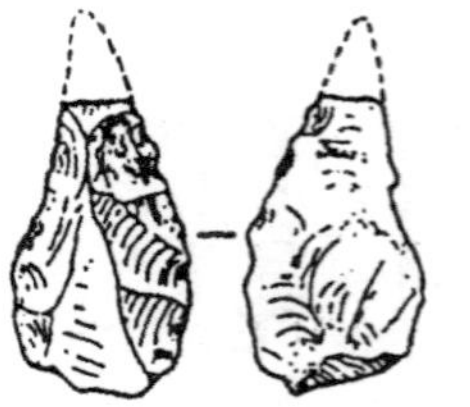

图 30　西八间房之尖状器标本 ×1/2
（依辽宁省博物馆，1973）

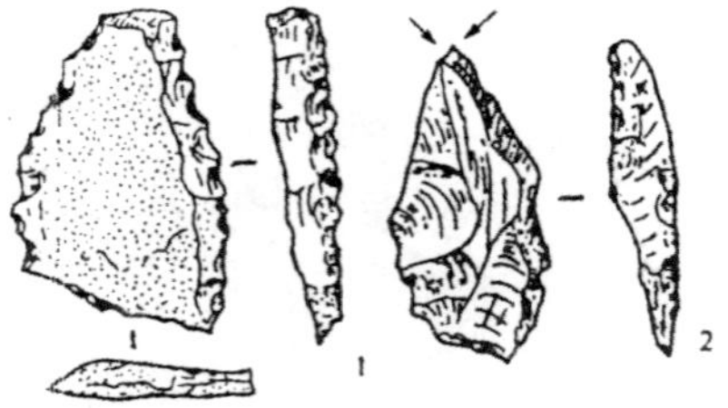

图 31　西八间房带背石片石器标本 1/2
（依辽宁省博物馆）

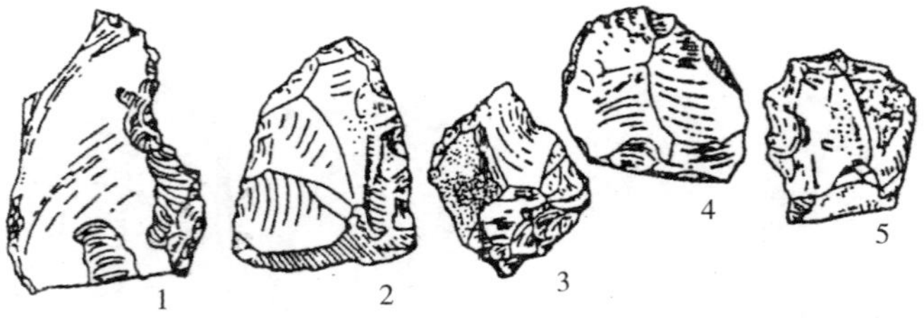

1. 凹刃刮削器　2. 直刃刮削器　3. 凸刃刮削器　4. 圆头刮削器　5. 圆头刮削器

图 32　西八间房遗址出土的刮削器标本（依辽宁省博物馆，1973）

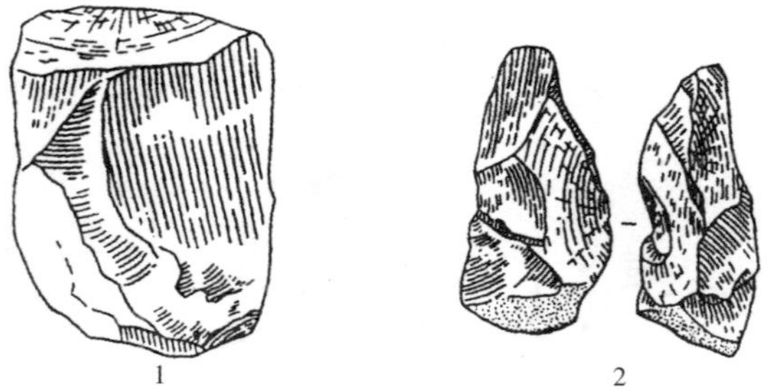

1. DMPS2001 号石核　2. DMP82002 号石片 ×2/3

图 33　古龙山洞穴出土的石核和石片标本（依尤玉柱等，1985）

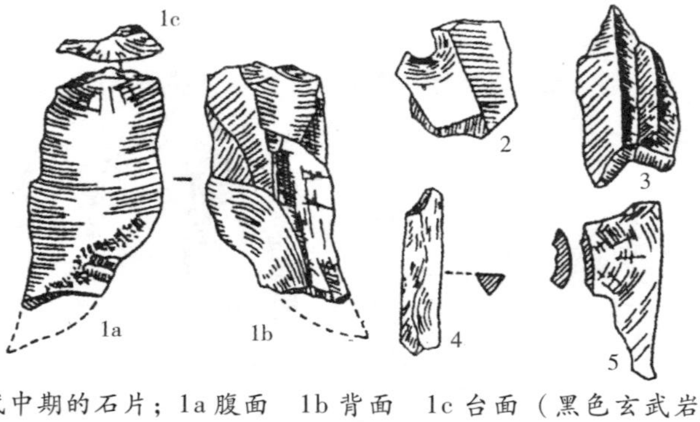

1. 旧石器时代中期的石片；1a 腹面　1b 背面　1c 台面（黑色玄武岩质）　2.（石英斑岩质）钻孔石器（石珠?）　3.（石英斑岩质）石镞?　4. 三棱形石器（尖状器?）（细砂岩）　5.（淡褐色燧石）弯形石片，2—5 新石器时代的细石器

图 34　黄山地点出土的旧石器和细石器标本（依孙建中，1973）

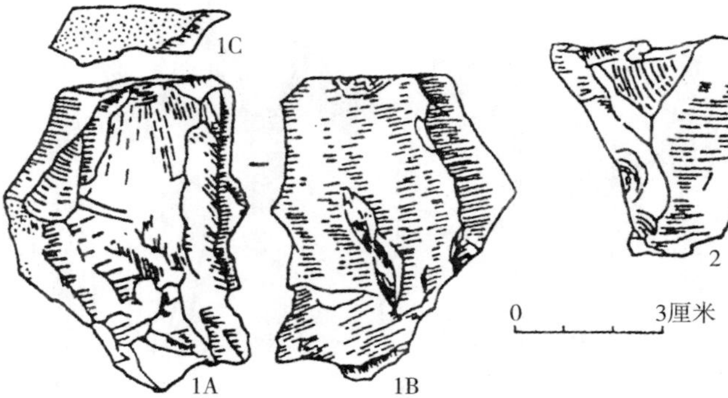

1. JY－1977，L－01－01 号以自然砾石为台面打成的石片；1A. 背面　1B. 腹面　1C. 台面

图 35　周家油坊第 1 地点出土的石片标本（依孙建中，1981）

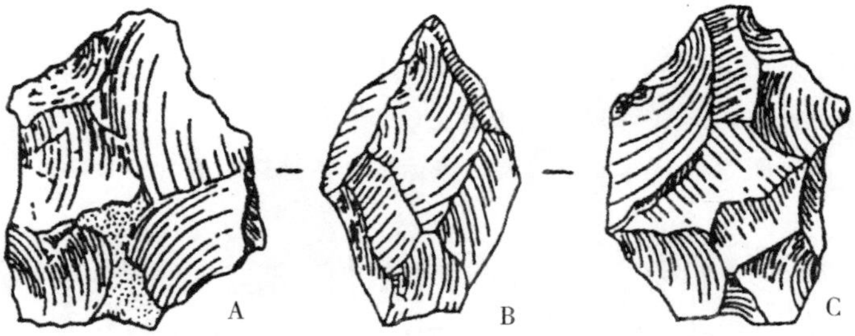

JY－1977，L－01－02 号盘状石核；A. 背面　B. 侧面　C. 腹面

图 36　周家油坊第 1 地点的盘状石核标本（依孙建中，1981）

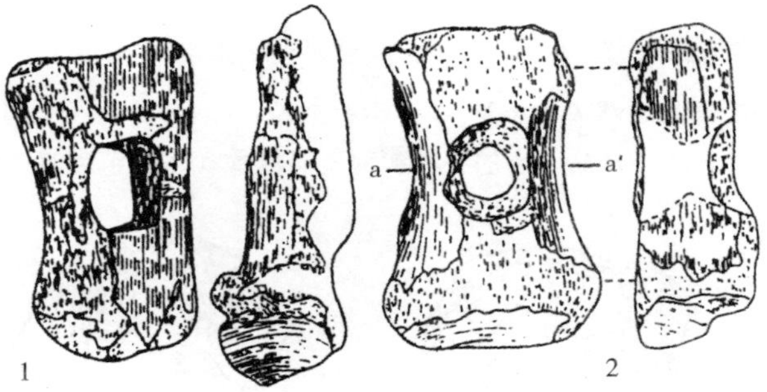

1. 扎赉诺尔带孔骨斧　2. 金牛由 C 点出土的带孔骨器

图 37　扎赉诺尔带孔骨斧与金牛山遗址 C 点出土带孔骨器比较 ×2.3

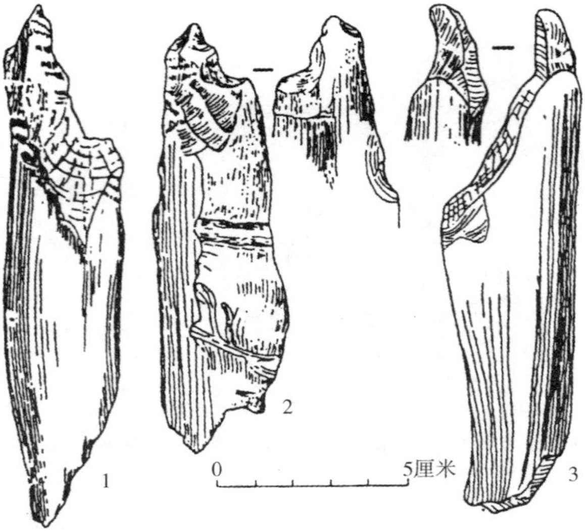

1. JY－1977，V－00－14 号骨尖状器　2. JY－1977，V－02－25 号骨尖状器　3. 用雕刻器打法制成的 JY－1977，V－07－56 号骨尖状器

图 38　周家油坊典型骨器标本（依孙建中等，1981）

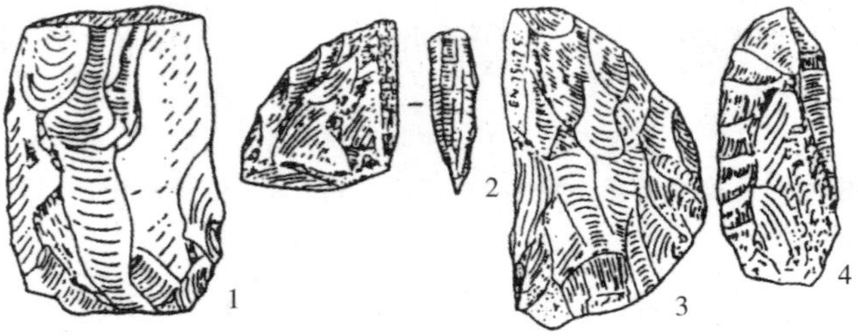

1. 石核　2. 楔状石核　3. 半月形刮削器　4. 刮削器（全部 ×2/3）

图 39　呼玛十八站出土的石核和刮淹器标本（依张镇洪等，1981）

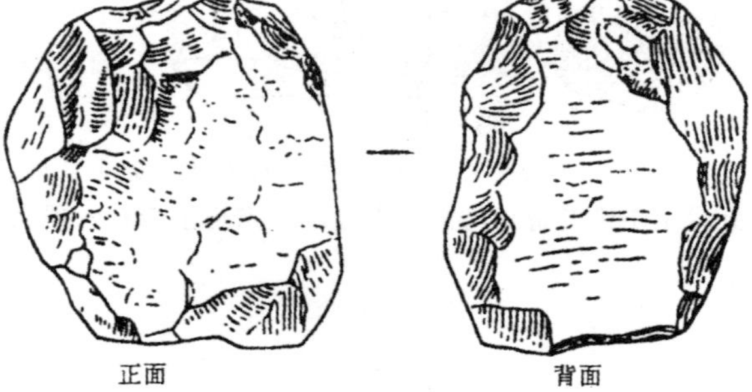

2978 号圆刮器

图 40　呼玛十八站新出土的石片圆刮器标本（依魏正一等，1981）

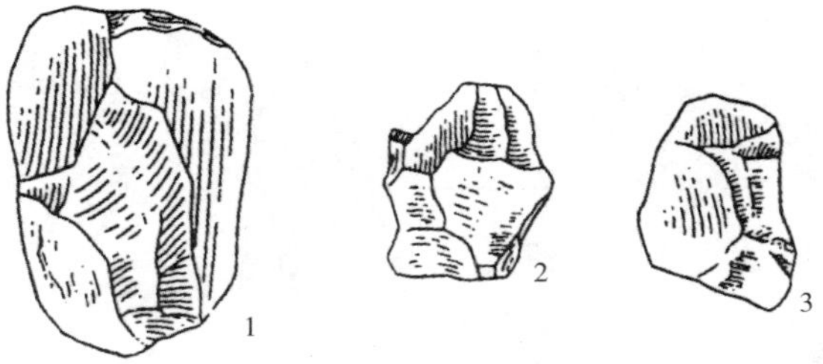

1．2980 号大石核切割器　2．2979 号石片刮削器腹面　3．2977 号石核尖状器腹面

图 41　呼玛十八站新出土的刮淹器和尖状器标本（依魏正一等，1981）

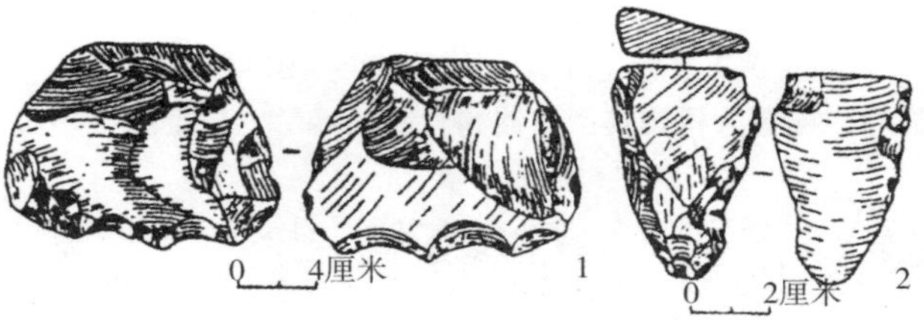

1．93NQA：1 号砍砸器　2．93NQA：4 号复刃刮削器

图 42　清河屯第 1 地点的砍砸器和刮削器标本（依于汇历，1996）

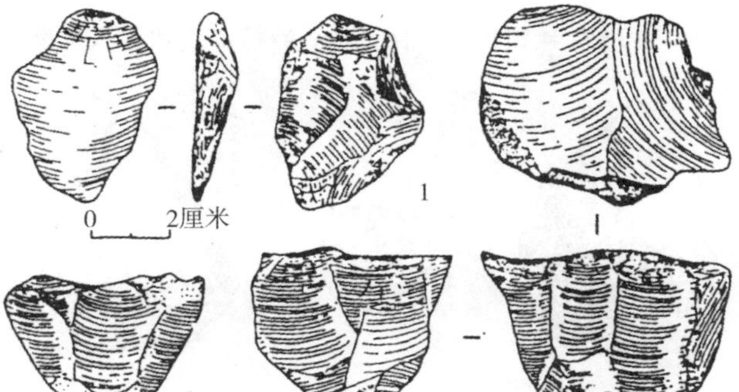

1．93NQB：1 号石片　2．93NQB：50 号锥形石核　3．93NQB：53 号船底形石核

图 43　清河屯第 2 地点出土之石核和石片标本（依于汇历，1996）

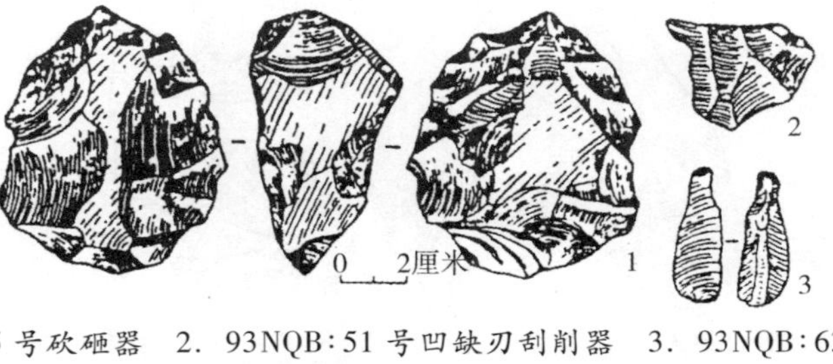

1．93NQB：55 号砍砸器　2．93NQB：51 号凹缺刃刮削器　3．93NQB：63 雕刻器

图 44　清河屯第 2 地点的砍砸器、雕刻器标本（依于汇历，1996）

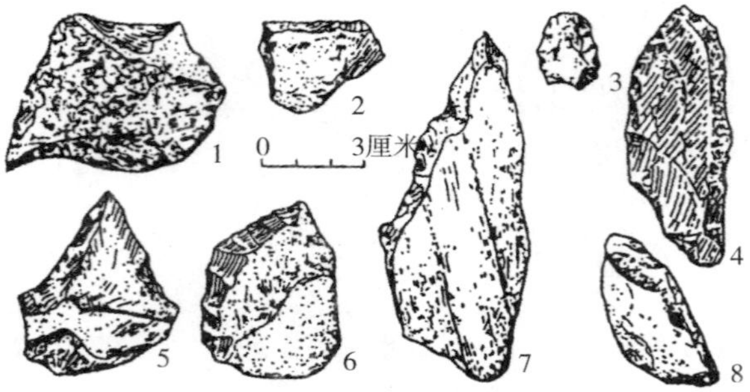

1. 1988Y－01 号多台面石核 2. 1988Y－06 号单直刃刮削器 3. 1988Y－013 号圆端刃刮削器 4. 1988Y－011 号单凸刃刮削器 5. 1988Y－012 号正尖尖状器 6. 1988Y－016 号砍砸器 7. 1988Y－017 号骨尖状器 8. 1988Y－018 号象牙单凸刃刮削器

图 45 榆树大桥沟典型石器和骨制品标示（依姜鹏，1990）

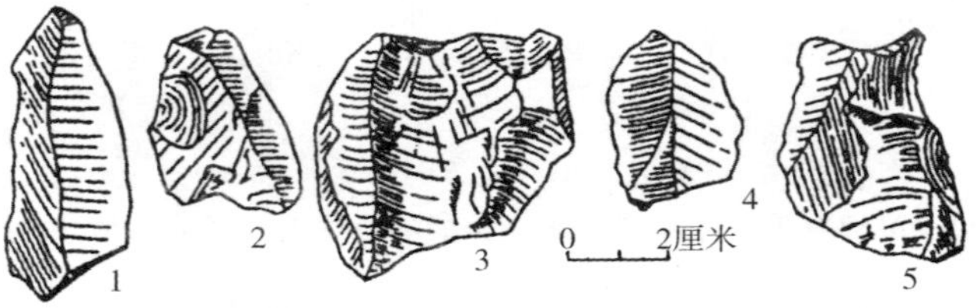

图 46 顾乡屯 1993 年出土的 5 件石片石器标本（依德永重康，1934）

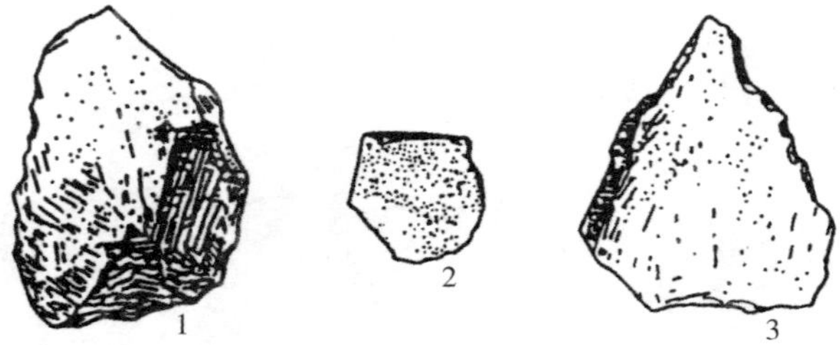

1. 单直刃刮削器 2. 石英斑岩小石井 3. 单凸刃刮削器

图 47 吉林抚松仙人洞出土的石片和石器标本（依姜鹏，1996）

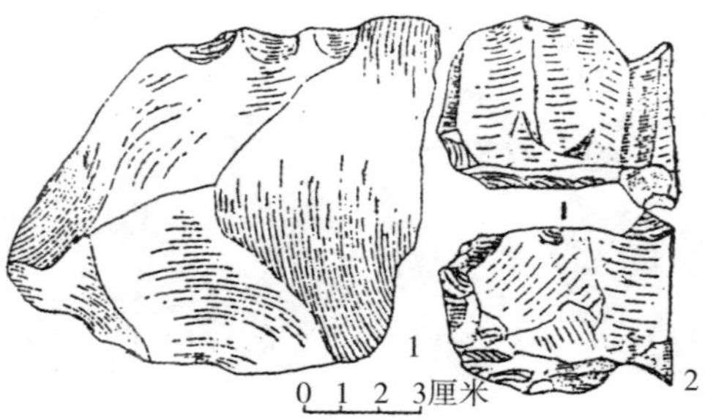

1. HY82CP_1：1 号砍砸器 2. HY84T_3：86 号单刃刮削器

图 48 阎家岗出土之石器标本（依黑龙江省文管会，1987）

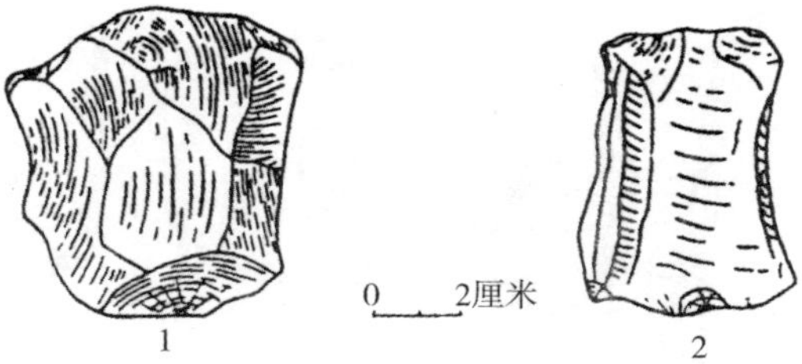

1. NSHSH－022－5 号石核 2. NDX028－5 号小型石核

图 49 碾子山石核标本（依魏正一、李龙，1990）

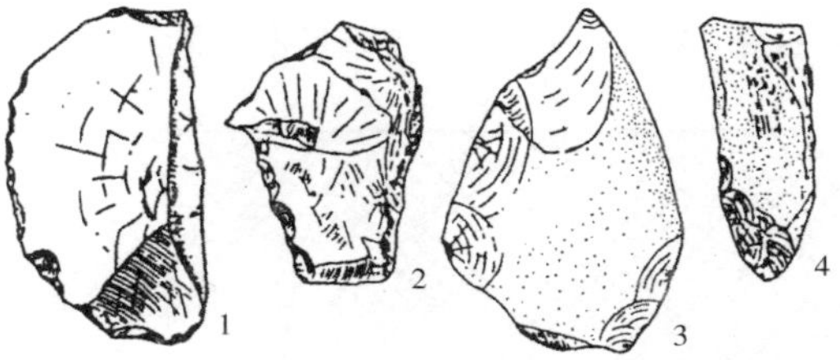

1. NDD024－6 号半圆形石片砍斫器（1/4） 2. NDD024－1 号大砍斫器（1/6） 3. NSHSH－022－6 号两面刃砍斫器 4. NSHB－013－1 号尖头小砍斫器（6/20）

图 50 碾子山地点砍砸器标本（依魏正一、李龙，1990）

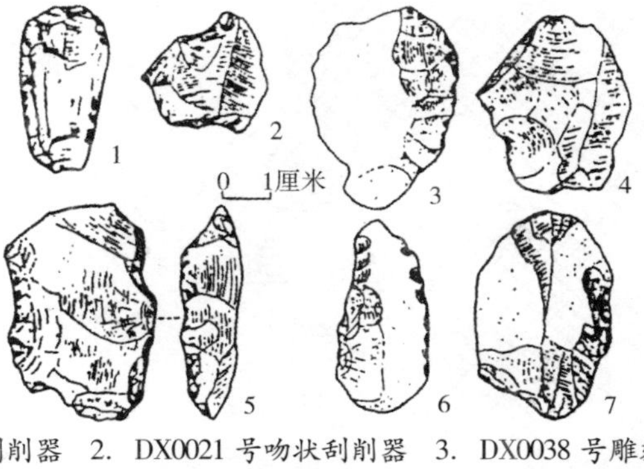

1. DX0025 号端刃刮削器 2. DX0021 号吻状刮削器 3. DX0038 号雕刻一刮削器 4. DX0010 号复刃刮削器 5. DX0023 号琢背刮削器 6. DX0022 号双边刃刮削器 7. DX0041 号端刃刮削器

图 51 昂昂溪大兴屯地点各式刮削器标本（依黄慰文等，1984）

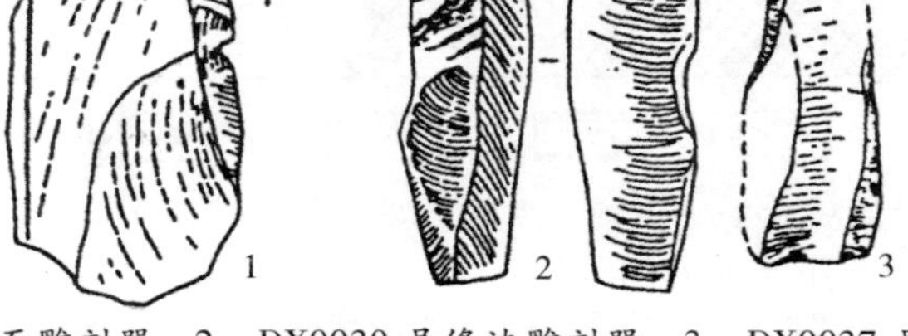

1. DX0051 号双面雕刻器 2. DX0030 号修边雕刻器 3. DX0037 号修边雕刻器

图 52 大兴屯地点各式雕刻器标本（依黄慰文等，1984）

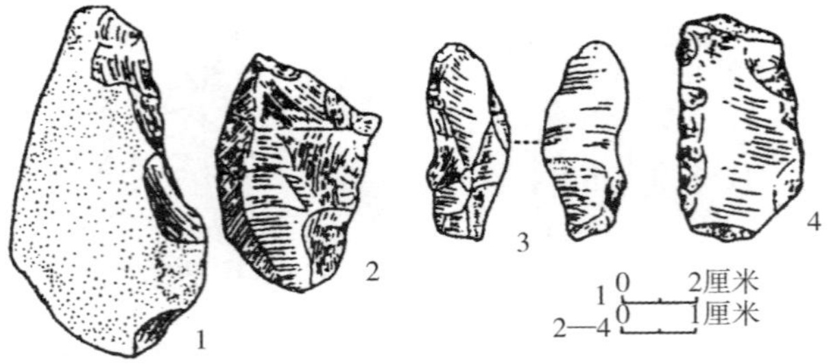

1. DX0028号砍斫器 2. DX0045号单边刃刮削器 3. DX0027号单边刃刮削器 4. DX0026号双边刃刮削器

图53 昂昂溪大兴屯砍砸器和刮削器标本（依黄慰文等，1984）

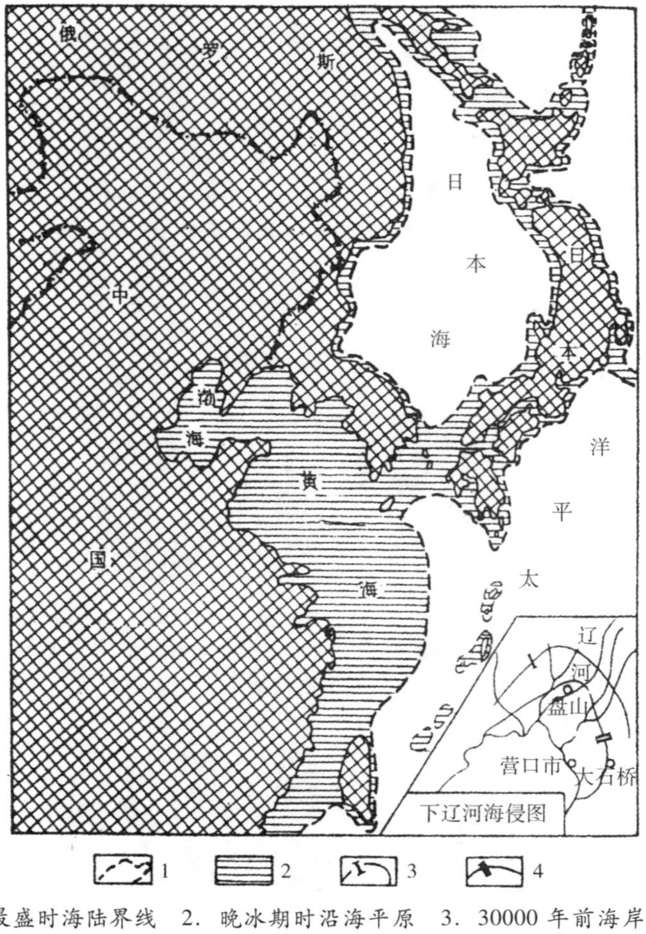

1. 晚冰期最盛时海陆界线 2. 晚冰期时沿海平原 3. 30000年前海岸线（献县海侵） 4. 5000—6000年前海岸线（盘山海侵）

图54 晚冰期最盛时东亚海陆的大略分布（依陈树汉等，1978）

中石器文化及相关问题

中石器文化与家畜起源的关系

家畜起源问题同样是一个世界性重要课题，它和农业起源有着密切的关系。

摩尔根和恩格斯认为，先有动物饲养后有农业生产，他们把农业产生的根本动因归结为解决动物饲养对饲料的需要。

摩尔根称："园艺的兴起与其说是出于人类自身的需要，还不如说是出于饲养家畜的需要"，"谷物的种植看来很可能是出自牲畜的需要。"

恩格斯同意摩尔根的观点，他在《家庭、私有制和国家的起源》一书中写道："谷物的种植在这里首先是牲畜饲养的需要引起的，只是到了后来才成为人类食物的重要来源。"

中外学者中持此观点的不少。例如，S. 梅加夫认为，最早的农业不是出现于最适宜耕种的地区，恰恰相反，农业发生在那些适于放牧牲畜的地方都有可能。布雷伍德也主张，农业起源是由于公元前9000—公元前7000年间西亚家畜饲养的发展以及加强野生谷物采集、实践的结果。中国学者孔令平先生在许多文章中都表明了同样观点；农学家梁光商也认为，南方野生稻变为栽培稻是牲畜饲养的需要引起的。

持不同观点的学者也有。例如文化地理学家埃里奇·伊萨克认为农业先于动物驯化，他指出："人类驯化植物早于驯化动物的事实似乎是明确无疑的。"考古学者冯孟钦对此问题作了精辟的分析，他写道："姑且不论孰先孰后。它们（指农业起源与家畜饲养）之间有关联，但未必是因果关系；说它们有关联，是因为它们都与永久性定居生活相适应。需要着重指出的是，并非所有的牲畜饲养都仰赖农业提供饲料，摩尔根观点的正确性是有限的。在考古发掘中经常可以见到牛、羊、鹿的骨头，这类动物的饲养是不需依靠农业的；对于这类动物，其实只有草、叶供应便足够了。狗是最先饲养的动物，也不必以农业为基础。至于猪的饲养是否一定依赖农业提供饲料，也需探讨，从心理学的角度看，在猪的饲养的初始阶段，人们不可能预见到可以人类粮食作为猪的饲料；合乎逻辑的推想只能是，当时人们用于饲养猪的饲料，跟野猪的食料相似，即野生植物的叶、茎、根等。只是到了后来，人们才用残羹剩饭作补充饲料，并逐步过渡到以残羹剩饭（或粮食）为主的阶段——也只有在改变了食物结构之后，猪才能获得驯化特征。基于以上分析，我们不难看出，在诸多牲畜中，唯有猪在一定程度上需要农业提供饲料。因此确切地说，猪的饲养才可以作为判断农业发生的一条标准。”

为了对此问题有更深入的了解，我们就现已发现的考古材料，再结合民间对牲畜一般饲养的对比研究，提出如下一些看法。

首先，谈谈如何确定和区别动物骨头是否属于驯化的家畜或是野生动物。常规方法是看看所发现的动物骨头形态结构的变化。例如，肢骨的长短、粗细、骨壁之厚薄、骨髓腔的大小，还有一些细微结构的存在与缺失。比如人类股骨嵴是否发达和走向如何就可以确定这种动物是猿类或属人类，是否能直立行走，是处于人类进化的早期阶段或是处于演化的晚期阶段。这些特征往往是比较准确的。除了肢骨之外，动物的头骨，在区分动物属于野生或驯化方面更为可靠。因为动物在进化过程中，在头骨的结构变化方面是十分明显的，尤其是生活习惯改变的情况下，这种变化更为突出。在此不妨举例说明之。狗是人类最早驯化的动物之一，它是世界各地居民分别从当地的狼驯化而来的。狼虽然凶猛，但不特殊化，而且爱合群，这个特点容易被人类驯化。野生的狼是肉食性的，它的牙齿特别锐利，尤其是它的裂齿，（即上第四前臼齿 P4 和下第一臼齿 M1），其头骨的结构，在适应肉食性的生活条件下也有相应的结构，如长长的吻部、高高的颧弓，下颌骨狭长，咬肌窝和关节突都相当发达，头骨的矢状嵴也很发育，上、下齿列的齿隙相当大，这些结构都是与其肉食性的特点相适应的。当狗被驯化之后，人们也没有那么多的肉来喂它们，它们也慢慢变得什么都吃，成了杂食性动物了。在驯化的条件下，在食性逐渐改变的情况下，狗的头骨结构也逐渐产生变化，吻部变短，牙齿退化，齿隙变小甚至齿列出现重叠现象；下颌骨的下沿变得平直，下颌体变得宽厚，咬肌窝变浅。这一切变化是很明显的。我们从遗址出土的兽骨中，只要细心观察总能发现一些变化的特征，以此来区别野生和家养之动物。当然，时代越早，驯化时间越短，其骨骼特征改变是不太明显，很可能给我们的鉴定带来一定困难。但我们就可借助其他一些辅助方法加以鉴定，这样对我们会有帮助的。这种辅助方法就是通过动物骨头所代表的动物之性别、年龄结构的分析来达到同样的目的。成年兽骨比例高，表明已经有了驯化行为，若雄性成年兽骨比例高，表明驯化处在开始阶段，因为驯化时，人们总是多留下雌兽和幼小的仔兽，少量的强壮的雄兽。当发现老年兽骨特别是老年雄性兽骨特别多时，则说明这些多为猎获品，因为人类狩猎时易于获得的也是老、弱、病、残的个体。把种种因素综合起来分析，也不难得出较为正确的结论。

那么世界上到底什么时代开始对野生动物的驯化？哪些动物是最早被驯化？这些动物的驯化和农业起源之间的关系又如何？动物饲养在中石器文化中有何意义？下面我们逐一加以论述。

迄今世界上已发现的较早被驯化的动物品种有：绵羊、狗、山羊、猪、牛、水牛、牦牛、马、爪哇牛、驴、骆驼、家鸡、蜜蜂、蚕蛾、鸭、鹅、鱼。

1．**狗**

狗是大家公认的为人类最早驯化变为家养的野生动物。世界上最早的狗被发现于伊朗的巴勒高拉，年代为公元前1.2万年。与此同时，在非洲、美洲也发现了狗的骨骼，年代都相当早，都是距今15000—14000年前。中国最早的狗骨骼，发现在距今7000年前的浙江余姚河姆渡遗址中，至于发现在广西桂林甑皮岩遗址的标本，是否属于家养的狗还难以肯定。

狗之所以能成为人类最早被驯化的动物是有其原因的，狗的习性是合群性和对生活环境的高度适应性，世界上差不多每一角落都可以发现狼的踪迹。这样，它们有更多的机会被人类了解和掌握它的生活习性，被猎获的机会亦多，加上上述的特点，使它被人类捉获后易于适应新环境，易于生存下来。如果从小被人类收养，更易于被驯化，一旦被驯化，它能成为人类进行狩猎时的好帮手，同时出外采集时也是作为人类的一个忠诚勇敢的卫士。这些特点是其他野生动物不易做到的，因此它成为第一类被驯化进行家养的动物就不奇怪了。至于狗肉好吃，对人身体有滋补作用，并能在人类的培养下担当多种职责，这是狗在它的发展史中光辉的一页。所以法国著名的古生物学家居维叶称赞狗是：“人类最出色、最完美的战利品。”

2．**猪**

众所周知，家养的各种猪是由它们的祖先野猪驯化而来的，也是人类驯化相当早的野生动物。在伊拉克库尔德斯坦地区的贾木尔遗址中，发掘出距今约8500年前的猪骨，还有在土耳其加约努出土的，年代也是距今约9000年前的猪骨，这些曾被认为是世界上发现的最早的猪。在中国，一般认为，浙江余姚河姆渡遗址中出土的猪绝对是饲养的家猪，它已有约7000年的历史。但古生物学家李有恒研究了甑皮岩遗址出土的野猪骨骼后认为，这里发现的不是野猪，而是具有家养特征的猪，若此无误，中国驯化野猪的历史变成世界上最早的了。

家猪的祖先和现在的野猪一样，生活在灌木林中，坚瘦的体形，四肢细长，一张大嘴又尖又长，嘴上长着上下两对大獠牙，向上翘起。它们专爱在树林里和泥沼边用大嘴拱土，去寻找地下可吃的植物根茎。同时常常挑选清水池塘洗澡，洗完澡后再滚涂上稀泥，防止蚊虫叮咬。它们还会游泳，东南亚出产一种疣猪游水能力极强，能横渡小海峡。野猪的生态特点是性情凶猛，有顽强的拼命精神，连老虎也怕它。但野猪是杂食性，繁殖力强，个体成长快，其肉味美，是原始人类狩猎中希望获得的猎物。正因为如此，人类特别重视它，千方百计将它驯化。成年野猪难于驯化，小仔猪从小驯化是较为容易。而且在原始牧民的驯养下，猪的生活习性、身体形态和生理结构逐渐发生变化，最后成为家养动物。中国的猪品种是世界闻名的，这是经长期培养的结果。

3. 羊

家养的羊包括山羊和绵羊。这两种羊来源于不同的野羊，被驯化的时间也不同。山羊的祖先，可能是分布在中亚一带的一种棯角野山羊。最早的山羊骨发现在伊朗的甘尼—达累，年代是公元前7500年。在伊拉克的沙尼达尔和约旦的杰里科地区，年代也是距今八九千年前。中国发现最早的山羊骨是在新石器时代龙山文化遗址中，年代为四五千年前。

野山羊是成群地在草原、丘陵和高山地区活动的动物，它们的适应性很强，视力惊人，反应敏捷，它们能在山岩壁立的峻岭悬崖上纵跳攀越，进退自如。从现代的民族志资料中可以发现，最古的牧人们，把用陷阱、网罟捕到的野山羊圈养起来，逐渐改变其野生习性，成为温顺的家畜。

绵羊驯化的时间更早，绵羊的祖先是野生的盘羊，现在还有六种盘羊分布在亚洲、欧洲和北美洲。现代各地饲养的绵羊是从不同的盘羊驯化而来的。欧洲的绵羊是从欧洲的盘羊驯化而来的；中国的绵羊有人认为是从东方盘羊驯化而来的，也有人认为是杂交改良种。世界上发现最早的绵羊是在伊拉克的扎维、谢来、尚尼达。年代为公元前8500年，即距今一万多年前，在这里野盘羊已被驯化成绵羊。当今不管是山羊或绵羊都是畜牧业中一个重要的组成部分。其肉、皮毛、油脂、乳产品都是人类重要的食物和日用品。由此可见，它们很早地被人类驯化成饲养动物也不是没有理由的。

4. 牛

牛的品种不少，但基本可分为黄牛、水牛和牦牛。这三种牛都来源于它们的野生祖先，即野黄牛、野水牛和野牦牛。这三种野牛很早就已分化，在旧石器遗址的地层中已发现了它们的化石。可见早在几十万年前，它们已分化。这三种野牛的生活习性各不相同，水牛比较适应潮湿炎热的热带和亚热带气候。黄牛比较适应温暖凉爽的温带气候，所以它基本上一直分布在我国东北地区。当然，更新世早、中期在北方区还存在着水牛，但这些品种的水牛现已绝灭。另外，这也反映出当时的北方地区的气温可能也相当高。因此某些种类的水牛能生活在那里。牦牛是高原区的动物，现在生活在青藏高原一带，它们适应于海拔五六千米高的高寒地带的气候，这种牛气力大，善于爬山，能涉深雪，翻峻岭，还能渡湍急河流险滩，在高原区被誉为“高原之车”“冰河之舟”。

牛类除了可以为人类提供劳力外，也能提供肉类、乳类、皮毛类等等高营养的产品和原料，是发展农业不可缺少的工具。世界上发现最早的黄牛是在土耳其的安纳托利亚；希腊塞萨利、格林斯出土的，年代属于公元前6500年的牛骨。埃及对牛的驯养也很早。有人认为，水牛最早发现在印度河流域和巴基斯坦，年代属于公元前2500年。牦牛最早发现于西藏，年代属于公元前2500年。还有一种爪哇牛，它发现于泰国的暧诺塔，年代属于公元前3000年。中国的牛开始被驯化的证据，迄今可能以河姆渡遗址出土的较为可靠。新石器时代龙山文化中期（四五千年前）的牛类已是被驯化许久的了。

5．马

这是被人类驯化较早的一种野生动物。据研究者认为，饲养的马，其祖先是野马，早期的牧人们是在大约距今5000年前的时候，在中亚草原上把蒙古野马逐渐驯化成家马的。因此在俄罗斯乌克兰的顿河大草原上发现了公元前3000年的马骨。至于它的近亲驴和它们的杂交品种——骡，则是人类驯化后饲养的结果。马的用途人所皆知，在此不多叙述了。

至于前面曾提到的许多富有经济价值，与农业发展有密切关系的饲养动物，如蚕蛾、骆驼、蜜蜂、鸡、鹅、鸭、羊驼、驯鹿和猫等等，由于它们的驯化都是在前述的动物驯化成功后，在新石器时代的中、晚期，或者更晚的时代里被驯化成家养动物的。因此，我们在此就不一一细述。

现在我们回过头来再看看，促使人类开始动物饲养的原因何在？家畜起源和农业起源之间的关系又如何？

我们首先注意到的问题是，导致农业起源的客观和主观因素是否也是导致家畜饲养起源的原因？对此问题的回答，我们是持肯定的态度。因为从以上农业起源的分析中我们清楚地看到，打破人口和资源之间平衡的因素不仅影响到植物资源，同样影响到动物资源，引起动物资源的变化。例如，气候的变化，不管它往好的方向或向坏的方向变化都会对动物资源的变化产生影响。当气候条件变坏时，大量野生动物经受不起恶劣气候环境的打击而死亡，这样使人类可以狩猎的野生动物数量锐减，收获量也因此而大大减少。这种不良气候的变化当然也会对当时的植物生产产生明显的影响，使野生植物大量死亡或产量大减，这样许多大型的食草性野生动物赖以生存的食物供量也跟着出现困难，必然引起动物群的迁移和大批死亡。这样直接影响到人类狩猎的结果，对打破人口与资源之间的平衡起到直接的作用，迫使人类产生迁移或另寻求新的生产食物的方法。这是一种影响力。另一方面，如果气候环境产生好的变化，不管是野生植物或动物都会因为气候环境的好转而生机勃勃，给人类的生存提供较充裕的资源条件，在这种条件下，人群有可能从游荡的生活转变为半定居或定居的生活。这为人口的增加创造了条件，同时由于狩猎量大增，有剩余物品，活捉得来的幼兽得以保存，这为野生动物被驯化创造了一个物质条件。此外，历史发展到旧石器时代晚期，中石器时代以及新石器早期阶段，这时的生产力已大大提高，首先表现在生产工具的改进上前进了一大步，已从依靠单纯的石头、木棒发展到使用流星索、弓箭、木标枪以及挖陷阱等方法，能猎取到更多的野生动物。这样，除了解决人的肉类食物需求外，无形中也为开始有可能驯化野生动物准备了物质条件。

其实，气候条件、定居、人口、采集、狩猎、驯化动植物这几大因素之间的关系是一个动态平衡互为因果的关系。农业、畜牧业的起源不是一件单一的事，也不是一次突发的革命，而是一个比较复杂的过程。在起源的过程中每一个阶段都发展得很快。这里可以举叙利亚北部的泰尔阿布休莱拉（Tell Abu Hureyra）遗址为例。这是一个村落遗址，建立于公元前 9500 年，可以说是迄今发现的世界上最早的村落遗址。这个遗址一直延续到公元前 5000 年。在这里经历了从游牧狩猎采集过渡到定居的村落。

在阿布休莱拉最早的定居者比土耳其的查塔尔胡于克遗址的人还要早 3000 年。阿布休莱拉 1 号古址从公元前 9500 年延续到公元前 8100 年，存在了近 1500 年，第二号大古址创建于公元前 7600 年，到公元前 5000 年才被放弃了。对阿布休莱拉 1 号址的初步分析表明，村社的自给生活是靠打猎、采集与种植。研究者莫尔说，从环境条件看那时已有农业了。但在开始时，打猎与采集是这村落的唯一经济基础。研究者告诉我们，草原植物比我们所设想的要丰富得多。由于在阿布休莱拉 1 号址存在时期，地中海森林的边缘离它很近，森林里富有野生谷类植物、豆类植物，其他植物资源也相当丰富，1 号址的人们可以获取丰富的植物资源。除了丰富的植物食品之外，1 号址的人们也有大量而可靠的肉食资源——每年春从南方归来的波斯小羚羊，都有大批被捕杀，从而保证了大量的肉食。正因为如此，所以才能弄清楚为什么狩猎与采集的人群在那儿定居下来。言下之意就是在早期农业还未发生，而生活资源比较丰富的条件，是人类开始定居下来的原因。后来，在阿布休莱拉1号遗址存在的700年间，气候渐变，不利于草原植物的生长，最终迫使人们迁居。气候的变化与连续过量地利用资源（亦包括燃料资源）是人们搬迁的双重原因。经过500年的间隔之后，该址又成了定居的地方，但这一次住的是农民，莫尔解释说，一开始就出现了驯养谷物与豆科植物。但是他们的肉食仍然是捕获的野羚羊。而这种猎捕几乎持续了1000年之久，之后才出现了绵羊与山羊驯养的变化。对此情况，学者莱格与劳莱康维解释说，这个转变是由于过量猎杀引起的。加上定居之后，人们有条件定期大量选择淘汰，而且在这发展过程中，该村落的人口增加了十倍。所以很多方面表示出，阿布休莱拉遗址的变化是一个漫长的过程，丰富的动植物资源为村社提供了猎物与果实，从而为人们打猎、采集、驯养和栽培提供了综合基础。同时研究者指出，定居的出现同冰河时期的结束以及冰后期全新世的开始紧密相连。莱万特的气候变化为阿布休莱拉提供了良好的环境条件，这是休莱拉创建的关键因素。此例子又明显地表明，采集与农业之间，狩猎与畜牧业之间的关系是非常密切的，它们之间的接替不是突然发生的，而是逐渐的。甚至在不同程度上有赖于植物的帮助。

至于究竟人类先学会种植植物还是先学会饲养动物？即先有栽培业还是先有饲养业？对此问题我们的看法是，农业一般不是以单一的栽培业或单一的饲养业问世的，而是以二者兼有的混合式农业出现的。因为人类是杂食性的，采猎时代长期形成的生活习惯，其实人类祖先亦如此。人们对植物性食品和动物性食品同样有所喜好、有所必需。食物供不应求时，人工生产食品的要求，也不是舍此求彼或舍彼求此，而是二者兼得。另外，人类开始定居时所选择的自然环境，往往都是既易于采集、又易于狩猎，既是种植作物的适宜生态环境，又是开始饲养牲畜的理想场所。这种结论已被从考古发掘遗址所出土的遗物所证实，往往是驯化作物种子与家养动物的遗骨共存，农业工具与渔猎工具并有。前面举的例子也可充分证明。当然，基于不同的自然环境，有的地方种植条件占优势，种植业就可能先产生；有的地方饲养条件好，饲养业也可能先产生。但在一般条件下，则多是以两者并行发展的形式出现。因为它们是相辅相成的。

我们研究分析了西江流域一些中石器时代遗址的出土物组成成分，结果发现，高度发展的狩猎、采集（包括水边采集和捕捞）经济同华南原始农业的出现有直接的联系。农耕者所用的掘土棒和狩猎者使用的矛、枪没多大的差别，它同时又是最重要和最普遍的采集工具。穿孔重石最初也是用以采集根块茎植物，只是后来才用以原始火耕。发达的狩猎业导致牲畜的饲养，桂林甑皮岩遗址就是一明显例子，牲畜的饲养又需要植物的栽培。由此可见，它们之间的关系是如此之密切。

综上所述，不难看出，不少人类重要的家畜驯化工作是在中石器时代完成的，甚至有些可早到旧石器时代晚期后一阶段已经开始。有了中石器时代家畜饲养的实践，到了新石器时代，畜牧业才得以发展。所以说，在中石器文化的组成中，动物驯化、家畜饲养起源占有重要的地位。

（原载《人类历史转折点——论中国中石器时代》，广西人民出版社，1997 年）

中石器文化与社会形态变迁的关系

众所周知，人类社会在旧石器时代，其社会形态还处于一种原始群状态。一直到旧石器时代晚期，这种原始群的社会结构变化不大，仍然过着采集、狩猎、住山洞的生活。但到了旧石器晚期末和进入中石器时代早期阶段，这种社会形态已开始改变。首先，在西亚半干燥的平均海拔在1000米左右的托罗斯山和札格罗斯山所构成的新月形肥沃丘陵地带，以及从伊朗的德·卢兰平原的山地侧翼，通过土耳其东南部，直达约旦高地南部的“伞形地区”。在此地区内，发现了著名的遗址：阿姆格（Amouq）、姆列比特（Mureybit）、拉曼德（Munbatta）、耶利哥（Jericho）、白得哈（Beidha）、耶莫（Jarmo）、姆列发特（M·lefaat）、萨威、克米（Zawichemi）、克里木·萨希尔（KarimShahir）、帕列加拉·萨拉布（TepeSarab）、阿西阿布（Asiab）、阿里·克什（AliKosh）等等。其中以约旦耶利哥遗址年代最早（公元前8350—公元前7350年），人口约为2000人；位于叙利亚的阿勒颇城以东的姆列比特遗址（年代约为公元前12000—公元前8000年），这遗址的居民住圆形的石茅棚（石头压底，茅草盖顶）。这里发现了烧焦的野生单粒小麦、野大麦、豆、野苦豌豆、阿月浑子等。

在埃及努比亚高地及它周围地区发现的遗址：图什卡（Tushk），年代为距今14550±490年前；阿斯旺以北的库姆、奥宝（Kom Ombo），年代为距今13560±120年前；在伊斯纳（Isna）则发现属于距今12600—12000年前的遗址。

中美洲在半干燥的丘陵边，如坦马利帕斯（Tamalipas）地区和瓦哈卡（Oaxaca）河谷发现种植辣椒、胡椒、苋菜、南瓜、蚕虫、葫芦等作物的遗址，其年代为公元前7000年。

以上的遗址有几个共同的特点：一是其存在年代均为公元前7000年以前（即距今9000年以前），有些已达到距今14000年。二是均是原始农业已开始的遗址。三是这些遗址大多数都已经从洞穴走出来（或从树居下来），开始在野外建造临时住所，冬天仍回洞穴或树上住。例如，西亚著名的沙尼达洞穴和萨威·克米野营地共生文化（年代为公元前18935±300年）；巴勒斯坦地区的恩·马拉哈（Ain Mallaha）遗址，年代为公元前9000—公元前8000年，这里约有50个茅棚，多数是圆形，半地穴、岩石围地，直径在2.5—9米。多数茅舍中有灰胶泥涂地和用杵捣实，在个别茅棚内还发现仓窖。这种圆的野营棚，在约旦南部的白得哈、叙利亚的姆利比特和巴勒斯坦的那哈尔·奥连（Nahal Oren）均有所发现。中美洲南部的属于马德需文化的因弗尼洛（Infiernillo）洞穴和野营地共生的遗址、属坦马利帕斯文化的列马（Lerma）遗址均属此列。从现代民族志中也可找到这样的例子。K. 弗兰诺利认为，现代许多非洲人同样也住在这样混合的圆舍里。

在中国，迄今为止还未发现年代如此早而又属于原始农耕早期阶段的遗址。中国学者孔令平先生在他的《关于农耕起源的几个问题》一文中提出，很可能在山西西北部和河北北部交界处，如鹅毛口遗址附近或其周围地区，有这么早的遗址，年代要比裴李岗早2000年左右。同时他又引用了石兴邦先生与他的谈话，考古学家石兴邦先生认为，我国的原始农耕起源地区，可能在山西中部和陕西中部地区，或在山西的下川文化也很有可能，因为在这里曾发现二万年前的石磨盘。而在中国南方地区，属于这一时期的遗址近几年来发现的也不少，如广东的封开罗沙岩、黄岩洞、罗髻岩、阳春独石仔，广西的柳州大龙潭鲤鱼嘴、白莲洞、兰家村，桂林的甑皮岩，贵州的穿洞、桃花洞等。那里都曾发现了石磨盘、石杵、磨石、穿孔砾石（有人称重石）等工具，虽然迄今为止还不能绝对肯定他们已开始了原始农业，但强化采集这一点是不成问题的。而且它们的采集，已不限于陆上的采集，水边的（包括碱、淡水的）采集、捕捞和渔猎已发展到一个新的水平。在经济类型上已是一种广谱经济类型。

从上述举例可以看出，导致人类社会形态改变的第一步可能是开始过半定居或定居的生活，人们不再需要游荡。尽管开始时其经济体系仍然以狩猎和采集（包括水边采集和捕捞）为主，辅以少量的植物栽培和家畜饲养，但随着定居的开始，一系列的变化接踵而来。与此有直接关系的首先是人口的增加，因为群体稳定后大大有利于人口的繁殖，这点可举例加以说明。从考古材料看，旧石器时代晚期以前的人类，由于以原始群的结构存在，造成了近亲繁殖，所以夭折人数很多，如在40个北京猿人中，死于14岁以下占39.5%，死于30岁以下者占7%，死于40—50岁以下者占7.9%，死于50—60岁的占2.6%，还有43%的北京猿人寿命不可确定。南亮三郎在他所著《人口思想史》一书中，根据对发掘出来的187具原始人残骸的分析，发现几乎全部是夭折的，能活到40岁以上的寥寥无几，平均奉命不到20岁。尼安德特人死于11岁以下的8人占40%，死于12—20岁者3人，占15%，死于21—30岁者5人，占

25%，死于31—40岁的3人，占15%，死于41—50岁的只有1人，占5%，50岁以上者没有。可见，旧石器时代晚期以前是人口出生率极低，而夭折率极高的社会。因此，那个时期人口的增长是极为缓慢的。造成以上结果的原因颇多，但人类处于一个不稳定的生活状态是关键的原因，这点在现代民族志的材料中不难找到佐证。

南非的布须曼人的人口增长情况就是一明显例子。因为布须曼人只有在定居以后，人口才可能有较大的增长。因为，未定居的布须曼人有70%—80%的食物是靠妇女采集的。每个妇女除老年外，每周要三次来回走5—20公里的路程，去寻找野果、块根和坚果，背着孩子还得扛7—15公斤的东西，加上在哺乳期，每天还得消耗1000卡能量产生乳汁。在这样的营养条件下，脂肪贮存消耗特大，哺乳期又大多停经，排卵不正常，所以受孕率低。妇女一般在生育后要隔三五年之后才能再次怀孕。劳动负担过重的妇女，保胎率也相当低，这样一来，使布须曼人口的增长一直处于缓慢状态。定居以来，情况大为改善，妇女的负担减轻了，能量消耗也降低了，月经正常，受孕率提高，人口的增长有较快的提高。未定居时，群体之间难以实行族外婚，也只有在定居后才能实行族外婚，排除近亲繁殖的坏处，夭折率下降，出生率大大提高。所以在旧石器时代晚期末及中石器时期开始的半定居和定居生活，开始改变过去那种增长缓慢的状态，使人口逐渐增长起来。

在定居逐渐成为传统的情况下，人们的活动范围相对缩小，利用某一生态环境的时间大大加长，为了解决当地快速增长的人口食物来源，就要更广泛更深入地开发本地区的食物资源。但是，各类自然资源的可扩充性是不一样的，有些野生动植物，在人类利用到一定程度之后，在一定条件下，就不能再增加其数量了，例如在某一部落居住地周围的野生植物可被采集的果实或种子。在自然状态下，这些野生植物所结的果实产量不会有多少增长，甚至遇到不好的年头，其产量很自然地减少。就算不减少，随着人口的增加，它也会因扩充利用而相对减少。只有在人的照看下，改善生长条件，这些野生植物才能在扩充利用的情况下，可以再增加其产量。因此，在人口的压力下，人们为了解决食物问题，有必要改进获得野生食物的季节性，增加对特定资源的专业化利用，同时也要改善某些野生动植物的生活条件，加以人为驯化，使其逐渐走上被栽培的道路。另外，在这一阶段里，有些群体着重加强采集和捕捞，而有的则着重技术改进和动植物的遗传选择，从而最终走上了农业经济的道路。完成这一过程所需的时间，各地不一，一般都在中石器时代晚期或新石器时代早期阶段。这方面在华南地区的反映是比较清楚的。也就是说，由于华南地区纬度低，环境复杂，动植物资源丰富，人类在旧石器时代晚期末和中石器时代早期已开始广泛地开发和利用各种动植物资源，形成广谱的狩猎采集经济，这种经济形式深化了人类对自然界动植物的认识和利用，同时使人们定居下来，人口开始增加，产生了原始农业。最初时，进行的不是稻作农业，而是种植块茎植物园圃式农业。在整个社会经济中，采集、渔猎的经济仍占很大优势，只有发展到新石器时代早期才逐渐变成农业经济占优势。

人口的增加，不仅产生人口压力，导致原始农业的产生，由于人口的不断增加，也引起群体的分化，逐渐出现村落，形成氏族部落。

总之，在旧石器时代晚期末和中石器时代整个进程中，在摸索种植、饲养的实践过程中，人的认识逐渐深化，从了解植物本身到了解它们与自然环境之间的关系，从而慢慢地获得了粗浅的经验性的土壤知识、节候知识、耕作知识和饲养知识等。经过长期的稼穑劳动，也摸索到与改进工具相联系的一些力学知识。这些经验知识的积累，促进了农业技术从无到有并逐步发展，使原始农业逐渐发展成真正的农业生产。与此同时，人类才开始有了比较可靠的生活保障，逐渐地彻底定居下来，并迅速得以发展，从而使氏族部落较快地发达起来，母系氏族公社得到繁荣并向父系氏族公社过渡、发展。

农业产生后，生产力不断得到提高。随着种植业、饲养业的发展，由于物质较前丰富和生产、生活的需要，生产技术的提高，因而促使原始手工业和商品交换的产生、发展和原始城镇的出现。而且因为生产力的提高而出现了剩余产品，出现贫富之分，引起了阶级的分化和脑力劳动与体力劳动的分化，结果导致社会分工的日益发展和生产关系的根本变革，为社会形态的进化开辟了道路。在此过程中还为科学的发生、发展奠定了基础。因为，在吃饭问题还没有解决时，是不会饿着肚子从事科学活动的。由于农业产生后引起了手工业、商业等其他事业的产生和发展，还有原始宗教的产生，人们的活动、交往愈来愈多，需要记录的事情也相应增多，于是文字的创造便提上日程。而文字又是发展科学知识所必需的工具。人类从事农业生产，比起从事采集狩猎、捕捞和渔猎要复杂得多，是有目的的实践活动。在此实践过程中，人类对作物、家畜、家禽及其生长规律的认识，对周围环境的认识，对各种因素之间的相互关系和因果的认识都不断深化，从而锻炼、提高了人的思维能力，这对科学发展和社会进步有着巨大的推动力。而且随着生产的发展，各种各样的科学应运而生。所以恩格斯指出："科学的发生和发展一开始就是由生产决定的。"上述的社会形态变化是在新石器时代逐渐完成的，但它们发展的基础，始于中石器时代。中石器时代人类的定居和原始农业、家畜饲养的萌芽，为上述种种诞生和发展打下了基础。所以说，中石器时代是人类社会形态变化的一个转折点。虽然今天在考古发掘的发现中，在社会形态变化的实物证据方面，发现得仍很少。但我们相信，随着考古发现越来越多，其研究的深度越来越深广，这种实物证据会越来越丰富。

（原载《人类历史转折点——论中国中石器时代》，广西人民出版社，1997 年）

中国中石器文化与周边地区同期文化的关系

世界那么大，自然生态环境千差万别，单就中国本土都已经跨越有热带、亚热带和温带等地区；地理环境既有高山、丘陵和高原，又有广阔的平原；既有内陆，又有海洋、河湖和沼泽地。早在旧石器时代早期阶段，在这块广阔的土地上已经发现有人类活动，有他们的文化存在。经过200多万年的发展，到了中石器时代，其文化已发展到一个相当的水平，在前面有几篇文章已有较为详尽的论述。

在此要介绍的是与此同时，世界上其他地区，尤其是与中国邻近的地区，它们的文化发展又如何？与中国的同期文化有何关系？

一、欧洲地区

在旧石器时代晚期，欧洲地区的古人类是通过狩猎获得大部分食物，狩猎的主要对象是大型食草性动物群，如野牛、羚羊、猛犸象、披毛犀等等。人群跟随着动物群的流动而过着到处漂泊的生活。大约从公元前12000年开始，一些地区的人们开始较少依靠大规模狩猎而较多地依靠相对稳定的食物资源，如鱼、贝壳、小动物和野生植物。这个时期已开始进入中石器时代。在冰期退后，许多地方的咸水和淡水的食物资源愈加丰富。因为这个时候，融化的冰川给河流和海洋的补给大大增加，海水上升而形成海峡、海湾，还有河口的淡水地带、沼泽地等等，这些地方成为各种贝类、鱼虾水产繁殖的地方。在此可以发现蟹、蛤、蚌和海生哺乳类动物。在欧洲局部的开发及相对稳定的资源常用来解释定居生活方式出现的原因。发生这种变化的时期一般称它为中石器时代。

具体表现在大约距今10000年的欧洲，冰河开始消失，随之而来的是自然环境的变化。当冰河后退时，海平面上升，海水淹没了一些盛产草料的海边平原。尤其是斯堪的纳维亚地区，在冰河后退和温度回升时，人类占据并开发它。北部寒冷无树的苔原和草地，最后变成了茂密的混合林地带，大多数的桦树、橡树、松树和猛犸象灭绝了。就在这个时期，冰河的融化形成了岛屿、河汊、海湾以及内陆海。温暖的水域里开始盛产鱼类及其他水生资源。

由于环境的改变促使一些欧洲的古人类改变其获取食物的方法。苔原及草地的消失意味着狩猎者不可能再像旧石器时代那样，通过接近流动性的野生动物群，靠猎取它们而获得大量的肉食。即使每平方公里内的动物密度不变，但在茂密的树林里偷袭动物已变得困难起来。许多使用细石器工具的中石器时代的欧洲人群，开始从大规模的狩猎动物的状态转向采集野果、捕捞贝类、进行渔猎，还继续进行小规模的狩猎，以弥补由于大型哺乳类的灭绝以及不少大型食草类动物（如驯鹿）的北迁而导致的收获不足。

例如北欧的马格勒莫瑟文化，这些北欧居民为了适应新的生态环境，他们开始制作石斧、石锛以砍伐树木并制作各种器物。大木材用来建造住所，挖空成为独木舟，小木料作船桨，以此来作交通工具和渔猎、捕捞的工具。因为这个时间里，湖泊和河流里的水产相当丰富。虽然迄今仍不知马格勒莫瑟人依靠野生植物来作食物到何种程度，但已发现可被利用的植物品种有许多，如榛果就是最普遍的一种。从遗址中发现不少梭子鱼鱼骨和一些鱼钩，说明捕捞、渔猎在他们的生活中占重要的位置。同时狩猎对他们来讲仍然非常重要，常被猎获的野生动物包括麋鹿、野牛、山羊和野狗。他们进行狩猎的工具有弓和箭。此外，这时已产生了原始的工艺品，一些工具以漂亮的雕刻图案加以装饰。同时还有一些以琥珀作为原料的石垂环、麋鹿头的小图案。

像马格勒莫瑟人遗址一样，许多欧洲中石器时代的遗址，均分布在湖泊、河岸和海边。但这些遗址不是长期的居址，根据现已发现的材料证明，一些群体仍有根据季节和生产的需要而迁徙，来回于水边和内地之间。

二、近东和西亚地区

近东地区的文化发展似乎与欧洲平行。也是从流动的大规模狩猎向利用丰富的自然资源转变。在学会栽种植物之前，有证据表明近东的居民以不同的资源来维持生计，他们利用鱼类、贝类、其他水生动植物、野鹿、绵羊和山羊以及野生谷物、野果和豆类。尤其是野生谷物这种稳定的食物资源利用的增加，在某种程度上可以解释，在中石器时代，近东地区的居民已比较多地开始了过定居的生活。因为即使在今天，人们在土耳其的安那托利亚高原附近地区的一些山区，也能看到大量野生小麦和大麦，像人为有意识地种植一样茂密。中石器时代的人们用燧石镰刀能够轻而易举地采集这些野生粮食。有人通过模拟史前条件的田野试验来验证这种资源的收获如何。试验人员使用中石器时代人们可能使用过的燧石镰刀在一小时内可以收割两磅多的野生谷物。中石器时代一个四口之家，如果都能劳动，在收割季节时，只要工作几周就可能收获到的小麦或大麦粮食，远远超过全家人一年之需。

实验者弗兰纳瑞通过这次试验，得出了一个结论："这样的收获使人们在一定程度上的定居成为必要，但他们在什么地方可以保存上吨数量的干净麦子?"我们可以想象到，如果长途跋涉地采集，携带割野生谷物的穗所用之石器工具已是一项笨拙的负担。另外，一边收割一边会蒸或灼烤的方法煮熟而消耗掉一部分的收获。余者需要储存起来以供日后使用。由于这样，必然促使一些中石器时代的居民开始建造一些牢固的几乎是永久性的地窖和贮藏坑。这是最早期的仓库。这种情况一直维持到人们正式建立一个村庄为止，到那个时候，人们也许被迫放弃这些原始仓库，而建立起真正的仓库。

例如，近东地区的纳吐夫人，早在距今 8000 年前已居住在今天的以色列、约旦地区。开始他们也习惯于洞穴的生活，后来慢慢地在以色列的卡尔迈勒山的斜坡上建村庄，他们在岩洞前的岩石上挖一个盆形洼地，可能作为贮藏坑。这种情况在以色列的艾南（Ehnan）遗址内也有发现。艾南遗址是一个有叠压关系的遗址，包括三个依次叠压的村庄，每个村庄大约有 50 个圆形"地穴"或房屋，每个房屋深入地面几英尺，所以墙壁在地面以下是泥土，在地面以上则是石块。地穴式房屋比地面房屋更能保持热量。此外有以石头铺成的路，以鹅卵石铺成通往炉台的人行道，发展到这一时期社会形态和结构也产生相应的变化，原始宗教已产生，人死后都葬于林中的公墓里。这种半地穴式的房址是对比较干燥的气候环境的适应，只有气候干燥凉爽甚至冬季比较寒冷的地区才有这种结构的房子。这与中国北方地区的发现有相同之处。一般在潮湿炎热的亚热带或热带地区，最早出现的房子还是干栏式的房址。这点从中国长江以南广阔的热带和亚热带地区的发现可以得到证明。

纳吐夫人的工具表明它们被用以收割野生茂密的谷物 ，在遗址中发现的镰刀有特别的光泽，由燧石打制成，可以用来割断草秆。他们属于中石器时代中晚期的居民，但此时他们已知道把采集来的野生谷物贮藏起来，并在石砌的房屋地面以下建造抹泥的储藏室。他们除了野生谷物外，还广泛地利用当地的其他资源。可以说他们正处于一个原始农业即将诞生前夕的强化采集阶段。

另外，在近东地区以肥沃月湾而著称的半月形区域（即从伊朗的扎格洛斯山向西倾斜延至西部土耳其，至以色列和约旦河谷）是世界上植物栽培和动物驯养的最大中心之一。约在公元前8000年（即距今约10000年前）这里已开始栽培了几种粮食，如大麦和扁豆；同时发现了山羊、绵羊、猪、牛、狗的驯养证据。

这里发现的阿里库什遗址和恰塔尔休干遗址是很典型的，我们不妨以此为例加以说明。阿里库什遗址位于伊朗西南部，是一个社区残存遗址，有叠压底层，年代始于公元前7500年（即距今约9500年前）。一直延续两千多年，直到公元前5500年。开始时，他们采集野生植物和狩猎野生动物为主要生活来源。到了公元前6000年以后，考古发现说明了农业和家畜饲养均已产生而且变得重要起来，同时已有一定的发展，学会了灌溉和利用兽力，此时人口已大大增加，因为早在公元前7500—公元前6750年的阶段中，人们已学会用土坯建造小房屋，（仅有2—3米）。研究者认为最早的阿里库什人可能居住在这种土坯房里，也有迹象表明他们在夏天要迁移到附近冰山河谷里，步行几天便可到达。亦有人估计，这些小房屋可能是贮藏间。从遗址的出土物种发现，阿里库什人很早已开始种植二粒小麦和各种大麦，从这里获得植物食品；又从驯养的山羊那里获取肉类食物。因为野山羊一直生活在该地区，他们在长期的狩猎实践中学会了驯养野山羊。发掘者从遗址出土的山羊骨头中未发现老山羊的骨头，这说明被吃掉者是驯养的山羊而非猎获品。并且从出土的角心可知，似乎大多的雄性山羊被吃掉，而雌山羊留下来繁殖。可是在遗址较早期的文化层中发现的绝大多数还是野生的动植物的残骸。此外还有鲤鱼、鲶鱼的骨头以及贝类和其他一些水生动物。

在公元前6750年至公元前6000年这一阶段中，考古学家从遗址的炉边和垃圾堆中发现，这里出土的种子40%是二粒小麦和大麦，而野生植物在食物中所占的比例已大大减少。由此证明，此时阿里库什居民对耕作粮食的消费量已上升，原始农业已产生并得到一定的发展。与此同时，多室的房屋已发现，面积在10英尺以上，墙变厚，以泥浆将土砖砌起来；墙内外壁以灰泥抹得光滑，房地面铺上灯心草或芦苇织成的草席。庭园中有砖砌的圆形烤炉和火炉。这个时候居所已集中成一个小村庄，虽然居民可能不到100人，但它已成为一个广泛进行交流的地方。因为从遗址中出土的成千上万的小石片，其中百分之一的石片是黑曜岩，它来自千余里之遥的土耳其。那些贝类可能来自波斯湾，用来作装饰物的绿松石来自今天伊朗和阿富汗边界地区，铜则来自今日的伊朗中部地区。这些都出自墓葬中。

恰塔尔休干遗址是一个时代稍晚的古城址，位于土耳其南部崎岖不平的风蚀平原上。年代大约是距今7600年前。当时的恰塔尔休干人已进行农业生产，大量地种植扁豆、小麦、大麦和豌豆，他们居住在土坯房子里，他们使用的有黑曜岩和燧石造的匕首、矛头、鱼叉头、刮削器、锥器、镰刀、碗、刮铲、长矛、刀子。此时已产生原始艺术和原始宗教，在房子墙壁上有壁画，是描写宗教活动的场面和日常生活状况。还有用木头挖制的木碗、木箱以及石和贝类装饰品。

恰塔尔休干位于一个资源贫乏的地区，所需的多种物资均依靠与外地交流而来。至于它为什么在这么早的时候就产生农业和家畜饲养业？其根本的原因何在？迄今还不很清楚。如果说是因为定居后人口的增长所形成的人口压力而促使原始农业和饲养业诞生，这看来说服力不够充分，因为使恰塔尔休干人在此定居的因素迄今还未搞清楚，有待于进一步的探讨。

还有位于北伊拉克扎格罗斯山丘陵之中（海拔425米）的萨威·克米·沙尼达遗址，它是迄今世界上发现的相当早的人类野营居住地遗址，年代为公元前10000—公元前8000年，遗址中有临时茅舍，结构粗糙而简单，炉灶还未发现，但已发现了大量兽骨，其中有被饲养的家羊骨和野山羊骨，说明了狩猎仍很重要。遗址中虽有石镰、石磨臼和骨镰，但未发现任何炭化谷物的痕迹，可见这些工具很大程度上是用来收割野生谷物和加工时用的。虽然石器发现很多，类型也较多，但未见任何陶器和泥土塑像及纺轮。骨器很多，也有装饰品，根据以上情况可以判断，这个遗址应是一个临时野营居地，当时的人类仍过着狩猎和采集生活，并开始采集和收获野生植物来食用；冬季则回到沙尼达洞穴居住。在此期间，已开始少量的家畜饲养。证明了已向原始的农耕过渡。

类似的遗址还有位于叙利亚的梯尔·穆赖拜塔（Tell Mureyoat）遗址，其年代约为公元前8000年，这里已发现有黏土墙房屋、磨坊设备，人们已开始定居，定居者以狩猎和采集维持生计，由于这里野生资源丰富，所以人们得以定居生活。由此可见，在野生资源丰富的地区，不一定由于农业的产生而导致人们的定居生活，相反，可能先出现定居的生活，然后为原始农业的诞生准备了条件。

三、东南亚地区

东南亚地区的中石器时代文化遗址发现较多，人们把这些文化遗址统称为“和平文化”。它是由法国考古学者M. 科拉尼（Madeleint Colani）发现和定名，1932 年 1 月 30 日，在河内召开的第一届远东史前学术研讨会上公布的，并被世界各地的与会学者所承认。由于这类文化于 1926 年首次发现于越南北部的和平省内，所以就以此来命名。和平文化在东南亚各地广为分布。除了越南和平、广宁、清化、广平外，还在印尼、马来西亚、老挝和泰国都有发现。法国考古学家 M. 科拉尼将和平文化分成早、中、晚三期：早期，其石器工具以砾石为原料，单面单向打击加工而成，大型，工艺很粗糙，没有骨器和陶器与其共存。石器没有磨过也没有修整的痕迹。中期，石器中小型，加工工艺较前精致，有些左右两面加工得一模一样，具对称性。石器大部分边缘有修整的迹象，同时有局部（刃部）的磨光。晚期，石器工具小型，并加工修饰得很好，石器种类也多，有尖状器和刮削器，但不见砍砸器。石器已有部分的磨光，个别遗址有绳纹陶与其共存。石器的材料除砾石外还有少量用石片加工而成。正因为如此，所以有些学者认为，和平文化包含的文化内容不仅是中石器时代的，有可能还含有新石器时代的文化，有陶器共存的后期文化可能就是新石器时代文化。

“和平文化”居民的生活仍然是狩猎和采集，是占夺式的经济，但在后期阶段，由于居民有了较复杂的石器工具（复合工具的使用）和加工食物用的研磨盘和杵等，加上从地层中找到了可食用的橄榄、麻的果实，还有酸豆子等遗物。因此，有学者认为，“和平文化”居民的采集方式已有变化，敲削技术和研磨技术都已出现，据此推断“和平文化”的人类可能已进入了原始农业的最初阶段。

“和平文化”的社会结构属于母系氏族社会。他们集群而居于山洞内，从其厨房的遗迹可以看出，在中石器时代已不是单纯的原始群了，而是分成更小的夫妻家庭，一个大山洞相应地可看作是一个“村子”，住着若干小家庭，由许多小单位再组成一个大家庭，这些遗迹成组成簇地分布着，逐渐地由山洞延伸到谷地内。他们在文化上相当一致，有相同的工具制作技术和埋葬风俗，而且在一组之中已可分出有一个洞穴的遗物特别丰富，文化层堆积也较厚，很像个母亲住所一样。这种集合民居方式清楚地显示出在血缘和地域基础上的关系。

“和平文化”的居民把死人就地葬于居住的山洞内，有时就葬于靠近厨火之处。葬式也是曲身葬，或是蹲坐式，犹如初生时蹲坐。大部分墓边用石块护边，放入木炭或软体动物贝壳，同时埋有石制、骨制、贝制的劳动工具。还有动物牙齿，描绘或涂染过土黄色、红色的人骨等。这些情况均说明“和平文化”的居民已超越直观认识的阶段，走向抽象思维世界。此外，用刻痕记事及有原始艺术——绘画（壁画）的出现。

近些年来，在泰国的考古颇受人注意，其原因除了在北碧府通帕蓬县Zanda洞、柿约乡僧侣洞山崖、班考车站与他吉连车站之间的山洞、柿约县Lumsum乡近旺坡车站附近山洞、夜丰颂府市区一些山洞、清迈府范县角鼻洞和北标府帕岑洞等多处发现了中石器时代文化遗址外，在泰国西北部发现的仙人洞遗址更引人注目。这个洞穴遗址不仅年代较早（距今约9000年前），而且从这里的文化层中出土了一些被认为是人工种植的植物，成为东南亚地区早期栽培和驯养中心之一。在泰国发现的中石器时代石器既有大型的，也有小型的。其刃部由一平面和一拱面组成（即刃角较大，呈陡刃），加工精致，大部分石器单面单向加工，两面加工的极少数，只2—3件。这些石器加工所用之石料大部分为砾石，少数为石片。石器类型中包括圆形和方形刮削器、砍砸器、心形刮削器、短斧形器，手斧形器。但无陶器与其共存。

泰国中石器时代的人类生活是住在靠近河溪的山洞里，这些人以狩猎和采集为主，但捕鱼技术比旧石器时代进步得多。从石器与动物骨骼堆积在一起的情况来看，可知当时的人类主要以猪、鹿、熊、鼠类、螺、鱼、蟹和龟为食。此时，人们还懂得将死人埋在住所下面，尸体往往屈卧，屈膝到下巴，整体埋葬。同时发现有些骨骼与器物都涂上红泥。上面覆以红色的厚土，研究者认为红土意味着生命。由此可见，泰国中石器时代的人类已有埋葬死者的习俗，有一定的丧葬仪式举行，似乎显示出原始宗教的产生。

四、其他地区及与中国中石器文化的关系

最后，我们不妨用一个简单的形式来谈谈这些发现在世界其他地区，特别是作为中国周边地区的中石器文化与中国的中石器文化的关系。

关于中石器时代和中石器文化的研究，欧洲地区研究的深度和广度是较高的。最有代表性的几个中石器文化遗址都很有特色，例如法国图卢兹附近的阿齐尔遗址，其年代是距今10000年到8000年。经济主要是森林狩猎和渔捞。猎物以鹿为主，采集也占有重要地位。工具多是几何形细石器及嵌入骨、角柄中使用的复合工具，也有鱼叉、骨针等。艺术品有彩绘砾石、岩画。另一个遗址是丹麦西兰岛的马格勒莫瑟遗址，这类遗址广布于西欧北部和北欧地区。其年代为距今10000年至6000年。经济类型主要是渔猎和采集，还有狩猎，狩

猎对象为鹿；采集除林中野果外，沿海地带还有贝类食物。工具盛行几何形细石器，通常装成箭头或斧、锛的刃部，作为复合工具。伐木石斧数量很多。骨、角器有鱼镖、鱼钩等。比较特殊的是他们已有木桨、独木舟、树皮筏的使用。居民以木构茅棚为居，已开始定居的生活。再就是法国北部的塔德努瓦，这类遗址广泛分布于西欧南部及南欧地区。其年代是距今8000至6000年，晚于阿齐尔文化。经济还是以渔猎为主。采集也占相当重要地位，狩猎常有进行，对象还是鹿类，海滨地带的遗址常有食余贝壳堆积起来的贝丘。工具多用几何形细石器及其复合工具。

从以上各代表性遗址可以看出，其文化内涵是清楚的：其一，年代是距今10000年到6000年。其二，经济类型以渔猎和采集为主。其三，使用的工具都是几何形细石器及其复合工具。其四，海滨地区遗址的人常采集贝类食物。其五，骨、角器使用很普遍。以上是共同的。差别之处是沿海地区还有独木舟、树皮筏的使用，森林地区伐木的石斧数量很多，这些差异正好说明不同地区的生态环境差异。

在亚洲，被定为中石器时代的遗址不少，尤其是在西亚、近东和东南亚地区。北亚和东北亚地区也有所发现，但数量稍少些。根据地理位置和生态环境的不同，大概可以划分为三大地区：其一是北亚、东北亚地区；其二是西亚和中近东地区；其三是南亚和东南亚地区。第一个地区代表性的遗址有：阿乐丹河流域的久克台洞穴遗址，其年代为距今18000年至10000年。还有苏姆纳金文化，其年代为距今10000年。中国的大荔沙苑遗址和河南许昌灵井遗址以及虎头梁遗址均可归此区域。第二个地区代表性遗址有：巴勒斯坦卡尔迈勒凯巴拉文化、巴勒斯坦的纳吐夫文化、西亚阿什哈巴德以北的哲通文化、叙利亚的穆赖拜特文化。第三个地区代表性遗址也不少，主要有：中国华南地区的柳州白莲洞下层文化、封开黄岩洞遗址、罗沙岩上层文化、阳春独石仔下层文化、柳州大犬潭鲤鱼嘴遗址、江西万年仙人洞遗址、越南和平省的和平文化、马来西亚沙捞越西北部的尼阿洞穴遗址、泰国北碧府柿约乡僧侣洞遗址、泰国西北部的仙人洞遗址等等。

亚洲这三大区域的文化内涵和特点既有相类似的地方，也有许多不同之处。共同之处是石器工艺都已发展到一个高水平，石器类型多样化和专门化，复合工具和骨、角器的使用普遍化，原始艺术（壁画、岩画、染色、钻孔技术）已出现。最大的不同之处是他们使用的生产工具——石器截然不同，北亚、东北亚、西北亚地区是楔形石核和小石叶的细石器系统；而东南亚和南亚地区是陡刃砾石石器系统。随着生产工具的不同，表现出来的是经济类型不同。使用细石器系统工具的绝大多数是从事以狩猎和采集为主的经济类型，使用陡刃砾石石器系统工具的绝大多数是从事狩猎、采集和渔猎、捕捞的综合性经济类型。前者从强化采集经济逐渐向原始农业阶段过渡，他们采集的和后来栽培的都是适应于较为干旱环境的植物，如粟、小麦和大麦、谷子等。后者从强化采集经济逐渐向原始农业阶段过渡时，首先发展起来的是园圃种植，栽培一些根块茎的植物，然后逐渐发展谷类植物。这种情况也反映出与当时的生态环境有直接的关系。中国地跨南北两大区域，北方区主要的文化特征与北亚和东北亚地区的文化相似，中国黄土高原区多少还受到来自西亚地区和南方地区文化的影响。但要说中国北方的原始农业是来自西亚地区的证据还很缺乏。互相交流可能是存在的。中国南方地区与东南地区的文化有密切的联系，有较多的相似性。尽管同是属于热带和亚热带的自然生态区域，但各地环境也有各自的特点。所以其文化的发展都带有深厚的地方色彩。这种情况同样地表现在世界的其他地区上。

非洲在中石器时代的文化也相当发达。但鉴于非洲特殊的地理环境，其发展也是不尽相同的。例如分布于突尼斯和阿尔及利亚内陆地区的加普萨文化，它可以划分为典型加普萨文化和后期的加普萨文化两阶段。年代为距今10000年至7000年。生产工具主要使用细石器和大型石器两种，前者多呈三角形和梯形，并有逐渐增多的趋势。社会经济以狩猎为主，居住在岩厦或露营，分布在东非、西非和中非赤道森林地带的奇拉利文化，基本上继承了卢彭巴文化，而卢彭巴文化又基本上继承了桑戈文化传统，所以其使用的工具有发达的加工木料工具，但手斧和大尖状器减少，轻型石片工具增多。这里又分两种情况：森林地区出现了一些小型薄刃砍斫器和厚而窄的两面修理的尖状器。草原地区则出现了新月形和其他形状的镶嵌在复合工具上的小型石片工具。分布在南非和非洲东南部内陆地区的斯密斯菲尔德文化，年代为距今10000年至8000年左右。社会经济以渔猎和采集为主，居民按季节迁移，细石器流行，最具特征的工具是在木头上打孔的钻孔器；也使用鱼叉、罗网和涂有毒药的箭头。

统观非洲的情况基本可分为三方面：环地中海的北非及尼罗河河谷地带，其文化特点可和南欧、西南亚地区对比，有不少相似之处。而在西非、中非赤道及南非和非洲东南部内陆地区，则可分为森林和草原两大类型。森林地区薄刃砍斫器和两面修理的尖状器占主导地位，还有发达的加工木料工具。而草原地区则主要以新月形和其他形状的复合工具为主。社会经济因生态环境不同而异，森林地区采集和渔猎占重要的位置，而狩猎经济次之；而草原地区，狩猎经济则相当重要，而采集和渔猎经济则不那么发达。居所因生活状况不同而有差异，有按季节变化而大迁移，也有以岩厦为居，亦有露营在大草原上。所以明显地体现出，生态环境对早期人类的生活、生产以及其他文化活动都有明显的影响。在尼罗河河谷地带，原始农业的诞生也不晚。

距离中国较远的美洲的情况，我们也概括地加以介绍，因为美洲的古人类已被证实是在冰期时期，由亚洲大陆通过白令海峡陆桥迁移到美洲大陆的，所以他们后来创造的文化不能说与亚洲尤其是北亚、东北亚的文化毫无关系。在美洲，也许由于文化传播机制的影响，更具体地说，这是由于陆块形成的历史所造成的。所以美洲的史前早期的文化难于发现，而晚期的文化也相当晚才传播到美洲大陆。中石器文化，具代表性的遗址很少。在欧洲、非洲和亚洲处于所谓中石器时代时，在美洲存在的代表性文化就是拉诺文化和福尔瑟姆文化。前者分布在美国西南部和墨西哥北部，更新世末期才扩展到北美东部。年代为距今约 13000 年至 10000 年。工具以“克洛维斯尖状器”最具特色。它是采用锤击法打制而成，一面或两面有短凹槽，器身可长达 12 厘米。还有刮削器和少量雕刻器、石锥。狩猎业以猎取猛犸象见长。多居于沼泽岸边或悬崖下。后者的年代为距今 11000 年至 9000 年。他们集中在落基山以东的大平原，后经中美再沿科迪勒拉山系扩展到南美。工具中除有名的“福尔瑟姆尖状器”外，还有用火石打制的拇指盖状刮削器、直刃刮削器、凹刃刮削器、“克洛维斯石叶”以及雕刻器。经济以狩猎为主。农业在这里开始仍较晚，直到公元前 5000 年才开始，到公元前 1500 年后才出现以玉米为主的种植。所以，对于美洲这类文化是否属于中石器文化还存在不同的看法，有待进一步的探讨。

总括以上的资料不难看出，所谓中石器时代就是指在人类发展史中某一个特定的时期，这时期就是指旧石器时代向新石器时代过渡的时期，这个时期最大的特点就是在地质年代上正好处于世界性的最后一个冰期，即亚洲的大理冰期和欧洲的维尔姆冰期，北美洲的威斯康星冰期，非洲的井布尔雨期。最后一次冰期的高峰期是距今 4 万年前，过后气温逐渐提升，到了大约距今 10000 年前，地球的气候就开始了冰后期的气候环境。其实在 3 万多年前，随着冰期的过去，冰川减退，全球性气候回升，古人类的活动就产生了新的变化，这是人类对环境的适应。由于最后一次冰期时，全球性的气温虽然比间冰期可以低 5—7℃，在高纬度的地方可能更加寒冷些。但在各大洲不同之地方由于地理环境的差异，所以冰川对各地的影响就不同。例如在非洲，只有很少一些地方有冰川出现，仅仅是在冰期时期其降水量都大大增加起来，所以此时称雨期。因此在冰期过后，其变化也是不同的。就算同是亚洲或欧洲，在山区、高原区的变化反应就与丘陵区以及平原区大不相同。往往出现同期异相的自然景观。在这种情况下，生活在这些地区的远古居民，他们的一切活动也必然发生变化，而且可以肯定，这些变化也不完全相同。当然，我们不能说，环境条件决定一切，但可以想象的到，当时的古人类对自然环境的适应能力已变得相当强，而改造自然环境的能力还是很微弱的。所以在世界各地，这一时期出现不同的社会经济类型和生活方式都是很正常的。他们由强化采集逐渐过渡到原始农业开始的时间也不相同，一些地区可以早到中石器时代早期阶段，但个别地区可以晚到新石器时代的中晚期。家畜饲养业开始的早晚亦有差别，最早被驯化的动植物品种各地也不尽相同，半干旱地区可能是粟或谷子、小麦和大麦，炎热潮湿的地区可能是稻类作物。因此，对于它们的变化规律和演化进程，不必用单一的模式去套它们。我们可以通过研究在这一时代空间上，各个不同地区，生活在不同的生态环境中的人们，他们所从事的与大自然作斗争来求生存中所进行的一切，从中找出其共同点和差异点，再反过来和自然生态环境和人类社会种种因素变化的规律对照研究，深入了解它们之间的关系，从而利用其结果，造福当今人类社会。这也是我们从事科学研究的目的。

（原载《人类历史转折点——论中国中石器时代》，广西人民出版社，1997 年）

我对中石器文化内涵界定的看法

每一种文化的确立都是由其文化内涵所决定的，每一种文化都具有一定的文化特色，其文化内涵都有一定的范围，这个范围包括文化存在的时间空间、分布空间和本身的形态特征。它不可能包罗万象，也不可能无边无际，所以中石器时代和中石器文化都应有一个概念。概念的确立是为了促进研究，为了更好地帮助人们去认识一种文化，一个时代。因此，这个概念下得必须贴切，必须科学，必须恰如其分，不然就不能收到其概念的效果。

中石器时代和中石器文化概念的提出，首先始于国外。早在1866年，即在丁·鲁鲍克（艾夫伯里勋爵）提出“旧石器时代”和“新石器时代”概念一年后，H. 威斯特罗普就提出了“中石器时代”这个概念，当时之所以提出这个“中石器时代”，完全是出于满足考古学者一般以三分法来划分历史阶段的习惯。“中石器时代”这个概念的本身，并没有什么明确的内涵。直到20世纪20年代，R. 马卡里斯特才明确限定了“中石器时代”的概念。30年代，英国著名的考古学家G. 克拉克在他的两部重要著作《英国的中石器时代》（1932年）和《北欧的中石器文化》（1936年）中确立了“中石器时代”在考古时代划分上的地位，使“中石器时代”及其文化内涵得以确定。这个概念的确立是依据欧洲当时的考古发现和研究成果而定的，它有一定的发生、发展和认识的过程。最先由于在法国南部地区，一系列旧石器时代遗址和瑞士湖居遗址的发现，从而树立了欧洲旧石器时代和新石器时代的文化代表，与此同时也在地层上发现了旧石器时代与新石器时代文化之间的缺环。具体是指，当以马格德林文化为代表的旧石器时代晚期的狩猎者，随着更新世最后一次冰期的消融，而追随他们的狩猎对象向北迁移的时候，来自西亚的农业文化此时并未遍及欧洲，在此间就存在着文化上的间断。后来，在法国的一些遗址中发现了一种文化堆积，它们比马格德林文化晚，但又早于作为当地新石器时代文化代表的罗本豪森文化，其中最早的一项发现是E. 皮埃特于1887年在法国南部的比利牛斯山山麓阿齐尔遗址中发现的地层叠压现象。在马格德林文化层之上的两个文化层中，发现了用鹿角作材料制成的鱼叉，用红赭石颜料彩绘的卵石，还有赤鹿和野猪的骨骼，根据其文化面貌是无法归入旧石器时代或新石器时代的。比此项发现更早的是来自1879年E. 维耶尔在法国埃纳省的塔登诺阿遗址的考古发现，小型的几何形细石器是这个遗址的文化特点。这类遗址在其后的日子里，在相当大的范围内不断地被发现，这样更引起人们的注意。类似的情况也出现在欧洲北部。最早引起注意的是丹麦的所谓“贝丘”遗址。当年J. 斯腾斯特鲁普和J. 沃尔赛之间的辩论，就代表了当时科学界对北欧这种所谓“旧石器时代与新石器时代之间空白”的认识。

这种认识是从认为“旧石器时代”和“新石器时代”之间有“空白阶段”逐渐转而承认这一阶段在欧洲大部分地区实际上存在着一种人类文化。但在时代划分上仍未能取得一致的看法。当时的O. 门兴主张把这类文化遗存与旧石器时代晚期遗存合并为一，统称为“Miolithic”，这是首先用此称呼的，但与目前所用的“Mesolithic”不同。而另一位学者H. 奥伯迈尔则主张把这类遗存分为两类，一类归入“后旧石器时代”，一类归入“原新石器时代”。不过就有学者指出这一时代的文化内涵是什么，其概念还是很不明确的。这种观点一直到20世纪30年代才在理念上得以阐明，确认在欧洲旧石器时代与新石器时代之间存在着一个“中石器时代”，属于这一时代的文化，称为“中石器文化”。

根据研究的结果，欧洲中石器文化内涵包括如下的概念：从时代上讲，始于更新世最后一个冰期之后，即属于全新世，结束于农业之前；欧洲中石器时代的文化源于欧洲本土的旧石器时代文化；绝大多数欧洲的中石器文化没有发展成为新石器时代农耕文化，但在一定程度上与其有关联，甚至有相当大的影响；这一阶段最重要的变化是冰期的冻土及草原，桦木及松木林让位于以橡树为代表的落叶林；驯鹿、野牛、野马及其他食草类大型动物减少，代之而起的是赤鹿、牝鹿，最后除了野猪之外几乎没有大型哺乳类动物；海洋水位的变化，由于冰川消融而使大洋补给水量大大增加，水位逐渐上升；“中石器时代”最典型的石器特征是石斧制作的改进技术，小型几何形细石器及复合工具的出现。

迄今为止，在欧洲中石器时代考古中已确认了的文化有：塔登诺阿文化、阿齐尔文化、马格勒摩斯文化。各文化分布区域如下，塔登诺阿文化分布地域相当广，从中欧到英国以至北非，甚至有人认为该文化已广布到印度。其石器特点是大量规整的几何形细石器，骨制工具很少，几乎不见艺术品，复合工具已出现。阿齐尔文化分布区域在法国南部，比利时和中欧等地亦有发现。有人认为阿齐尔文化是塔登诺阿文化在马格德林文化的影响下而产生的一种文化。其文化特点是有鹿角的鱼叉、彩绘卵石，还有小型圆形刮削器、尖雕刀等。马格勒摩斯文化是北欧主要的中石器时代文化代表，该种文化遗址多位于低地，从文化的命名中可以体会其意思，“马格勒摩斯”在丹麦语中即有“大沼泽”之意。这类遗址许多只是在干燥季节才有人居住。狗是唯一驯养的动物，骨器或鹿角工具是典型工具，数量极多，许多骨器都刻有几何纹饰，其中一些在一侧刻成棘刺作为鱼叉或梭镖。石器有石斧、石锥和石凿，也有由细石器制作成的复合工具和武器。此外，在欧洲还存在着一些分布地域不广，存在时间较短的中石器时代文化，这些文化类型在此就不一一列举了。

总之，自20世纪30年代以来，通过研究欧洲史前考古有关“中石器时代”和“中石器文化”，经历了一个从内涵颇为空泛的“旧石器时代与新石器时代之间过渡阶段”的概念，逐渐转变为一个内涵限定明确的过程。确立了如此的概念：更新世冰期结束之后，在全新世初期，欧洲绝大部分地区处于旧石器时代晚期的古人类，为适应新的生态环境而采取了新的生活方式，因而产生了新的文化。在农业文化自西亚经东南欧逐渐向整个欧洲散布的过程中，这种全新世早期的非农业文化才逐渐消失或融进早期的新石器时代文化中。欧洲的学者把这一特定的史前历史发展阶段称为“中石器时代”，在这个时期产生的新文化则称为“中石器文化”。

在中国，关于“中石器时代”和“中石器文化”的内涵及对此问题的界定又如何？在此不妨让我们回顾一下。

不可否认，中国的考古学中许多概念性的东西都来源于外国。尤其是史前考古，不少概念是沿用或者借鉴欧洲考古所使用的名称，把中国一些考古发掘中发现的文化用欧洲的文化名称命名，如莫斯特文化等，把中国的各类石器也用欧洲的石器类型名称来称呼，如勒瓦娄型技术和石器等等。造成这种局面有历史上的原因，这对促进我国当时刚起步的考古学是有一定帮助的，也是相当必要的。“中石器时代”和“中石器文化”的概念也是以同样的方式被引进我国考古学中的。

早在1926年，美国人N. 纳尔逊从张家口出发作外蒙古考察时，在划分蒙古西部的年代序列时就已经提出“中石器时代”阶段的概念。1932年梁思永在一篇题为“远东考古学上的若干问题”的论文中引用过纳尔逊的划分法。到1936年郑师许在《学术世界》杂志上发表了《中石器时代之研究》的论文，第一个直接谈到中国的中石器时代和中石器文化问题。但鉴于当时欧洲考古界对“中石器时代”及其文化的内涵还处于概念不清的阶段，把这种概念引用到刚起步的中国考古中，势必不可能有严格的界定，连这个时期和这种文化是否存在，它与旧石器时代、新石器时代及其文化有什么本质上的区别，在文化和时代承继上有何关系等问题都弄不清楚，更无法作出具体回答。

所以40年代初期，中国史前考古的老前辈裴文中先生在《史前考古学基础》一书中也只能简单地说，“中石器时代为旧石器时代与新石器时代之过渡期，为时甚短”，无法作更详尽的介绍。其原因是很清楚的：一来由于当时我国的考古工作还处于一个起步阶段，还没有发现具代表性的中石器时代文化遗址，同时在研究工作上也刚刚开始；二来对欧洲关于“中石器时代”所提出的理论也了解和研究得不够，怎可能对此问题有一个明确的看法？更不可能对“中石器时代”及其文化内涵的概念提出明确的界定。这点是可以理解的。

50年代，中国考古研究受到来自苏联考古界的影响，关于“中石器时代”及其文化的概念也基本搬用苏联考古学的概念。《苏联考古学》一书是这样解释的：“冰期之后，历史逐渐向新的时代即所谓新石器时代过渡。这一过渡时期有时单独划分出来，称为中石器时代。”（原始社会史上的这一阶段约在距今12000—5000年）在中石器时代，人类大大地向北方，即过去为冰川所覆盖的地区迁徙。另外，新石器时代的起始标准影响着中石器时代下限的划定。苏联《考古学通论》认为：“新石器时代是从陶器的出现开始的。……关于新石器时代早期是否有畜牧业与农业存在的问题，在科学上是有争论的。”

中国的学者就是在这样的理论影响下，开始了我们对中石器时代及其文化的研究工作。直到70年代末期，我国有些考古教材中对“中石器时代”及其文化的界定是这样的：“在旧石器时代和新石器时代之间，还存在着一个过渡阶段，叫‘中石器时代’，在这个阶段中，人们发明了弓箭，但还不会制造陶器。”人类学家吴汝康先生在一部论及人类发展史的著作中，把中石器时代作为人类发展的普遍阶段，并对此作出这样的界定：“中石器时代特征之一是人们广泛地使用了弓箭。……中石器时代文化的另一项特征是人们广泛地使用镶嵌工具。……由于弓箭和其他复合工具的制造和大量使用，促进了生产效率的提高，于是人们的经济生活起了变化。这种变化是逐渐过渡的，就是由原来的采集者和猎人的生活开始向耕作者和牧人的生活过渡。”

此时，中国发现的属于中石器时代的遗址也多起来，除了30年代发现的哈尔滨顾乡屯遗址、札赉诺尔遗址和广西武鸣县的苞桥、芭勋、腾翔和桂林市郊等四处洞穴遗址外，陆续发现陕西大荔沙苑、河南许昌灵井、山西沁水下川、西藏聂拉木县亚里村、黑龙江海拉尔松山等遗址，为研究中国中石器时代及其文化诸问题增加了新材料。但是在研究过程中，仍然未能取得共识。其中之关键问题就是对中国中石器时代和中石器文化内涵的界定各说不一。如关于中石器时代年代的上、下限问题，就有不同的看法，有的认为中石器时代下限可能属于全新世，其上限是更新世之后，全新世开始。这种看法和欧洲中石器时代的上限界定是一致的。但也有人认为，更新世晚期也含有中石器文化，因此其上限并不局限于地质年代上的全新世，这与更新世最后一次冰期所引起的气候变化不一定有必然联系，甚至有的把下限界定在更新世晚期，如许昌灵井遗址和下川遗址的报导就属此列。这种界定与欧洲中石器时代的界定有较大的区别。关于下限，一般都认为不与陶片和磨光石器共存是其主要标志。近年来随着农业起源问题研究的深入，也有人指出，中石器时代是农业产生之前的阶段。这一点与欧洲中石器时代下限的界定基本一致。可是就欧洲中石器时代下限的这一界定，也没有完全具有普遍意义。因为在东南欧的一些地区，仍然发现了不与陶器共生的所谓“前陶新石器时代”阶段，但这一阶段较之西亚相对短些。这样一来，用不与陶器共生和农业生产出现这两者来作为中石器时代与新石器时代的界限标准似乎还有探讨的余地。

像中国这样一个人多地广、生态环境多样化的文化区域，很可能在某些区域内存在着类似于欧洲的发展模式，但各区域也极有可能不像欧洲那样具有相同的发展模式。鉴于这种情况，我们对中国的中石器时代及其文化内涵的界定就必须采取慎重的态度。如果简单地想用一个模式去套，可能会导致失败。

在探讨中国中石器时代及其文化的界定之前，我们不妨学习一下西亚地区史前考古发现的成果。西亚地区是世界公认的在农业起源考古研究中取得显著成就的地区。20 世纪 30 年代以来，欧洲和美国的考古学家一直在西亚地区进行考古研究。通过田野考古发现，这里的文化发展情况与欧洲不同，发现原来划分为中石器时代的纳吐夫文化，经年代测定属于更新世晚期，上、下限分别为：公元前 10300 ±65 年（HV4074）和公元前 8640 ± 140 年（LV－607），有人认为这类文化不一定与最后冰期以后的环境有关。另外在纳吐夫文化中，甚至在此之前的克巴拉文化中就有动物驯养的趋势，栽培植物，小麦与大麦的野生组本就已由人类有意识地较为集中地采集、保存起来。在克巴拉文化晚期的某些遗址中发现有诸如石镰、磨盘、杵臼之类的植物加工工具，这种工具在纳吐夫文化中更为普遍，这表明集中采集所反映的农耕经济前奏已出现了。这种以克巴拉文化为代表的文化分布仍相当广，在西亚的巴勒斯坦，在土耳其安那托利亚地区、伊朗、伊拉克的扎格罗斯山地区均有分布，只是称呼不一样。在安那托利亚地区的叫贝尔巴西文化，在扎格罗斯山地区的叫扎尔齐文化。这类文化与新石器时代早期文化的承继关系是很清楚的。比如在巴勒斯坦的耶利哥遗址中，纳吐夫文化、原新石器时代阶段、前陶新石器时代阶段、有陶器的新石器时代这四者是一脉相承的。同样，土耳其贝尔巴西文化之后的贝尔迪比文化在其早期阶段（C 层）与纳吐夫文化的关系也很明显。

根据研究结果，有人提出在最后冰期结束之后，雨带从北非与阿拉伯地区向北移向欧洲，西亚地区的气候逐渐变得干旱，生态环境使人与动、植物的关系变得更加紧密，随之引起农业的产生。言下之意就是说西亚地区的农业是在干旱的自然环境中诞生的。虽然关于农业起源的普遍原因目前还有不少争论，但有一点是清楚的，西亚显然不同于欧洲大部分，冰期之后的气候变化没有导致狩猎—采集经济系统内部的转变，而是由旧石器时代文化的狩猎—采集经济逐步过渡到农耕—畜牧经济。准确地说，那里不存在欧洲那种“中石器时代”。所以在西亚地区的考古年代系列中已不用“中石器时代”这一概念，取而代之的是“后旧石器时代”和“前陶新石器时代”。即把原来划分为中石器时代的纳吐夫文化这一阶段与以克巴拉文化为代表的文化群统一划为“后旧石器时代”，时代处于更新世末期到全新世的开始。然后经全新世的原新石器时代、前陶新石器时代，而进入有陶器的新石器时代晚期，这时已是新石器时代农耕文化的昌盛阶段。

在此，作者想提请读者注意一个问题，那就是在西亚地区的考古时代划分上虽然否定了“中石器时代”的存在，但取而代之的是“后旧石器时代”和“前陶新石器时代”。既然纳吐夫文化和克巴拉文化之间没有本质上的差异，它们与旧石器时代晚期文化或早新石器时代文化均无实质性的区别，为何又不干脆地分别划归两者之内，而又称为以上两种名称呢？有学者认为，这种概念上的转换可以去掉或避免与欧洲考古的“中石器时代”概念内涵相矛盾的地方，有利于树立史前农业起源地区文化自身发展的具体标尺，使之区别于传统上根据欧洲考古所推定的人类文化进程一元论模式，为人类文化的多元发展提供了一个明确的代表。但是否可以把它看成同期异相的东西，年代相同，但由于生态环境不同，致使人类的生产活动不同，社会经济类型不同，所以称其为同期异相也未必不可。

有些材料似乎证明，世界上不止西亚地区不存在“中石器时代”，东北亚考古中发现，西伯利亚地区的一些旧石器时代文化一直延续到全新世早期，与新石器时代文化直接衔接。因而有人据此提出全新世“旧石器时代”的概念。在蒙古，过去一直认为代表“中石器时代”的遗址中，近年来发现了陶器，使以这种遗址所代表的中石器时代文化失去了前提条件。而在日本，陶器研究证明，陶器最早出现于距今13000年前。这些实例都对“中石器时代”的时代界定产生了巨大的动摇力。在东南亚，原来名为代表中石器时代的“和平文化”，其文化内涵，无论在时代空间和分布范围上已成为一庞杂的文化体系，显然不同于传统上的“中石器时代”模式。

由此看来，作为史前发展史中一个阶段的“中石器时代”及其文化是否存在似乎确然有些问题。对“中石器时代”和“中石器文化”概念的界定确需作进一步讨论。在此，我们先概括地谈谈对此问题的看法，然后通过我们多年来调查发掘所发现的材料和经综合研究所得的成果的介绍，对此问题进行进一步的阐述。我们认为，对于中石器文化内涵的界定问题是直接解决所谓“中石器时代”和“中石器文化”问题的关键。根据我们掌握的材料可以证明，不管我们怎样看，在旧石器时代和新石器时代之间，一个过渡时期的存在是客观的，这个过渡时期存在的时间长短，在世界上各个不同地区是不可能相同的，就算在一个大地区内的不同小地区里也有明显的差异。造成这种状态，其原因颇多，但主要的还是各地区不同的生态环境所造成。因此，这个过渡时期的开始和结束，在年代上只能是一个大概的时期，即开始于世界上最后一次冰期行将结束的时候，而结束于全新世早期阶段。但世界性最后一冰期是指亚洲的大理冰期和欧洲的维尔姆冰期、北美洲的威斯康星冰期、非洲的井布尔雨期。这些冰期的高峰期是距今大约40000年前，过后气温逐渐回升，到了大约距今一万年前，地球的气候才开始了冰后期的气候环境。这是一条全球性气候变化的粗线条。其实早在距今30000多年前，随着冰期高峰期的过去，冰川开始消退，全球性的气候回升，可以想象到，在地球高纬度和低纬度地区，冰川覆盖的厚度和消融的速度，由此而带来的气温的变化都不可能一样。南北之间相差一千几百年并不奇怪。所以，在这时期生活在地球各个不同角落里的古人类，因为适应新环境而引起他们的生产活动的变化也是不可能完全同步的。时间上有差异，所产生的文化也不可能完全一样，因为冰后期所形成的新环境也不同。这会直接影响到文化类型的形成和发展。

如果用这个观点去理解和解释在过渡时期，世界各地所发现的各种不同类型文化，它们之间的差异以及与所谓“中石器时代”和“中石器文化”概念界定的矛盾就容易解决。不管是西亚地区或者是东南欧地区及其他地区，其结果都是一样的。客观上是这样，过渡时期长，中石器时代的特征明显，中石器文化存在比较丰富，便于研究也便于人们接受。过渡时期短暂，中石器文化存在少，中石器时代的特征不甚明显，难以与上、下文化时代区分。但不可否认，在文化特点上还是有差异的，不然为什么不直接划归旧石器时代或新石器时代，而又要划出一个“后旧石器时代”和“前陶新石器时代”呢？这种划分本身就承认了差别的存在，而且不是小差别，是一种可以独立成代的差别。至于在前面提到东北亚的情况，说什么西伯利亚地区的旧石器时代文化一直延续到全新世早期，与新石器时代文化直接衔接，在此首先要弄清楚是时代划分上的直接衔接呢，还是文化性质上的直接衔接。如果是时代划分上的直接衔接，这并不奇怪，这只能说是文化发展的不平衡性所造成。我们不能忽视，西伯利亚所处的地球纬度并不低，在高纬度地区人类适应生态环境变迁而改变自己的生产活动相对地会迟些。总之，现已发现的材料证明，由于最后一次冰期的影响，全球性的气温可以比非冰期低5—7℃，在高纬度的地方可能更加寒冷。但在各大洲不同之地方由于地理环境的差异，所以冰川对各地的影响就不同，例如在非洲，只有很少一些地方有冰川出现，仅仅是在冰期时期其降水量大大增加起来，所以此时称雨期。因此在冰期过后，其变化也是不同的，就算同是亚洲和欧洲，在山区、高原区的变化反应就与丘陵区和平原区大不相同，往往出现同期异相的自然景观。在这种情况下，生活在这些地区的远古居民，他们的一切活动也必然发生变化，而且可以肯定，这些变化也不会相同的。当然，我们不能说环境条件决定论，但可以说，当时的古人类对自然环境的适应能力已变得相当强，而改造自然环境的能力还是很微弱的。所以在世界各地，这一时期出现不同的社会经济类型和生活方式都是很正常的。这就是出现不同文化类型的根本原因。因此我们认为，我们不必为此而伤脑筋，一定要寻找一个共同的模式去套它们。我们可以通过研究在这一时间空间上，各个不同地区，生活在不同的生态环境中的人们，他们所从事的与大自然作斗争来求生存中所进行的一切，从中找出其共同点和差异点，再反过来和生态环境变化的规律对照，深入了解它们之间的关系。这样对任何一个历史时期文化发展的研究，对其文化内涵的界定都不会很难。正因为我们遵循着这一原则，赞成要用具体情况具体分析的方法来进行研究，而不赞成用单一的模式去套，不赞成只把使用细石器工具的文化才可归到中石器文化中来。根据近十多年来对南方旧石器时代晚期文化的研究，对过去已发现的属于中石器时代文化遗址的研究，联系南亚和东南亚地区以及中国北方地区同期文化的对比研究，我们认为对中石器文化内涵应该这样界定：

1．这种文化只存在于旧石器时代晚期末一直发展到新石器时代早期前一阶段。即是最后一次冰期结束，冰后期开始的早期阶段，结束于农业出现之前。

2．其主要的社会经济类型是渔猎和采集，采集已发展到水边，变成后来的大量捞捕，所以为后来贝丘遗址的出现创造条件。在内陆地区，狩猎经济由于工具的改善而有较大的发展，与渔猎和采集经济形成一种综合型经济。这种经济类型的改变与当时的生态环境变化有直接关系。

3．生产内容和方式的改变必然带来生产工具的改革。渔猎和采集以及捕捞要求大量的竹木器工具，所以适合加工这类工具的石器工具就应运而生。大型非陡刃砾石工具早在南方地区存在，但它不适宜进行竹木器工具的加工，后来的陡刃砾石工具的产生就是在实践过程中逐渐形成的。北方地区细小型石器向细石器转化和发展，复合工具的大量使用，也是狩猎经济在中石器时代新的环境下发展的必然结果。

4．这个时期的文化和欧洲中石器文化一样，都不具有制陶工业，农业和畜牧业均处于萌芽阶段。个别地区由于生态环境允许，已产生了集中采集经济，所以在其文化内涵中出现石磨盘、杵臼和石镰之类工具就一点也不奇怪，但不具备普遍的意义。

5．原始艺术和宗教观念已出现，这是中石器文化的特征之一，也是一种临界性文化必然具有的特点，就是向新石器时代文化过渡的临界文化。

6．社会结构开始由游动群体走向半定居或定居生活。这象征着原始群体的解体，氏族社会的开始。

上述是我对中石器文化内涵界定的看法，仅作为一家之说供大家参考。望能得到众家之赐教。

（原载《岭南文化珠江来》，中国评论学术出版社，2006 年）

中石器文化与农业起源的关系

——兼谈稻作的起源

有关农业起源的研究，近三十年来发表的文章越来越多，取得一些可喜的成果。但对于原始农业何时开始和从哪里开始，以及农业起源的原因及其演化的进程，迄今为止还没有确切的答案，还处于各种推断和争论之中。到了70年代，在我国浙江省余姚河姆渡遗址发现了丰富的稻作遗存，经鉴定研究证明属于栽培的籼稻，时间为距今7000年左右。这是迄今为止我国年代较早的人工栽培稻，也是亚洲最古老的稻米实物遗存之一。但从稻谷谷壳、稻秆和稻叶等形态结构的研究结果证明，河姆渡遗址的稻作绝不可能属于最早期的稻作，而是带有相当进步性状的稻作。由此可见，更原始的稻作应该到更早的时代中去寻找。最近，在地处长江中游的彭头山、城背溪、皂市等新石器遗址发现距今8000—7000年的人工栽培稻遗迹。更早的还有湖南道县玉蟾洞发现的栽培稻遗迹，据报道，年代可达10000年以上。这是在中国迄今发现的最确凿的、年代最早的有关农业起源的例证。比浙江余姚河姆渡遗址稍晚的稻作文化遗址还有草鞋山、崧泽遗址等，它们的年代是距今6000年左右。

与此同时，在华北和中原地区迄今最早的农耕文化遗址是裴李岗、磁山、大地湾等，其年代在公元前6000年左右。但他们栽种的不是稻子而是粟子，而且是大量的。

从生产工具上来看，不管是稻作农业或者是粟作农业，都比较进步。河姆渡遗址出土了石锄、有肩石铲、有段石锛和骨耜等工具，磁山、裴李岗遗址出土了舌形石铲、椭圆形石斧和鞋底形石磨盘，以及锯齿状镰形石刀等工具。这些工具都说明这不可能是最原始的农耕工具。但在距今约20000年的下川遗址中，在西江流域的阳春独石仔遗址、黄岩洞遗址、鲤鱼嘴遗址，早已发现了可能与农业有关的工具。由此可见，在中国，最原始的农业还未发现，有待于我们继续努力。

1966年，美国考古学家切斯特·戈尔曼（Chester F. Gorman）在泰国西北部夜丰颂府（Mae Hongson Province）空河西岸的仙人洞（Spirit Cave）发掘了一处洞穴遗址，其年代为距今11690±560年—5780±140年。在遗址的早期地层中发现了杏、榄仁、槟榔、豆类、瓜类、葫芦、菱角、胡椒、白胡桃、油桐子等植物的种子，在距今 8142 ± 390 年—7622 ± 300 年的晚期地层中发现了胡椒、槟榔和橄榄等的种子。1973—1974 年，戈尔曼再次发掘仙人洞，又在早期地层中发现了栝楼属或丝瓜属（Trichosanthes /Luffa）、蓖麻属（Ricinus），在晚期地层中发现了苦瓜（Momordica）、莲属（NelumboAdanS.），以及朴属（CeltisL.）、大戟科（Euphorbiaceae）和竹类植物。因而戈尔曼认为："葫芦和黄瓜的使用，以及菱角、带荚的豆（Phaseolusor Vicin）和豌豆（Pisum），形成一组食用的作物，指示着超过简单的食物采集阶段的经济发展。"而且他认为，尽管仙人洞未发现稻谷，但某些石器工具都是与稻谷栽培有关，所以在东南亚，稻谷与无性繁殖的根茎作物是同时被栽培的。其年代应早于公元前7000年。美国夏威夷大学人类学家索尔海姆（W. G. Solheim II）根据以上的发现进一步研究认为，世界上最早的作物栽培是由"和平文化"的居民开始的，其年代甚至可以早到公元前 15000 年。

美国夏威夷毕晓普博物馆（Bishop Museum）的植物学家延（D. E. Yen）在 1977 年发表了他对仙人洞植物种子的研究结果，他将仙人洞发现的植物分成三类：

第一类：油桐子、槟榔、橄榄、胡椒、杏、白胡桃、橄仁、竹、椤、朴、蓖麻以及大戟科植物，都是当代东南亚原始或次生森林中的树林或多年生植物。

第二类：黄瓜、葫芦、菱角、苦瓜、莲、栝楼和丝瓜属，为一年生及几年生植物，多见于当代混种的园圃、菜地以及稻作地区的小池塘中某些具有野生的同类品种。

第三类：莱豆、豌豆类，为一年生的作物，现在东南亚的农民惯于在小块地里与稻谷轮种，或与其他作物混种。

延强调指出，这类种子的鉴定是极不可行的，如果以此为依据，认为"和平文化"具有超过一万年以前的园圃农业的可能性，其证明是非常不足的。我们只能设想当时的洞穴居民对其周围的环境已有广泛的利用，虽然从发掘中鉴定出某些树木以及所有的一年生植物均属于当代的栽培植物，但它们难以证明是出于有目的种植，因为它们在很大程度上都指向直接的使用，而非保存下来用于种植。它们的发现更难以说明这是本地以后开始栽种稻谷的序幕。

对此观点，中国考古学家童恩正先生在 1984 年发表的《略述东南亚及中国南部农业起源的若干问题》一文中指出，仅仅根据文化层中的一些种子或炭化了的皮壳，是难以分辨其性质究竟是野生的或是栽培的。因此不能断定和平文化（特别是其早期阶段）是否有作物栽培。不过仙人洞的发现有一点是值得我们注意的，就是仙人洞遗址所发现的植物当时即使都不是种植的，它至少也意味着和平文化的人民经过长期的摸索和筛选，正处于熟悉和利用这些植物的过程中，他们至少已经站在掌握栽培技术的门槛上了。

此外，1964 年，美国耶鲁大学的冢田松雄在台湾日月潭的日潭湖底，分层采集花粉标本，研究近六万年以来日月潭一带的古植物史。他发现大约在距今12000 年前，这一地区的原始森林逐渐为次生森林所代替，而且湖底淤泥中木炭的数量呈现持续性的增加。冢田松雄认为这是人类反复焚烧森林，破坏原始森林的结果。哈佛大学美籍华人教授张光直先生更进一步推测焚烧森林的目的是人类进行原始农业。为此，张光直先生推测道：把泰国的和平文化层里的植物遗留与台湾绳纹陶文化（即台北大坌坑文化——作者注）及台湾古植物史合并起来看，现代的考古学已经或几乎证明了，东南亚与华南地区，在谷类作物兴起以前，在由和平、北山文化与台湾绳纹陶文化所代表的古代文化层里面，已经有人工栽培植物的开始。这时人工栽培的植物，除了作于容具与纤维工业的以外，很可能已经有相当数量的食物：豆类、硬果类、根茎类、果树类，以及嗜好品。这些食用的植物，多半还只是渔猎采集所得食物的补充，但它们的培植与利用，证明东南亚与华南是世界上最早的农业发祥地之一。至于它是不是如斯奥尔（即索尔）所说，是全世界最早的农业发祥地，则全靠将来对这种文化的新发现。

从上述的几个例子中，我们已经知道在中国以及与中国有密切关系的东南亚地区有关原始农业发现的一些状况，这些情况基本可以归纳为几点：其一，中国是一个世界上最早的农业发祥地之一，尤其是华南地区。其二，中国南北方原始农业所栽种的作物品种有所不同，南方是稻米，北方是粟子。其三，迄今发现的不是最原始的农耕，最早的农耕还得到早于距今 7000 年的时期去寻找，但这些发现足以说明，农业的起源起码处于一个孕育阶段。其四，在开始栽培稻子和粟子之前，很可能有相当长的一段时期栽种一些无性繁殖的根块茎类作物。其五，农耕的起源与生产工具的产生是伴随而来的，在工具的类型和制造工艺上有充分的反映。这可能和农业起源的诸因素有关。

关于农业起源的原因争论颇多，但不管怎样，基本可划分为两大方面：一方面是客观的原因，另一方面是主观的原因。即人类要试图栽培野生植物，必须具备主观和客观的条件。适宜的生态环境以及为人类所熟悉而又适宜于栽培的植物品种的存在，乃是必要的客观条件，但这并非是唯一的条件。原始人群的经济生活状况，包括可利用的动植物资源与人口的比例，食物资源季节性变化的大小与获取的难易程度，人们在狩猎与采集中消费的热量与获取的食物所能提供的热量的比例，社会组织、风俗习惯、宗教信仰乃至部落的心理传统等因素都可以影响到人们对试验栽培作物的态度。此外，人类掌握栽培技术的过程也不容易，比一般人所想象的要复杂得多，漫长得多，比起狩猎和采集，最初的作物栽培往往不是最经济和最可行的谋生手段。而且大量的当代人类学的事实证明，并非所有生活在适当条件之下的原始人类都一定倾向于农耕。当自然资源十分丰富，人们花费较少的劳动就可以获得充裕的食物时，栽培作物就不那么有吸引力了。美国加利福尼亚州以橡实为主食的印第安人、澳洲的土人，虽然很容易从邻近的农业社会学习到栽培作物的技术，但都不愿学习。玻利维亚锡里奥罗（Siriono）的部落虽然早就知道原始农业，但经济生活仍然主要依靠狩猎、采集和捕鱼，因为这些活动投入劳动较少而收获却较多。在盛产野小麦的土耳其安纳托利亚（Anatalia），一个家庭在几个星期之内即可采集到全年的粮食，故而从来不会想到栽培小麦。这类例子还是不少的，所以有些学者认为，天然食物日益供不应求时，农业就成为人类迫切的需要。言下之意是，如果采集和狩猎所得足以糊口，无需另谋生计，这样农业的诞生就提不上日程。但事实上，采集、狩猎、捕捞的发展不可能是无限的，当发展到一定阶段时，其所得和人类生活的需求之间慢慢地会发生日益尖锐的矛盾。这个矛盾一方面来自人口的增长，另一方面来自食物资源的减少。根据人类学家的计算推断，地球上人口总数的变化是：旧石器时代末期，地球上人口只有300万，中石器时代已经发展到1000万人口，到新石器时代已增长到5000万之多。人口的增长，所需之食物量明显增加，但自然界的食物资源，不论是动物或植物，在自然和社会诸因素的影响下，不仅没有增加，反而愈来愈少了。

影响到动物资源减少的自然因素首先是气候的变化，最后一次冰期过后，气候由冷变暖，使长期习惯于生活在寒冷气候下的猛玛象、披毛犀、麝牛和草原野牛等大型动物，在适应不了气候变化的情况下大量死亡甚至绝灭。动物对气候变化的不适应反应是多方面的，例如过长的冬季，对孕期长的食草类大动物是非常不利的，这将使它们面临幼仔出生时由于缺草吃而出现大量死亡。此外，冰期的环境在一些地区形成冰原或沙漠，使一些被困于绿洲中的动物成了孤立的群体，往往因此而失去对某些疾病的免疫力，等到冰期过后动物群发生次生接触后会导致某些传染病的发生，引起动物大批死亡。

在社会因素方面，导致动物资源减少的原因也不少。由于社会生产力的发展，狩猎工具和技术的不断提高，由石块、石片、木棒的打击发展到挖陷阱捕捉，用弓箭、流星球等工具进行远距离的猎取，再加上学会“火林狩猎”方法。被猎取的往往是成群的动物，这种现象在旧石器晚期已开始出现，如峙峪遗址和许家窑遗址发现几百头的羊和马化石就是一明显例子。这种狩猎结果使猎取量和动物自我繁殖量失去了平衡，结果使可以被狩猎的某些动物的数量越来越少。

能影响到动物资源的因素对植物同样发生作用。气候的变化，由于严寒和干旱，引起了植物区系的变更，森林大片缩小，可供人类采集的水果、坚果、橡粟等树种的产量减少和分布区域缩小。天然林火以及后来那种“火林狩猎”法无形中人为地破坏了植被，危害到伴生动物的生存使生态失去平衡。结果导致了病、虫害经常发生，这样对野生植物的影响更为严重。原始人类的采集变成了失去来源。人口又不断增加，对食物需求量的增加是影响植物生长的社会因素。

在人类生活的最低需求无法解决的情况下，为了生存，人们不得不设法生产食物，以解决吃饭问题。于是，从采集—狩猎经济向农业经济过渡，就成为人类生活的迫切需要。但这种需要不是一下子创造出来的，而是经历了孕育、萌芽和发展三个阶段。

孕育阶段是漫长的，可以说人类从动物界解放出来那一天起，就为将来创造出更高一级的生产食物阶段而准备。因为人类是从动物界演化而来的，必然承袭了类人猿的一些习性。他们像其他动物一样，从大自然中寻找自己的食物，并和他们的祖先类人猿一样保持着杂食性的习惯，既吃植物，又吃动物。一些植物的根部（特别是块根）、茎部（特别是块茎、球茎）、叶片、果实（水果、坚果）、种子等，一些陆生、水生动物肉、蛋等，都被原始人选做自己的食品。在尚未学会生产这些食物的情况下，植物类食物全靠采集，动物类食物全靠狩猎、渔猎和捕捞。

采集和狩猎种类的确定，开始是盲目的。经过长期尝试，付出巨大的代价后，才慢慢地确定下来。对各种野生植物的辨认，是经过长期的采集实践才由上千种的植物中慢慢缩小到为数不多的易得、好吃、无毒的品种。积累了相当丰富的经验，在此过程中对这些植物的生态特点，何时开花，何时结果，在怎样环境下它们才可以长得好，才能大量地寻找到它们。这样无形中为人类由采集业向种植业过渡准备了条件。所以在冰期全盛期由于气候干燥造成植物区系的变更，加上其他因素的影响，使得一些地区在冰后期变得木本植物减少，禾谷类等草本植物扩大，人类的采集重心由采集水果、坚果、根块茎转而采集禾本科、豆科的种子。这个过程逐渐上升到一个重要的地位，成为采集业向种植业过渡的重要环节（尚定因、王有文，1984）。这些变化和过程，孕育着农业起源的条件。到了最后一次冰期后期，已使农业处于一个萌芽阶段。持这种观点的人有相当一部分。

关于农业起源的原因和条件，还有其他的看法。例如，已故的卡尔·O.索尔（Carl O. Sauer）在他一次题为“农业的起源及其传布”的演讲中就提出：“农业不是起源于食物的逐渐私有制或经常不足。”他坚持认为，生活于饥饿状态人们根本没有办法或时间去经历一个缓慢的从容实验的过程，以便使一种更好的不同的食物供给从容在遥远的未来发展起来……通过选择改良植物以更好地效用于人类，只是生活在需求水平以上的舒适状态的人们完成的。为此，索尔就选择东南亚作为这些食物采集者可能确实完成了向农业过渡的一个理想环境，一个具有扮演农业起源地角色所必须具备的各种条件的地区。因为这里具有极其多种多样的植物、动物和林地、丘陵、山地的环境，并有淡水供应。他推测，那里最早的农人是一个“先进的捕捞部落，他们居住在温暖气候带的淡水河流沿岸……水道充当了各村落联络的路线，也起到了交流思想和发展思想的作用。水鸟、河岸上的哺乳动物、水边植物提供了各种各样的食物。韧皮和纤维用来制作渔网和绳索，附近适宜的树木则可以制造小船和桨。”上述的推测似乎与我们在珠江流域所观察到的生态条件相符合，不管是洞穴遗址或阶地上的遗址，毫不例外地都靠近河流沿岸，大部分是分布在丘陵地带，少数靠近山地和高原区。森林的存在是普遍的。

根据此理论，美国哈佛大学的人类学家张光直教授，对照河姆渡遗址和台湾大坌坑等遗址的情况进行分析后指出，索尔的假设是在东南亚的考古证据几乎不存在时系统提出的，今天看来甚至比过去更加引人注目。因为他发现，河姆渡遗址出土的大量动植物证据足以使人们得出结论认为：河姆渡人类既是“丰富食物采集者”，又是稻作农人和动物驯养者。他们很重要的一部分食物来源于自然资源，很大一部分器具是用动物骨骼制作的。遗址中发现了大量动物骨骼，其中包括400多件鹿角。没有迹象表明就在河姆渡文化出现之前的时期内，这里的自然环境曾经历过突然而重大的变化。据孢粉学证据我们还知道，河姆渡文化时期的气候条件至少在其出现之前2000—3000年就已存在（即在距今10000—9000年间）。这就反映出，河姆渡文化人类的直接祖先虽然可能只具有比他们自己少得多的农业因素，但与他们一样也是丰富食物采集者。同时，台湾西海岸的大坌坑文化也反映出类似的情况。这些例子似乎证明了索尔提出的理论是正确的。但是，如果按照索尔的理论来探讨农业起源问题，这样很容易使人感到，农业起源的原因似乎难以寻找。对此问题究竟应该如何看呢？根据前人发现和研究的结果，对照我们在珠江流域及邻近地区观察到的材料，我们认为，和一切事物都有其发生、发展的过程一样，农业起源也有一个从无到有、从少到多的发展过程，而不是一下子代替采集和狩猎，或者采集、狩猎、渔狩和捕捞经济的。最初的种植不过是在自然启示下的偶然试验，后来慢慢地成为采集经济的补充，但仍居次要地位。只有不断从事种植和进行饲养，才慢慢地显示出这种生产食物经济的优越性，表现出它比采猎经济更可靠、更稳定、更安全和事半功倍的优点。一直到距今5000—4000年前这一时期，原始农业生产才在不同地区先后逐渐上升到主要的经济地位。

说到其起源的原因，前面谈到的两种观点都没有错，只是都从某一个角度来解释原始农业的起源。的确如此，人类不可能在饥饿状态下从事驯化野生动植物。因为这是一个漫长的过程。但人类一直处于丰衣足食的状态下，也不会去致力于一次对自己可有可无的活动。丰衣足食的生活条件必然使人们处于一种相对稳定的状态，人们不必经常处于漂泊不定、迁徙无常的状态，而是处于半定居或季节性迁徙的状态。这种状态带来的结果必然是人口的增加，当人口增加到一定程度时，就会打破人口与食物之间的平衡。也就是说，当人们对食物的需求量远远超过自然状态下的供应量，为了生存，人类必须开拓新的食物生产或者寻找新的食物来源。在这种状态下就会出现下面的情况，人类开始面临新的迁移，恢复到原来那种游荡的生活，向能找到可供整个人群生活的新的食物地区迁移。在此过程中，再次打破半定居或定居的生活，显然这样做对群体的繁荣发展是不利的，而且往往这种做法阻力很大，这种阻力来自人类过惯定居生活后新形成的社会阻力和风俗习惯。不然，人类在失去平衡后被迫利用在原来通过长期采集过程中已逐渐掌握野生植物生长规律的知识，开始人工栽培过程，以求取得更多的食物，解决食物不足带来的压力。这样，原始农业的种植就被提到日程上来。

在打破平衡的各种因素中，除了上述以外，著名的考古学家R. J. 布列伍德认为，农业起源是由于公元前9000—公元前7000年间西亚家畜饲养的发展，以及加强野生谷物采集实践的结果。早在1884年，恩格斯在《家庭、私有制与国家的起源》一书中已经提出，“谷物的种植在这里首先是由牲畜饲料的需要引起的，只是到了后来才成为食物的重要来源”。考古学家E. 西格斯

(Higgs) 和维拉·兹 (Vila - Finzi) 曾对巴勒斯坦的10个遗址的土壤情况进行调查，其结果如下表：

巴勒斯坦遗址土壤情况调查表

遗址	时代	沼泽%	可耕地%	沙丘%	荒草地%	好草地%
那哈尔·奥连 Nahal Oren	旧石器晚期/中石器	27	8	0	58	7
苏格巴赫 Shuqbah	中石器	0	18	0	82	0
拉卡范特 Rakafet	旧石器晚期	0	47	0	45	8
埃尔·瓦迪 El Wadi	旧石器晚期/中石器	48	12	7	28	5
刻巴兰 Kebalan	旧石器晚期/中石器	36	14	13	31	6
哈耶姆 Hayonim	旧石器晚期	0	11	0	74	9
马拉哈 Mallahap	中石器	44	15	0	29	12
夸弗萨 Quqfsah	前陶	0	62	0	32	0
色克阿里 SheikAli	前陶	0	78	0	12	10
美吉多 Megido	前陶	12	62	0	26	0

表中列出的是10个原始农耕遗址。从这个表可以看出，只有4个遗址的可耕地超过45%，而其中可耕地占47%的拉卡范特遗址，只发现旧石器晚期的石磨、石镰，未发现种子，研究者认为划它为农耕遗址是比较勉强的；可耕地占62%的夸弗萨，中途辍耕，遗址被遗弃，只有可耕地占78%和62%的色克阿里和美吉多后来合并成一个大的农业文化而延续下来。余者的原始农耕并不起源于可耕地占多数的地区，而是起源于最适宜于放牧的地区。研究者想以此来证明，农耕最早并不是为了解决人类的食物，而是为了解决饲料的需要而发展起来的。

笔者认为，关于农业起源的原因颇多，最关键的还是气候条件和人口两个因素。其他的因素都围绕着这两个主要因素在起作用。这样一来，我们认为不管是“绿洲起源说”也好或者是“原生地起源说”也好，还有“丰饶的半月形地带”理论等观点，都有他们合理的一面。现在我们不妨分析一下。

由 R. 庞培里在 1904 年首次提出的“绿洲起源说”。这种观点认为，农业生产是起源于 10000 年前冰河期结束，由于气候的变化所引起的。他说：“随着居住地面积的逐渐变小和成群的野生动物的消失，人类都聚居到绿洲来并和绿洲发生关系，迫使其谋求新的生存手段，开始利用自然的植物，并从其中学会了鉴别在干土地上和在干燥区的大河河口的沼泽地上，生长的各种不同的草籽，随着人口的增长和其必然性，他们学会种植种子。这样做可能是自觉或不自觉的选择，迈出了谷物种植进化的第一步。”这种观点得到世界上著名的考古学家和哲学家 V. G. 柴尔德（Child）的支持。柴尔德认为，最早出现农耕的地方应该是在埃及的尼罗河谷。

对此观点，我们认为有它合理的地方。“绿洲”的产生是离不开气候的变化，只有在气候变得干燥的情况下，地球上某些地区才会出现“绿洲”。“绿洲”的产生不是随处都有的，它必须在其他条件的允许下才会形成，这些相应条件则是当地的地理环境。最后一次冰期行将结束时，世界上某些地方，在经历了冰期的长期影响下，气候确是相当干燥，年降雨量也不多。这种现象尤其在内陆区和高原丘陵区表现得更为明显。有些地区会出现大片沙漠或草原。在这种情况下，无论是人类或野生动物，也只能往生存条件较好的水草丰盛的所谓“绿洲”地区迁徙和集中。能形成“绿洲”的地方大都是靠近水源的地方，不是河流沿岸就是有泉水的地方。在“绿洲”里人口密度人为地提高，加上相对地定居的生活也会给人口的繁殖带来增加的趋势。当人口发展到一定程度，人口和资源之间的平衡受到破坏时，很自然“绿洲”上的原始居民必须采取措施，一是往别的“绿洲”迁移；一是想法控制人口的增长；再一个是谋求新的生产手段，增加食物的生产。这时，不管是原生地居民或是外来迁入的居民，都会加入栽培野生植物的行列，把他们过去在长期采集过程中掌握的有关可利用的野生植物的生长特点运用起来，迈出驯化野生植物（包括根、块茎植物和种子材料）的第一步。所以说，这种理论有它合理的一面。而且，这种观点和那种认为农业起源与饲养动物有关，是为了解决家畜饲料而开始种植的观点没有矛盾的地方。在此我们比较赞同人类学家 L. 宾福特提出的某些观点，他认为，人类的智慧和体质上的能力，在十万年前已有可能从事动物的饲养和植物的耕作，但为什么没有实现呢？因为当时人口和资源之间的平衡没有受到破坏。如一旦这种平衡受到破坏，由外地大量移入新的部落，结果吃的资源不足。为了就地解决吃饭问题，移入的新部落就把其原居住地的资源——野生小麦和大麦种子引入其新到达的边缘地区。宾福特这种观点，主要目的是想说明农业起源不一定发生在作物的原生地，很可能发生在边缘区。他曾以在伊朗南部札格罗斯山侧发现的阿里、库什（AliKosh）遗址为例加以证明。该遗址年代为公元前7000年。当时气候十分干燥，年降雨量仅有12毫米，除采集外，该遗址还开始少量种植小麦和双穗大麦。但此地区不属于野生小麦和野生大麦的原生地带，但其出现农耕的年代要比耶莫遗址（属前陶新石器遗址）早。所以，农业起源不一定发生在原生地。

其实，1926年由H. 皮史和H. 弗洛尔提出农业起源于“原生地”的假说，是因为在西亚高地发现了野生小麦和野生大麦的原生地。所以，他们认为，农业首先出现在幼发拉底河上游河谷，或者起源于美索不达米亚平原的边缘和山脚下。

1950年，美国芝加哥大学考古学家R. J. 布雷伍德，在美索不达米亚北部组织了一系列的发掘，希望能找到冰河期以后气候的变化和早期农耕的证据。由于布雷伍德考古队是由植物学家、动物学家、地质学家、考古学家及历史学家组成，是多学科的大协作，这使布雷伍德的发掘工作取得极其丰硕的成果。他们从孢粉学和地质学的鉴定结果得出，西亚开始家养动物和栽培植物时，气候没有特殊的变化，当时西亚的气候只比今天的气候稍为冷一些和干燥一些。因此他赞同皮克和弗洛尔的观点，主张“原生地说”。他认为，大约在公元前8000年左右，在西边从巴勒斯坦的那吐夫山丘起，经叙利亚，到土耳其南部的塔露斯山，入东到伊拉克和伊朗交处，折向南沿着扎格罗斯山南下，直到波斯湾为止这一半月形地带，这里被称为“丰饶的半月形地带”。这是西南亚野生原始小麦区。这是一个海拔1000米左右的山丘地区，既不是平原区，更不是大河三角洲地区。这里年降雨量在250—500毫米，不存在人工灌溉，全靠雨水天然灌溉。生活在这个“丰饶的半月形地带”里的原始居民已经懂得其故乡适合于种植植物和饲养家养动物，而这些动植物都是他们以前曾经狩猎和采集过的。因而提出农业并不起源于“绿洲”而起源于野生小麦的原生地——西亚高地。最后布雷伍德总结并认为，农业起源是在公元前9000—公元前7000年间由于西亚家畜饲养的发展，以及加强野生谷物采集实践的结果。

其实上述的任何一种观点都多少涉及农业起源的基本条件：一是是否具备可被栽培的野生作物或者这种植物的种子。二是当地的气候条件和地理生态环境是否适宜进行某种栽培植物的生长。三是当地居民是否具有进行农业生产的愿望和需要。如果以上三大条件都具备，不管在山区高原或者在丘陵区，甚至在河谷地带都能产生原始的农业。在此我们特别指出一点，世界上各种粮食作物对生长条件的要求是不同的，对环境适应的能力也不同。所以它们在世界上的分布不可能相同。它们的野生型分布的范围可能是有限的，但它们驯化变成栽培植物后，其分布的范围则往往扩大得多。所以在探讨农业起源时，我们必须注意这些因素。这方面的问题我们准备在《中国中石器文化与周边地区同期文化的关系》一文中进一步讨论。

但有一点我们是比较清楚的，各种理论和观点在谈到农业起源的年限时，差不多都承认农业起源应该发生在公元前7000年以前的时期，各地早晚亦有差异。最早的农作遗址是在非洲埃及地区发现，年代为公元前19240±290年—公元前16960±200年；西亚地区的则从公元前9000—公元前7000年；中美洲地区的是晚一些，迄今已发现的农耕遗址最早的也没有超过公元前5000年；这可能与人类分布到美洲的时间较晚有直接关系。中国的情况和西亚地区差不多。由此可见，原始农业经过长期的孕育阶段后，到了中石器时代中晚期已处于一个萌芽阶段（个别地区早在旧石器时代晚期末已出现），经过新石器时代早期阶段的实践，到了新石器时代中晚期就上升为人类社会的主要经济。所以，我们认为，中石器时代和中石器文化是伴随着农业的起源而发展起来的，它们之间的关系非常之密切。农业起源应该成为中石器文化的一个重要特征。

我们在这次研究珠江流域的中石器文化遗址的过程中，虽然很注意收集各遗址文化层中的孢粉样品，但化验结果并不理想。造成这种情况的原因是多方面的。一方面可能是我们在采样过程中未能按照要求严格去办。另一方面不能不承认，对于华南地区带酸性的红色或棕褐色土层中的孢粉筛选可能存在一定的困难。这点有待于我们进一步改进。不过，在一些遗址中，如广西柳州白莲洞、大龙潭鲤鱼嘴、兰家村、武鸣苞桥A洞、腾翔C洞、桂林甑皮岩、广东阳春独石仔、封开黄岩洞，还有江西万年仙人洞等遗址，都已经发现了一些碾磨石、石磨盘和石杵，还有穿孔砾石（有人称穿孔重石）、刃部磨光的石刀、石斧。在几个检测出植物孢粉的遗址中（封开黄岩洞、罗沙岩，桂林甑皮岩等遗址），发现在花粉谱中，草本植物明显增加。这一系列的材料和情况，我们认为不可能与农业一点关系也没有。结合与中国北方地区一些同期遗址和周边地区同期遗址的对比研究，对这些简单的石器工具性质和用途问题谈谈我们的看法。

关于这个问题，我们比较赞同美国新考古学家L. 宾弗（L. Binford）在其著名论文《更新世以后对环境的适应》一文中所提出的观点。他指出，为了适应旧石器时代，尤其是其晚期，人类对自然资源中食物和其他资源“广谱利用”（Broad—Spetrum Exploitation），工具开始复杂化、专门化，出现成套的工具。

我们在研究珠江流域地区有关的旧石器时代晚期和中石器时代以及新石器时代早期的一些遗址过程中发现，不同的经济形态具有不同的工具体系，谷物农业有谷物农业的工具体系，块茎农业（园艺农业）有块茎农业的工具体系，采集、捕捞、渔猎经济形态也有其相当的工具体系。例如，在中石器时代为了适应中石器时期发展起来的采集、捕捞、渔猎的综合经济的需要，大量加工竹木器工具的需要，因而从原来普遍存在的大砾石石器工具体系中发展出来一套陡刃的砾石工具体系，这种陡刃砾石工具体系是更适合于进行竹木器工具加工的。可惜的是，迄今为止在华南这种带酸性的红色土层中，尚未能发现遗留的竹木器工具。现在能见到的是遗留下来的石器工具。

农业工具体系一般包括三大类：生产工具、收获工具、农业加工工具。

华南地区早期历史中谷物农业只有稻作。但中国迄今发现较早的稻作农业遗址是华东地区的浙江河姆渡遗址，广东曲江石峡遗址也是稻作农业遗址，但年代已晚得多。就河姆渡遗址出土的农业工具而言，它们包括大量的骨（铲）、骨凿、石斧、石锛、石刀（镰）及磨石。其中，骨铲、石锛应为稻作生产工具；石刀（镰）为收割工具；磨石则属于谷物加工工具。可是前面早已论述过，河姆渡遗址是一个年代处于距今7000年左右的相当进步的农业遗址，它不是原始农业，而是一个已经历过萌芽阶段，正处于发展阶段的农业遗址。这样看来，更原始的，处于农业萌芽阶段的农业工具又该是怎样的？现在在华南地区一些旧石器时代末期，中石器时代以及新石器早期前一阶段的遗址中，发现了一些穿孔石器、刃部磨光的石斧、石刀磨石等石器工具，这些工具是否能作为早期原始农业的象征？是否可称得上农业工具体系？

在此不妨先介绍一下对此问题的各种观点，然后再谈谈自己的看法。

首先，中国学者周国兴先生在研究了广西柳州白莲洞遗址出土的穿孔砾石和磨刃石斧之后这样认为：“其中值得注意的是，穿孔砾石或‘重石’，和磨刃石斧的出现，在华南地区是与原始农耕活动相联系的，它们可能是原始农业萌芽的标志，也就是由掠夺性经济向生产性经济过渡——中石器时代存在的标志之一。”（周国兴，1984）

李富强先生等在研究了甑皮岩等遗址出土的石磨盘、磨棒和穿孔砾石后认为这是农业和谷物加工工具。(李富强，1990)

有的学者引用了聚居在我国云南边疆地区的独龙族、傈僳族、怒族、佤族、苗族、苦聪人与景颇族、纳西族，海南岛的黎族，广西壮族等少数民族，在新中国成立初期所进行的刀耕火种农业中的一些操作技术——拿木棍戳穴点种作物。而木棍上往往套上或缚上一个带孔的砾石，以此来作为原始农业所使用的某些工具的佐证（李根蟠、卢勋，1987)。其实，现今采集、狩猎经济的南部非洲的桑人，至今还使用一种圆形钻孔的石头，装在削尖的木棒上，来挖掘可食的植物块根。布须曼人的卡拉哈里部落也用同样的工具来进行采集。所以说穿孔砾石是原始农业工具也不是一点根据都没有。

亦有学者研究了穿孔砾石的表面结构，发现石器表面有敲击痕迹，因此认为应把它看作与狩猎有关的敲击动物骨骼的辅助工具——石锤较为妥当。同时认为，个别遗址出现的石磨盘、石磨棒等工具，因无其他农业工具作佐证，故难以证明它们是农作物的加工工具，似作为野生作物的加工工具来解释较为恰当（何乃汉，1985)。

此外，有学者觉得，既然认为华南出土的穿孔石器是点播棒的重石，而点播捧的点播对象一般为谷物，因此，与穿孔石器共出的工具套应有谷物农业工具套，华南早期洞穴遗存出有锛、斧，也有刀，但缺乏较关键的要素——谷物加工工具。同时又认为，甑皮岩的磨石是谷物加工工具。实际上，这种磨石是用来研磨赤铁矿粉的，因为磨面和砾石上有赤铁矿末痕迹。同样功能的磨石，也见于中国山西沁水下川文化。巴勒斯坦加利利（Ga-lilee）的卡夫泽洞(Kafzeh cave）等距今17000年以上的遗址中，也发现不少磨石。法国史前学家H. J. 于戈认为，其中一些磨石很可能是用来碾碎涂抹身躯的种种颜料的。甑皮岩的磨石的功能可能与此同类。

对于这个问题，我们认为，上述的观点都有一定的道理，但都有不太全面之处。这种穿孔砾石作为原始农业点播工具是可能的，因为这种穿孔砾石绝大多数是扁圆形砾石穿孔加工而成，加在点播棒上作为荷载重石，有利于戳穴播种，而且民族学上此类例子不少。根据我们对黄岩洞出土的穿孔砾石的研究观察，砾石表面并不是都有敲击痕迹，不像作为敲击动物骨骼的工具，如果这种扁圆形的砾石，穿上木棍后作锤子用时不见得好用。如果真的作石锤敲击动物骨骼时，其敲击受力而形成的点窝绝大多数集中在两端或边沿侧处，在扁平面上不会有的。但目前尚未看见如此典型的标本，此功能难于确定。但作为狩猎的辅助工具——流星球使用倒是有可能。况且我们在出土中也曾发现过半个，观其孔壁比较光滑，是否在长期使用过程中与绳索摩擦有关？此外，作为挖掘根、块茎作物的收获工具也是比较理想的。刃部被磨光的石斧或石刀是否是农业的工具呢？对此我们认为，这种工具都可以用。但一定说用于原始农业则难以肯定，作为野生植物的采集用途也不是不可能，如果进一步用于收割栽培植物，亦难以肯定绝对不可以。因为迄今为止没有发现配套的农业生产工具。虽然我们并不完全赞同中国学者冯孟钦先生所论述的，关于农业工具套中至少应包括生产工具、收获工具和谷物加工工具三类，不然难于研究其性质和用途的观点。如果伴随生产工具出土的同时，还有栽培作物的遗物存在则一样可以成立。可惜迄今为止在这些所谓农业工具出土的同时没有其他的佐证。所以难于肯定或否定，只能有待于更进一步的发现和研究。

对于磨石，同样存在类似的问题。有人认为是谷物加工工具，有人又加以否定，认为别有用途，是用来研磨赤铁矿粉末或涂抹身体的种种颜料的。我们觉得应考虑有多种用途才是。至少我们已经发现，磨石并非一种，有磨槽和磨面两种。所以以上的用途并不奇怪，都有可能。只要用实验考古学的方法加以测试，不同结构的磨石，其用途是不难弄清楚的。

根据我们调查发掘过程中观察到的，较为困难的事情是如何肯定一些植物残余物，是采集来的还是栽培植物的收获物。因为这直接关系到我们对加工这些植物的工具性质的确定。不过有一点我们比较赞成，确定一个遗址是否已经出现了原始农业，单纯从一些工具入手研究是不够的，还要全面地考虑整个遗址的其他因素，例如，遗址存在的年代，遗址所处的地理环境和生态环境，伴生动物群的组成和特点，本地区的周围同期遗址分布的密度，遗址文化层中孢粉谱的成分和组成比例等等因素。只有综合分析后才有可能得出较为全面的结论。

对于这种观点，我们研究了珠江流域迄今已发现的大部分属于旧石器时代晚期末，中石器时代以及新石器时代早期的一些遗址后，还是坚持我们上述的看法，在华南地区原始农业出现得比较早，超过距今一万年，但在整个中石器时代仍然处于一个萌芽阶段。而且在此过程中被栽培的首先应该是根块茎植物，谷物植物的采集进入了强化阶段，真正开始栽培谷物作物可能已是中石器时代晚期或新石器时代早期。确切时间要看不同地区而定。这个规律，在中国华北地区同样存在。

对于中国北方区的农业起源虽然与中国南方的农业起源有着相似的规律，但它的程序和特点则有不尽相同之处，所以表现在中石器时代和新石器时代早期时代的生产工具演化上与中国南方同期文化大不相同。前面虽然概括性地谈了几点。现在我们不妨系统地作一介绍。

第一，中国北方的气候一向以恶劣著称，那里冬天冰封，夏天酷热，春天又经常扬起沙暴。在过去的100万年中间，由于三个雨量相对充足时期的隔断，共出现了四段干燥期。在雨量比较充足的时期内，发生了大规模的土壤侵蚀。结果，黄土被从高原地区带到了中国北方的低地平原。虽然低地平原黄土的成因是非常复杂的，但是这个地区的土壤很大一部分来自冲积和洪积，许多地区的土壤是由卵石、砾石和砾岩混合而成。相比之下，黄土高原的土壤因为主要是风成，在结构上均匀、细小、松散、易碎，因此使得原始的掘土木棒比较容易入土。所以尽管气候非常干旱，黄土高原地区都是中国原始农业的摇篮地之一。

黄土高原每年平均降雨量在250—500毫米之间。低地平原的年平均降雨量是400—750毫米，只有在再沉积黄土地区的南部和东部边缘区都每年有750毫米的降雨量。如果把250—500毫米的年降雨量在四个季节平均分配，那么只能满足一般旱地农业的最低需要。但是在黄土地区，降雨量大部分集中在夏季，这时候的气温和蒸发速度都非常高。雨量集中在夏季，对某些抗旱作物是有利的，谷子的生长就很好。但对其他农作物则带来了很大困难。在没有灌溉条件下的史前时代，情况只能如此。不过，中国北方大部分地区处于暖气候季节风和冷气候旋风暴这两个主要造雨构造的边缘，所以，黄土区是一个半干旱地区。

在这种干旱条件下形成的黄土性质十分明显地反映在土壤的物理和化学特征上。气候潮湿地区的土壤易风化（如南方）、滤水性强、呈酸性；而干旱地区的土壤则不易风化，滤水性差、呈碱性。中国黄土高原的黄土风化程度微乎其微，保持着大部分主要的原始矿物成分以及几乎不变的碱性。

中国地质学家近年来注力于研究埋藏在厚厚的黄土沉积层中的各种红土层，因为这种红土层具有相当重要的科学意义；黄土只有在不正常的温暖和潮湿的气候条件下，才有可能风化为红土。地质学家对山西省午城县黄土剖面的各种红土标本的系统分析表明，这些红土层的PH值在7.5—8.8之间。表明这些红土壤仍然呈中性或比较强的碱性。更有说明意义的是在此剖面内，在距地面10.6—12.9米之间的层面上，进行植物孢粉采样检试，结果在这个土层中发现的47粒花粉中，只有4粒是树木的（Abies一粒，Pinus三粒）；其余43粒全是蒿属植物的（Artemisia），这类植物是干旱和半干旱环境的一个最好的标志。古生物化石的研究可以表明，在中国黄土高原地区的古动物群，自更新世中期以来，一直是以啮齿类为主的，特别是鼢鼠类，这同样清楚地表明了半干旱的草原环境。在有关中国黄土地区原始环境的十项孢粉研究中，除了辽东半岛普兰店一项反映了古代沿海气候外，其余九项都非常有助于了解中国北方低地平原和黄土高原的原始大环境。其中尤以山西午城柳树沟整个黄土剖面的孢粉成分的研究最有价值。因为它概括了过去100万年的气候环境变化。在此我们只能用午城剖面上部20米地层中的孢粉分析结果，因为这才与我们研究的农业起源问题有关。研究结果是：第一，在1622粒孢粉中，乔木和灌木只占74粒，这说明这个地区的森林资源一向是贫乏的。在总共74粒木本孢粉中，松（Pinus）和柳（Salix）地位显著，共有47粒，但要指出，松树的孢粉由于有两个气袋，可以从很远的山区产地飞来，而柳树一般生于水边。因此说，大多数稀少的森林资源中独有这两种树引人注目，但这更说明了在这个半干旱草原上，森林虽不能说完全没有，但也属极其稀少。

第二，在剖面的孢粉构成中最明显的是草本植物占压倒优势，共为1548粒，占孢粉总数的95.4%。可以肯定，黄土高原除去大小山脉、坡地和近水地区，都是不长树只长草的半干旱草原。仅蒿属（Artemisia）就占64.8%的事实更是说明了这个地区的生态环境。

第三，蒿属在20米以下地层中占孢粉的比例为53.3%，在20米以上的地层中则占71.8%。这个百分比的上升表明了到更新世晚期气候已变得更加寒冷和干燥。

第四，在草本植物中，重要性仅次于蒿属的植物是禾本科植物（Gramineae）和藜科植物（Chenopodiaceae）。禾本科中一些品种后来被人驯化为粮食作物，藜科中亦有类似菠菜的品种曾为原始人类当蔬菜食用并经常为了得到它们的种子而种植。

以上的特征在中国古书的记载中也一样得到相同的结论。诸如黄土沉积的气候条件；黄土的物理、化学性质；动物群中典型的草原动物特点；比较稀少的木本植物；一些旱生碱性植物如蒿属和藜科在地质学和历史上所占有的数量优势；由此不难得出黄土高原不论是在古代还是现代，都是半干旱的草原。

对于这个问题，美籍华人学者芝加哥大学教授何炳棣先生说得好，“对中国农业起源的研究者说来，记住这一点是重要的，那就是尽管黄土高原的自然环境非常严酷，都不失某些可取之处。准确地说，黄土由于其风成起因和长期的干旱半干旱形成条件，使其土壤结构异常均匀、松散并具有良好的透水性。很有利于木质原始掘土农具的翻掘。可以认为，覆盖在黄土高原上的草从未像欧亚大陆其他重要的大草原和森林草原那样茂密。例如苏联森林草原地区最常见的土壤表层是黄土和类黄土，后者是稍黑色的牧草地。而俄罗斯其他草原地区是典型的暗黑土壤，这表明地面的草非常茂密。这种草地对于掘土木棒是非常棘手的。在旧大陆上也仅有例外就是中国的黄土，它有特殊的结构和稀少的地表植被。加上黄土不易风化，保持着大部矿物成分，所以非常肥沃。尽管有限的年降雨量，但是它集中在夏天，这使得中国北方的原始农民能成功地种植少数几种在半干旱环境中经过长期的自然选择而存留下来的谷类植物。另外，黄土一般具有良好的保水和供水性能，在雨量较少的情况下，粮食作物的收成高于其他土壤。所有这些因素，促成了中国原始农业能突破某些自然条件的限制，在黄土高原地区出现”（何炳棣，1969）。

上述的是中国北方区农业产生的自然生态环境有利的一面，但迄今为止，能证明确有农业经济的遗址就只有被称为前仰韶文化类型的裴李岗文化、磁山文化、大地湾文化和李家村文化。它们都较仰韶文化早，大约在公元前6000年左右。

农业是裴李岗文化的主要经济，栽种植物是粟。农业生产工具有磨制带锯齿的石镰、长条形两端弧刃或舌形一端刃的扁平石铲、环制的带4个柱状足的石磨盘和磨棒。此时已饲养猪和狗，还兼营渔猎和采集，人工打制的刮削器和骨镞等工具亦有发现。制陶业已有一定规模。

磁山文化也是以农业为主要经济，栽种的也是粟。农业工具有石斧、石刀、石镰、石铲和石磨盘等。与裴李岗不同者是石镰不带锯齿，石铲呈梯形，石磨盘呈柳叶形。此时不单饲养猪和狗，家鸡已驯化，渔猎经济和采集业仍占有重要位置。制陶业已开始。

大地湾文化也发现有农业，因窖藏中有种植的黍遗存。石器工具有刀、斧、铲、敲砸器、刮削器等，是磨制和打制的。骨器相当丰富，有锥、镞、凿等。陶制工具仅见纺轮一种。

李家村文化是分布在秦岭以南的前仰韶文化。年代与大地湾文化相当或稍晚。文化特点与大地湾文化相似。

从以上的介绍可以看出，这几个遗址的农业明显地表现出其进步性，不可能属于早期的原始农业。那么中国北方区的原始农业的面貌又是怎样的？它出现在什么时候？来源于何方？关于这些问题，迄今还没有任何充足的证据表明它们与在旧石器时代晚期末、中石器时代普遍存在于北方草原区的细石器文化系统有何关系。但有一点是人所共知的，就是在中国北方地区发现的新石器时代早期的文化遗存中，都含有细石器残余。而且在农业经济存在的同时，狩猎和采集或者渔猎和采集经济仍占相当的位置。这就能看出它们的渊源关系。正如中国考古学家安志敏先生在他的《裴李岗、磁山和仰韶——试论中原新石器文化的渊源及发展》一文中说的那样，“黄河流域是世界上农业策源地之一，对亚洲农业的产生和发展有着深远的影响，它可能是在以细石器为代表的采集渔猎经济的基础上产生和发展起来的。”

其实，有些客观的原因可以说明，为什么农业和成熟的定居村落公社的出现在秦岭以南不比紧邻的中国北方地区早多少。因为，秦岭以南丰富的植物资源和动物资源更利于强化的采集经济和渔猎经济，这是有利的一面。但原始人类在这里也面临着两个巨大的困难，这就是满山遍野的树木森林和南部平原长着茂密野草的重黏土。虽然许多原始人类用剥树木、放火烧的办法来消除木和野草。可是南部平原的重黏土会给原始农具造成很大困难，这种情况不仅在中国南方可以看到，世界上凡是有重黏土的地方都可以见到。学者哈兰指出，在非洲实行的是锄耕农业，重黏土区都得避开，或是通过烧草和在雨季末插秧来耕种。正因为如此，所以在这个潮湿的热带和亚热带地区农业的发展会相对较晚和慢些。加上重黏土的透水性差，黏性过大，土壤自肥能力差等特点，在人工灌溉和施肥、轮作技术未掌握之前，是难于发展的。鉴于以上原因，中国南北之原始农业，均是在各自地区的特殊自然环境下逐渐发展起来的。但它们各自发展的模式，尤其在原始农业发展前期的模式都不是很清晰。根据中国迄今已发现的属于旧石器时代晚期末的遗址和中石器时代的遗址都没有发现类似近东和西亚地区同期遗址所表现出的那种农业迹象。绝大多数都是反映出强化的采集经济和渔猎经济。某种程度“定居”生活的聚落也没发现。有学者认为陶器的使用意味着当时的人类已喜欢过某种定居的生活。但在中石器时代，陶器是难于发现的。尤其是在中国北方地区，生态环境狩猎和采集的细石器文化如何和后来产生的原始农业连接起来，这方面的考古发现可以说知之更少。虽然根据以上的论述，中国北方地区的农业谷子的生产肯定起源于本地，是由于当地野生粟属（Setaria）和稷属（Panicum）驯化的结果，这是肯定无疑的，但它的驯化过程还仅是一个推理，早期的考古发现还欠缺，还得去中石器文化中寻找。

由此可见，农业起源在中石器时代占有多么重要的位置。而稻作的起源目前发现的还是以在岭南和岭北两侧的道县玉蟾洞和英德牛栏洞的为最早。

参考文献

[1] 童恩正:《略述东南亚及中国南部农业起源的若干问题》,《农业考古》1984 年第 2 期。

[2] 张光直:《考古学专题六讲》,文物出版社,1985 年。

[3] R. J. 布雷伍德:Theearly villagein South – Western Asia. Journalof Near Eastern Studies. 1 –2:34。

[4] 周国兴:《白莲洞遗址的发现及其意义》,《史前研究》1984 年第 2 期。

[5] 李富强:《试论华南地区原始农业的起源》,《农业考古》1990 年第 2 期。

[6] 李根蟠等:《中国南方少数民族原始农业形态》,农业出版社,1987 年。

[7] 何炳棣:《黄土与中国农业的起源》,香港中文大学出版社,1969 年。

(原载《岭南文化珠江来》,中国评论学术出版社,2006 年)

西江流域中石器文化的发现和研究

一、问题的提出

随着广西武鸣苞桥A洞、芭勋B洞、腾翔C洞、桂林D洞等一系列洞穴遗址的发现和研究，裴文中教授首先拉开了南方地区中石器时代和中石器文化研究的序幕。但由于从这些洞穴遗址中发现的文化遗物，与北方地区发现的那套以船底形石核和小石叶为代表的细石器文化所象征的中石器文化格调不一样，因此，对这些文化遗存的确认，一直处在反复之中，有时把它们划归旧石器时代晚期末，有时把它们划归新石器时代早期文化。亦有人认为应该属于中石器时代的文化。如果拿它们与欧洲那些典型的中石器时代文化相比，就显得更加相距太远。

可是随着南方田野考古工作的发展，这类遗址的发现越来越多，如广西宾县盖头洞、柳江思多岩、陈家村、崇左矮洞、柳州白莲洞下层、大龙潭鲤鱼嘴下层、桂林穿山月岩东岩洞、桂林甑皮岩下层。广东的阳春独石仔下层、封开黄岩洞、罗沙岩上层、英德青塘朱屋岩、云岭牛栏洞下层等等遗址。在湖南的道县和湘西怀化地区也陆续发现了这类的文化遗址，这类文化遗址既有分布在溶岩地区的洞穴内，也有分布在大小河流的阶地上，甚至有些以贝丘遗址形式出现。如广西南宁市的顶狮山，桂林临桂的大岩及庙岩。

这类遗址目前集中分布在珠江第一大支流——西江的水系范围内，遍及广东、广西、贵州、云南四省，沿着西江流域广泛地分布着。近期在珠江其他两大支流北江和东江沿岸也有重要的发现。

这类遗址出土的石器工具是一套陡刃的砾石工具，大中型者居多，石片型和小型者甚少。地层中多少见有各种贝壳与之共存，骨角器常见，在少数遗址中有石磨盘和杵臼之类工具出现，还有穿孔石器，刃部磨光的石器偶有发现，没有陶器共存。有兽骨共存的遗址中，青壮年兽骨所占比例升高，但具有明显家养动物特征的兽骨少见，水产捕捞或采集及渔猎的经济形式表现明显。

在石器工具加工上，陡刃的砾石工具与属旧石器时代的含手斧形砾石工具比较，其加工技术大大提高一步，表面来看，均是用锤击法直接加工而成，但它是经多次加工而成的，所以其刃部相当陡，加工时留下的石片疤呈复瓦状或鱼鳞状排列。这是与旧石器时代的砾石石器加工技术上的差别，也是技术上进步的表现。与属于南方旧石器晚期那套厚石片石器更不一样，要说其有相似之处就是都含有手斧形器。

由此可见，这类文化遗址的特点既不同于旧石器时代的文化特点也有别于新石器时代的文化特点，同时又与我国北方地区被定为中石器时代文化遗址的文化特点不同。而且存在的年代正处于世界性最后一次冰期行将结束时（即更新世末期）和全新世早期阶段。这样一来，这类遗址的文化归属问题就摆在考古学者面前。在整理研究封开黄岩洞遗址的出土文物过程中，我们注意到这一情况，后来在大量的田野调查发掘中积累了越来越多的材料。这类遗址的文化特点和属性也越来越清楚。与此同时，国内外考古学者对此问题的研究成果公布得越来越多，而且诸如农业起源和畜牧业起源等一系列重大课题也与这个时期的文化有密切联系。这些课题的研究有着重大的现实意义。所以我们前后花费了近十年的时间，以西江流域为中心，对此问题进行较为系统的探讨。此处是我们的研究成果，今天奉献给考古界同行和各界读者，其目的是希望在促进上述一系列的课题研究上增加一分温度，使其热起来。

二、已发现的材料的考证

1. 文化内涵和特征

在1985—1994年间，我们对广西右江（西江上游一支流）百色盆地的打制石器调查和发掘；柳州大龙潭鲤鱼嘴遗址研究生实习的补充发掘；以及柳州白莲洞遗址、陈家村遗址、桂林甑皮岩遗址、南宁豹子头遗址、武鸣多个洞穴遗址的考察；还有广东封开黄岩洞、罗沙岩、罗髻岩、乞丐岩、高岩、罗定的饭甑山岩、平塘下山儿洞、阳春独石仔等洞穴遗址的调查和发掘。此外，1993年夏天，我们还到湘西怀化地区进行考察，最后在长沙湖南省文物考古所那里，看到了他们近几年来在靠近桂北的湘南道县地区所发现的砾石石器。1999年和2000年又在珠江另一条支流——北江边上的云岭牛栏洞，发现了相同的材料。

在接触了许多实物材料后，我们带着问题沿着西江流域上行，来到云贵高原的南北盘江地区，进行了进一步调查，同样发现了那套砾石石器。回过头来，我们深入地把黄岩洞遗址以及其他遗址已发现的材料进行对比研究。结果发现，在中国，至少是在华南地区，确实存在着一个由旧石器时代向新石器时代演化的过渡时期。这个过渡时期及其文化特征，在地域辽阔的中国，可能在各个区域内有着不同的反映。

华南地区，从封开黄岩洞遗址（距今 11930 ± 200 年至 10950 ± 300 年）、罗沙岩遗址和柳州大龙潭鲤鱼嘴遗址的发掘情况看，在含有大量的贝壳和打制石器以及极少量的绳纹夹砂灰陶片的文化层下面，还有一层，贝壳数量不多，无陶片存在，而打制石器全为砾石石器的文化层。黄岩洞遗址的这一文化层中还偶见少量穿孔器，大龙潭鲤鱼嘴遗址和阳春独石仔遗址下文化层中也有类似的出土物。此层堆积往往有一定的胶结性。该层出土的砾石石器较有特点，它们的加工较粗糙和不规整，多数无修理面，无第二步加工，器身多保留砾石面。它们明显地有别于华南地区旧石器时代早期普遍存在的那种加工简单、器形粗糙的砾石石器。此外，石器的种类也很单调，主要有砍砸器和刮削器，其余种类的石器如石钻等为数甚少；穿孔砾石已出现，但数量更少。尖状器和雕刻器迄今仍未发现。

综合研究黄岩洞遗址、百色上宋村、阳春独石仔遗址（距今 14900 ± 300 年）、白莲洞遗址 II 期文化（距今 19910 ± 180—11670 ± 150 年）、大龙潭鲤鱼嘴遗址下层（距今 23330 ± 250—12880 ± 220 年，未经年轮较正）等遗址的石器材料并参照对比广西武鸣苞桥 A 洞、芭勋 B 洞、腾翔 C 洞、桂林 D 洞、广东英德青塘朱屋岩、吊珠岩、广西柳州兰家村，以及在湘西怀化和贵州南北盘地区考察过程中所看到的各遗址和石器地点出土的材料。我们发现，这些代表南方中石器时代的文化遗存均有如下的文化特点：（1）无陶片；（2）或多或少和贝壳共存；（3）石器工具以打制石器为主，个别遗址偶见极少的磨刃石器，打制石器全为砾石石器，这种石器很少见有修理台面、多直接用锤击法单面单向加工。砾石面多被保留，石器刃部均较陡峻，石片疤呈覆瓦状排列；器物类型单调，主要是砍砸器和刮削器，器形也粗陋。（4）出现少量的穿孔石器，但不是所有遗址都有发现。（5）此文化层之下就是岩性呈棕黄色或红黄色的富含第四纪动物化石和打制石器的文化堆积层。而在这文化层之上则往往是一层含有大量贝壳以及少量灰色或灰黑色的夹砂粗陶片、破碎兽骨，以及一定数量打制石器的文化。这就是我们观察到的在华南地区存在的中石器时代遗址的文化内涵。这些文化遗址存在的时代空间绝大多数处于距今 18000—7000 年之间，个别遗址可突破距今 20000 年或下至 6000 年的区间。以上是在西江流域以及华南地区绝大多数已发现的中石器文化的特征。其实在北方也有突破距今20000年的例子，如山西下川遗址就是（图1）。

显然，这些文化特征与中国北方地区属于中石器时代遗址的文化特征完全不同。中国北方地区的中石器文化特征是以另外一种形式出现的。正因为如此，所以其文化类型的归属曾引起较大的争论。

西江流域若干中石器文化遗址对照表

遗址	地层堆积	文化特征	绝对年代（距今）
甑皮岩	晚期（灰褐色亚砂土层）	含绳纹陶、大量兽骨、磨制石器、骨器。	7580 年
	早期（灰黄色亚黏土层）	含打制砾石石器和磨刃石器，还有穿孔石器、砺石、骨器、蚌器和大量兽骨	9000 年以上
黄岩洞	中层（黄褐色亚黏土胶结层）	含打制砾石石器、还有少量螺壳、少量的穿孔石器和刃都磨光石器、同时有大量兽骨	10950 年
鲤鱼咀	下层（黄褐色亚黏土层）	含打制砾石石器、磨刃石器、少量骨器以及大量的兽骨。	12880 年
独石仔	上层（灰褐色砂土层）	含打制砾石石器、磨制石器、骨器、灰烬和大量螺壳和兽骨	11500 年
	中层（灰黑色砂土层）	含少量打制石器和穿孔石器、骨器、有大量螺壳和兽骨	15350—14260 年
	下层（灰黄色亚黏土层）	含有较多的打制砾石石器，还有少量穿孔石器、骨器、大量动物骨骼、螺壳较少	16680 年
白莲洞	第一期文化（灰黄色亚黏土层）	有打制砾石石器和燧石石器，含大熊猫—剑齿象动物群化石、含少量螺壳	28000—12668 年
	第二层文化（黄褐色亚黏土层）	有较多的砾石石器、还有穿孔石器、刃部磨光石器、箭镞、雕刻器、不少兽骨，	15910 年
	第三层文化（红褐色角砾层）	大量螺壳以穿孔石器磨制石器和陶片共存为特征，砾石石器不少，燧石石器不多，含大量螺壳	11670—7080 年
罗沙岩	上层（灰黄色亚砂土层）	含安山岩的石片石器，少量的螺壳，晚期的人牙一枚和一些兽骨	22400 年
	中层（浅褐黄色亚黏土层）	含砾石石器和少量骨器、兽骨不少	48000 年

2. **文化类型的归属**

众所周知，在中国北方，作为中石器时代的代表性文化遗址有陕西大荔沙苑遗址、河南许昌灵井遗址，其文化内涵主要包括了一批典型的细石器，如船底形、楔形、圆锥形石核、石叶、小型刮削器、石镞等，其中制作精致的尖状器和刮削器等石片石器最具特征。在东北、内蒙古和新疆等北方草原地区，这类遗址存在很广泛，如内蒙古海拉尔松山、新疆哈密七角井等遗址，那里都出土典型的船底形和楔形石核。在松山遗址中还发现打制的斧形器，它们均没有与陶片共存，也不见农业的痕迹。在中国的其他地区，如东部沿海地区，在山东临沂凤凰岭和江苏东海大贤庄，以及山西吉县柿子滩（图2）、阳原虎头梁等遗址（图3），它们都以船底形石核等器物为代表性遗物。在西藏高原有若干地点，如1966年在藏南聂拉木发现的两处遗址，1976年在藏北申扎、双湖发现的18处地点都属此列。不过其出土之石核类型远较其他地区丰富，除楔形的典型石核外，还有带侧翼的圆锥形和棱柱形、半圆锥形和柱形以及斜面圆锥形等石核。

由此可见，中国南方地区所发现的处于中石器时代的文化遗址，其文化内涵及文化特征除了在存在时代上，以及不与陶片和农业遗迹共存这几点上和北方中石器时代文化是一样的，余者则完全不能相比。对此又该作如何的理解和解释？它们是否属于同一时代的产物？文化类型的归属又如何？我们认为，过去对中国中石器时代及其文化的研究一直存在不少争论，造成这一现状的主要原因可能是方法上的片面性，大家都把着眼点放在其时代的共性上，要求在时代空间上、石器工具形态上、社会经济类型和社会形态结构等文化因素都保持一致性，而忽略了生态环境诸因素对不同地区人类文化的形成与发展所产生的巨大影响，也没有考虑到在同一时期内，不同地区甚至相同区域内，其文化的发展具有明显的不平衡性及地方性的特点，所以在中石器时代的文化内涵和文化概念的界定上总是不能取得共识，争来争去难以取得一致的意见。

从现有材料的综合分析研究可知，在人类历史的早期，不同的生态环境对不同地区的文化有着巨大的影响，我国南北两地，从旧石器时代早期就已经呈现出明显的差异，北方地区还是以中小型石片石器为主，南方地区则以大中型砾石石器为主，两者之间个别地区出现相类似的文化类型，一者可能与当时当地特殊的生态环境变化有关，二者也可能与文化传播和交流有关。往往在这种文化类型中带有浓厚的地方色彩。例如，广东南海西樵山发现的细石器，在文化内涵的组成上，虽然它的石器工具在加工技术上和器物形态上及石器的分类上都与北方地区的细石器文化有着不少相似之处。加工技术上都用压制法，在器物形态上都具有楔形、船底形、圆柱形石核和小石叶，分类上也都是尖状器、刮削器、石钻、雕刻器等。但西樵山出现的那种所谓带把的石核，就是在用压制法进行加工压片时，用特殊的固定法所造成的结果。这就是加工方法上的差异。利用修理台面时而打下的长石片来制作雕刻器也是西樵山所特有的。整套细石器工具与双肩石斧共存，这是西樵山文化中的特色之一（图 4），而且在其石片石器中凹缺刮削器所占的比例高达 43%（占所有刮削器中的比例），这又是另一文化特点（图 5）。可是西樵山细石器文化存在的时代并不早，用年轮校正后，它的年代只能是新石器时代中期，大约距今 6000—5000 年。这样一来，我们不可能拿西樵山的细石器文化与北方的细石器文化相比，不能把它划归中石器时代的文化，但又不能否认它是细石器文化。而只能说它是在特殊地区，在特殊生态环境下和在文化传播机制影响下所形成的一种地方性文化。

同样，贾兰坡教授把华北地区的旧石器文化划分为两大系统，其中匼河—丁村系中就有不少南方大中型的砾石石器的成分或相似的石器类型（图 6）。在汉中地区和秦岭以南地区，不是同样可以找到和广西百色地区右江两岸高阶地上出土的同样石器工具吗？这就是一个明显的例子（图 7）。它说明了什么时候任何事物的发展都有它的特殊性，在文化的发生和发展问题上同样是这样。只要是当时的生态环境相同，在不同的地区甚至时代有差异，也可能产生相近的文化类型。

中国中石器时代南北两地的文化特征呈现出如此大的差异，这与当时全球性气候的变化有直接或间接的关系。更新世晚期（距今 10 万—1 万年前）全球进入最后一次冰期，即欧洲的维尔姆冰期、北美洲的威斯康星冰期、非洲的井布尔雨期和亚洲的大理冰期。当时，年平均气温大幅度下降，我国东部和日本气温下降摄氏 7—8℃（距今 2 万—1 万多年前），冰川性海面下降达最高峰，海平面比现在海平面下降 132 米左右。我国东海海面下降最大数大于 130 米，大陆架边沿线已撤到当今水深 158—160 米地带。C^{14}测定最低海平面时代为距今 15000 年前。当时不仅平均水深 18 米的渤海和平均水深 44 米的黄海是一片坦荡的平原，就连水较深的东海和南海也分别有 1/2 或 1/3 以上的海区出露成陆。

随着冰期气候的出现，内陆地区的气候也随之而变化。气温降低，降水量和河流流量减少，在高纬度的地区，气候变得干冷，热带雨林缩减，草原发育，在这种生态环境中，狩猎和畜牧经济类型的发展当然有着优先的条件。所以在中国北方地区和西南部高原地区，尤其是华北地区，由细小石器演化出来的，特别适宜于狩猎和畜牧业经济的细石器系统的石器加工工艺自然获得迅速发展。因此，细石器在这一地区成了中石器时代的重要特征，但把细石器作为中石器时代独有的产物这种看法显然也是不妥当的，因为这种工具类型后来被沿用的时间很长。

在低纬度的南方地区，随着全球性降温的到来，气温也有下降，但由于当时中国的整个地形已经呈现从西往东南方向倾斜的状态，受季风气候的影响，整个南方地区在这一时期仍然不会干燥，人类工具类型也没有发生太大的变化。大理冰期高峰期结束后，气温开始回升，在南方地区这个回升是很明显的，这时的海平面开始上升，补给水量增加，浅海和内陆沼泽地扩大，这就为各种鱼类和贝类生物的繁殖提供了一个非常优越的生态环境，人类经济活动中渔猎和捕捞活动得到了快速的发展。石器加工工业随之也有了一些变化。有人提出，在南方地区，竹子与其他可以制作工具的材料相比更有特殊意义。它具有细石器的主要功能，如割、刮削和穿刺等。在生产、生活或武器等方面就有广泛的使用（任海，1987）。虽然在遗址的文化层中迄今还未发现，这可能因为中国南方地区第四纪堆积物呈普遍酸性有关，它会使含纤维质的材料不易保存。因此，我们推测，在中国南方中石器时代的各遗址中，砾石石器中砍砸器和刮削器占大多数是有原因的。在制作工艺方面也有所反映，它们看似简单，和旧石器时代的砾石石器差别不大；仔细一看才发现，实际上这种加工工艺有了相当进步的成分，如刃部被加工成覆瓦状，陡峻、锋利、耐用，而且在被发现的工具中，刮削器尤其是凹刃刮削器所占的比例相当高（黄岩洞的刮削器，占石器总数的30%，而凹刃刮削器则占刮削器的45%）。我们通过实验发现，这一类石器工具正是一套加工竹木器的理想工具。所以，在中国南方地区，在特定的生态环境下，中石器时代的石器类型既有别于旧石器时代，但又保留了过去的不少特点；与此同时，还发展出一套适应新的生产和生活所需要的新型石器类型，从而在整体上造成了不同于中国北方地区的中石器时代文化的面貌。但实质上，它们是同一时代的产物，属于同一类型的文化。

综上所述，我们觉得中国中石器时代的文化特点和区别性综合表现在以下几个方面：

在不同地区，中石器时代开始的时间比较一致，均为最后一次冰期——大理冰期行将结束之时。但结束的时间，虽然也基本一致，均在全新世的早期阶段，但延续的时间则相差较大，很不划一，要由当时当地之生态环境变化而定。

在文化内涵和文化特征上具有深厚的地域差异。在中国最明显的是南北两大地区，小地区不在少数。

石器制作技术上已达到了一个新水平。无论细石器或者砾石石器都一样，器物类型丰富，复合工具使用极为普遍。但均无陶器共存。

社会经济仍然以采集和狩猎经济为主体，但渔猎和捕捞或水边采集经济已上升到一个重要的位置，形成一种综合性经济。

社会结构上，原始群已开始解体，母系氏族已形成，宗教意识得到了一定的发展，如埋葬死者已具有一定的葬式和明确地点等。

人类已开始了半定居和定居的生活，为农业的诞生和家畜饲养的开始准备了条件。

3. **已解决的和有待解决的问题**

依上所述，我们认为，通过以西江流域为中心的中国南方地区已发现的砾石石器文化的研究，以及与中国北方地区同期的细石器文化的对比研究，已清楚地知道，在中国的历史长河中，在旧石器时代向新石器时代过渡时期，确实存在着一种文化。这种文化是产生于新、旧两大石器时代间的过渡阶段。这种文化的文化内涵和特点，既不同于旧石器文化又不同于新石器文化，而具有过渡时期的时代特点。过去，由于研究者在如何理解和界定这种文化的内涵和特色上未能取得共识，所以争论颇多。造成这种争论的原因颇多，但主要的还是与下列几种原因有关。其一，限于发现的同期文化遗址不够多，对已发现的文化遗址进行系统性、综合性的对比研究不够，因而产生对这类文化的内涵和特点认识不足。其二，由于对欧洲中石器时代及其文化的界定理解不深，总希望搬用欧洲的模式来套用中国同期的文化，以至于有些地方相差甚远，在此情况下又未能采取具体情况具体分析，结果造成怀疑争论甚至否定。其三，应用多学科知识，从多角度来进行研究，再吸收国外一些成熟和先进的研究方法和观点，帮助和促进本身的研究不够。致使在研究分析上因循守旧，墨守成规。结果对许多异常的现象解释不通，造成难于对一些带普遍性的变化规律作出科学的判断。

其实例子很多。例如，外国学者通过对欧洲从旧石器时代向新石器时代过渡阶段的各种文化遗址的研究，可以确立一个欧洲的中石器时代和总结出带普遍性的欧洲中石器文化内涵和文化特征。在此过程中他们也遇到异常的情况，东南欧地区的纳吐夫文化似乎与西亚的克巴拉文化没有本质上的差异，但它毕竟与其他文化还是有差别，而且明显地不能完全划归新石器时代文化中去。怎么办？是否因为遇到这一地区的异常情况而可以否定欧洲的中石器时代及其文化的存在？他们并没有这样做。相反，通过对这一地区在过渡时期的生态环境变化情况的研究，使欧洲的中石器文化的概念更加完整。这也说明了这个所谓中石器时代在不同地区的存在是不同的，有长有短，有时短到令人无法把它从上下连接的文化时代中独立划分出来。但客观上它是存在的。

由此可见，我们这个课题的研究已基本解决了关于中国是否存在中石器时代及其文化的问题，也初步对其文化内涵和特征作了一个基本的界定。同时指出了生态环境诸因素对文化产生及其发展的巨大影响，以及在这一阶段渔猎经济特点和社会结构转变的重要意义。这种转变为农业起源和家畜饲养起源准备了条件，使中石器时代成了人类历史上又一个新的转折点。

另一方面，我们虽然已经注意到在中石器时代一些文化遗址中已发现了碾磨石、石磨盘和石杵、穿孔砾石、石刀、石箭头，还通过对一些遗址的孢粉分析了解到，在孢粉谱中草本植物的比重大大增加，这是否意味着原始农业的产生？在一些遗址出土的兽骨中，我们在统计过程中也发现，青壮年的个体比重也大大提高，并不像旧石器时代那种老幼个体占绝对优势的状况；骨角器的使用也更为普遍，加工技术也有显著的提高。这是否意味着家畜饲养已开始？这些问题我们在另文中将较为详细地进行讨论。这也可能是有待进一步解决的问题。

西江流域的中石器文化的发现和研究，揭示了中国南方中石器时代存在的事实，进一步确认了裴文中先生早在50年代初期在野外调查中的发现，同时给予中国南方地区的中石器文化内涵一个较为明确的界定，在与中国北方地区的中石器文化对比研究中，对中国的中石器时代及其文化的存在以及它们的文化内涵的共性和异性都作了基本的界定。

中石器时代及其文化在中国是客观存在的，它是最后一次冰期（大理冰期）行将结束至全新世早期农业开始前的这一历史阶段。经济类型表现为狩猎、捕捞和采集的综合型经济盛行。生产技术和工具多样化和特化。中国北方地区多以细石器为其工具，并出现复合工具；中国南方地区则为一套适合于竹木器工具加工的陡刃砾石石器。整个社会的形态结构已经开始进入母系氏族社会，原始群逐渐解体，在一些人口聚居的地方，更复杂的社会群体结构已出现。

虽然现在还没有足够的证据证明此时原始农业和家畜饲养业已经开始。但已有明显的迹象说明，动、植物的驯化已经在中石器时代开始了，但是否发展成为真正的原始农业和家畜饲养业，则仍有待于进一步的发现和探讨。

三、有启发性的结论

西江流域中石器文化的发现和研究的结论给我们一个很重要的启发。它启发我们应该好好地检讨一下当前我们在考古研究中的方法，一方面不能用一个传统的概念去套一个相当长的历史时期所存在的一切文化类型。另一方面，我们应该从年代学和器物类型学的框框中跳出来，转向生态学、经济形态和社会结构研究方面。只有这样才能帮我们解决一些难以解决的诸如农业、畜牧业起源和社会结构形态转变等重大问题。这些结论告诉我们，中国中石器时代及其文化的研究，当前仍是我国史前研究中的一个薄弱环节，我们应该更多地吸收国外学者的一些好经验，加快自己的研究步伐。

参考文献

[1] 任海：《从自然环境看中国南方细石器的分布》，《史前研究》1987年第3期。

（原载《岭南文化珠江来》，中国评论学术出版社，2006年）

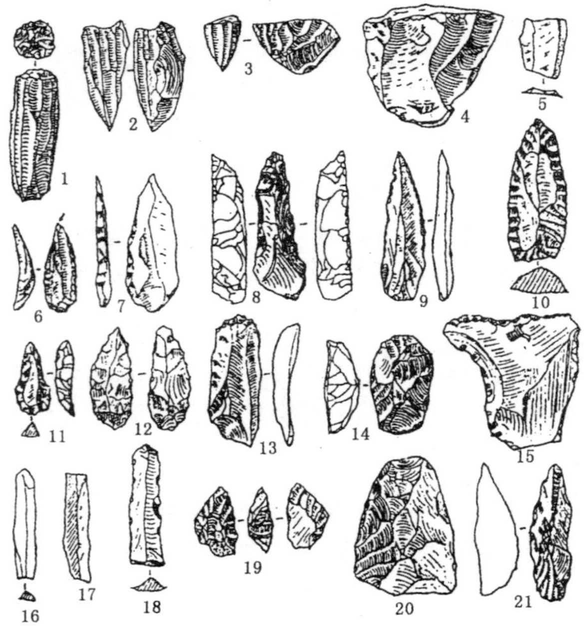

图1　山西下川遗址出土的石器（依王键等）

1—4．各种小石核　5．长石片（残）　6．雕刻器　7．琢背小刀　8．小尖状器　9．薄长尖状器　10．三棱尖状器　11．锥钻　12．石　13．圆头刮削器　14．短身圆头刮削器　15．19．刮削器　16—18．小石叶

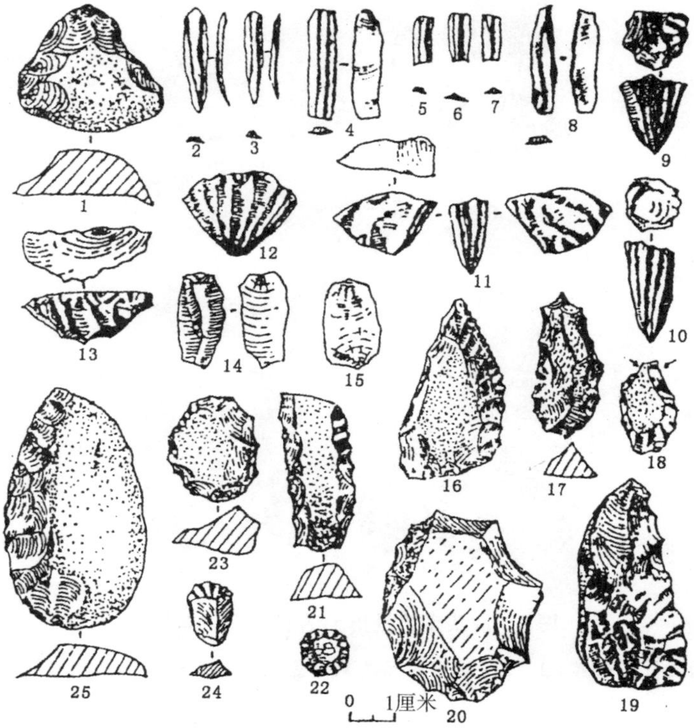

图2　山西柿子滩遗址出土的石器（依王哲英等）

1．尖状器　2—3．石叶　4．侧刮器　5—7．去头尾石叶　8．歪尖尖状器　9、10．锥状石核　11．楔状石核　12．漏斗状石核　13．船底形石核　14．长石片　15．两极石片　16．尖状器　17．锥形尖状器　18．雕刻器　19．砍砸器　20．盘状砍砸器　21—25．各种刮削器

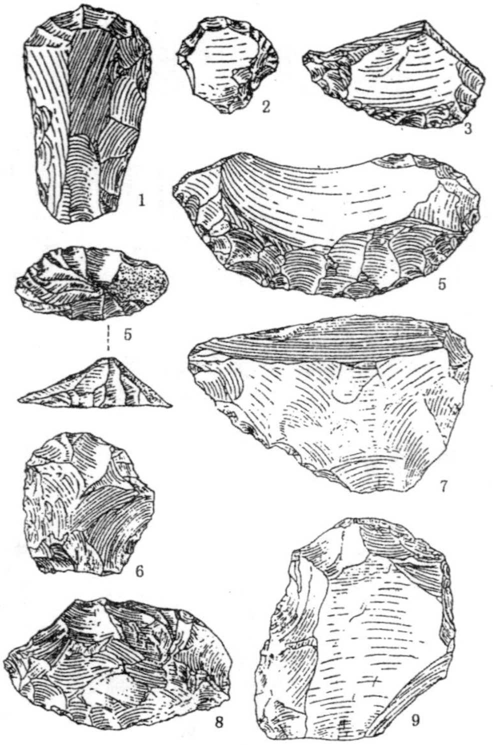

图3　虎头梁遗址出土的石器（依盖培）

1. 长型的圆头刮削器×1　2. 短型的圆头刮削器×2　3、5、7. 半月形刮削器×1　4. 刮削器　背面中央隆起×2　6. 短型圆头刮削器×2　8. 小型砍砸器×1/2　9. 大型砍砸器×1/2

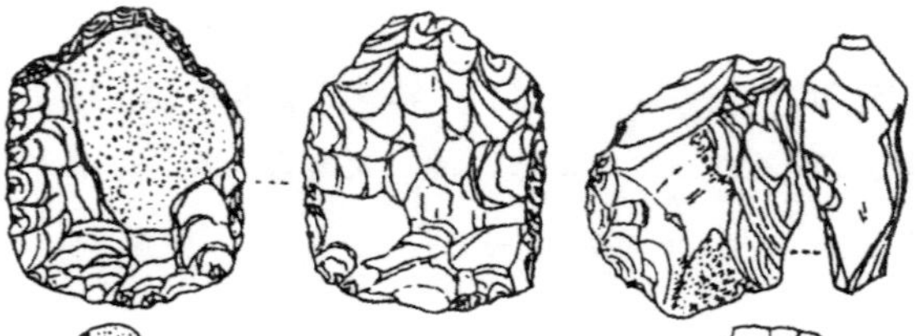

图4　西樵山出土的双肩石斧及毛坯（依张镇洪等）

1、3. 牛过坑　2、4. 南蛇岗　5. 锦岩（均为1/2）

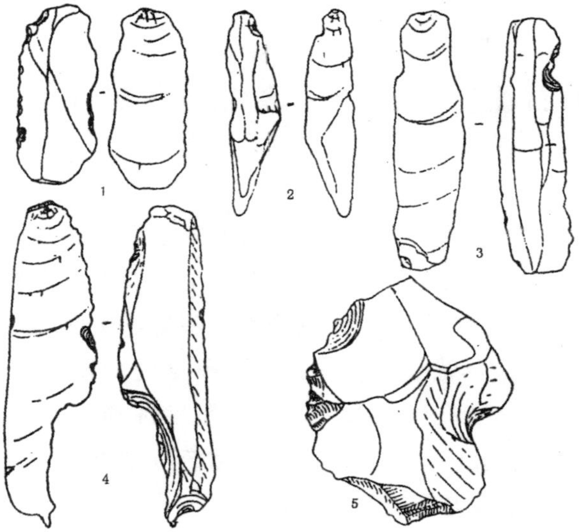

图 5　西樵山出土的凹缺刮削器（依宋方义等）

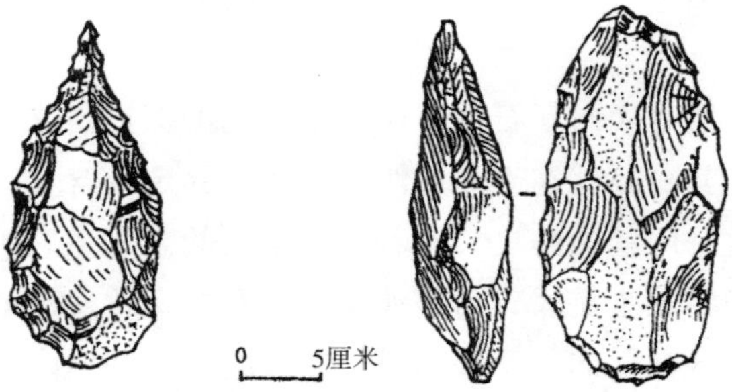

图 6　丁村遗址出土的大三棱尖状器（左）和手斧（右）

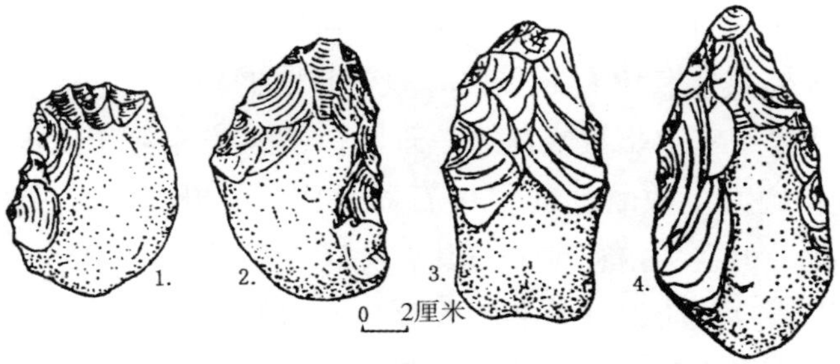

图 7　广西百色高阶地砖红壤中出的砾石石器

1、2．砍砸器　3、4．尖状砍砸器（依张镇洪等）

从黄岩洞石器工具论中国之中石器时代的若干问题

广东封开黄岩洞发现了一批陡刃砾石石器，它们明显有别于我国其他地区旧石器时代的砾石石器，也不同于新石器时代早期加工的磨光石器的毛坯，而具有独特的文化特点，在遗址的地层划分上这些遗物正好出在新、旧石器两者之间的文化层中。它是否就是我们过去一直争论的所谓中石器时代的文化产物？在此，我就近几年来在田野考古工作中所发现和观察到的一些材料和现象，同时参考迄今为止我国学者对此问题研究后所发表的一些观点，对此问题提出一些不成熟的看法，与同行共同探讨。

一、中国旧石器时代向新石器时代过渡的特点

关于中国旧石器时代向新石器时代过渡问题的探讨由来已久，但一直未能取得一致的看法，其分歧就在于对过渡期石器的界定及含义等问题没有取得一致的认识。可是这一问题的解决又有着十分重大的意义。它不仅对中国是否存在中石器时代的确定关系重大，而且涉及这一石器文化发展的特点，发展的主要因素及与毗邻地区文化的关系等问题。在解决上述问题之前，先弄清这个过渡期石器的特点是必要的。

众所周知，在欧洲，旧石器时代和新石器时代之间存在着一个过渡时期。大部分欧洲学者称其为“中石器时代”。该时代的特点是：（1）时间上始于全新世早期，而结束于农业出现之前这一阶段；（2）它来源于欧洲本土的旧石器时代文化；（3）绝大多数欧洲的“中石器时代”文化没有发展成为欧洲新石器时代农耕文化，但在一定程度上与其有关联，甚至有相当大的影响；（4）在生态环境变化上，这一阶段最重要的变化是冰期的冻土及草原的存在，桦木及松木林让位于以橡树为代表的落叶林，驯鹿、野牛、野马及其他食草类大型动物减少，代之而起的是赤鹿、牝黄占鹿，最后除了野猪外几乎没有更大型的哺乳动物；（5）海平面上升，出现了若干次规模不同的海侵；（6）石器特征是石斧制作技术的改进，小型几何形细石器及复合工具的出现（黄其煦 1987）。在经济上，中石器时代还保留着狩猎和采集的形式，在文化类型上属于非农业

文化类型。

在中国，情况是否也是如此？对此问题迄今为止还未得到一个大家均可接受的看法。分歧的要点在于如何看待所谓“中石器时代”的问题。

学术界一般认为，中石器时代是旧石器时代的过渡期，其文化特征是使用弓箭和镶嵌工具。还有的认为其基本特征是人类依然过着采集狩猎的生活，农业和畜牧业尚未出现。工具以打制石器为主，盛行用间接打击法制作的典型细石器，有个别的磨制石器。陶器还没有产生。这一时代约开始于10000多年以前地质上的全新世时期，下限则延续得比较长（中国大百科全书，考古卷）。何乃汉先生认为，我国南方存在着中石器时代的古文化遗存。它们的地区特点大致是：石器工具以砾石石器为主，石片石器很少，打制石器很少修理台面，多直接单面打击，普遍保留砾石面，石器的种类主要是砍砸器和刮削器。同时，开始有少量的磨制石器和穿孔石器等出现。而且从现有的考古资料来看，广西的远古文化，从旧石器时代晚期至新石器时代的发展是一脉相承的（何乃汉等，1985）。贝丘的出现不仅成为南方地区中石器时代文化的特点之一，也表明了此时古人类的生产活动已发展到水边，捕捞或水中采集成为生产活动的重要组成部分。

但对中国存在中石器时代发出质疑者也不在少数，他们认为，国内学者对中石器时代这个概念的认识是比较含糊、混乱的。提到中石器时代时既无明确的时间限定，又无明确的内涵概念（张瑞玲，1988）。不仅如此，一些中石器时代遗址的标准也是不确切的。如把弓箭和复合工具的发明及广泛使用看成是中国中石器时代的始点和标志是不合适的，因为这两项文化因素在此之前均已存在（邓聪，1988）。

把有大量的典型细石器的存在作为是中石器时代遗址的标准同样不妥当。中国细石器之出现，最早可以追溯到更新世中期的北京猿人石器，在旧石器的晚期也不乏其例，萨拉乌苏、下川以及峙峪均属其例，而细石器被沿用的时间较长，在中国的东北、西北地区甚至沿用到北宋的辽、金时代；而新石器时代早期的裴李岗、老官台文化以及更晚一些的仰韶、龙山文化中也发现有典型细石器的存在。很显然，细石器在中国作为中石器时代所特有的产物，这种说法欠妥。所以有学者认为，细石器是我国草原沙漠地区以及其邻近地带的一定技法、形式在工具上的反映（佟柱臣，1979），并没有特定的时代含义。

另外，也有学者认为，中国农业和制陶业出现于距今10000年左右的全新世初期。中国的旧石器时代结束于更新世晚期，作为新石器时代特征的农业和制陶业又开始于更新世末和全新世初，这就从时间空间上把中国的中石器时代挤掉了。加上新石器时代的另一项特征——石器磨制技术，早已在一些旧石器时代晚期遗址中萌芽了，亦即已经开始向新石器时代“过渡”了（张瑞岭，1988）。由此看来，中国不可能存在中石器时代。

我认为，上述观点中不少是有一定道理的，但都存在着一定的片面性，集中表现在他们都想以一种模式去套一整个时代的东西，这就难免产生以偏概全甚至有违事实的弊病。

二、中石器时代的存在及其内涵

我们通过对黄岩洞以及其他已发现的材料的研究后认为，在中国，至少说在华南地区，确实存在一个由旧石器时代向新石器时代演化的过渡时期，不过，这个过渡时期及其文化特征在地域辽阔的中国，不同区域有着不同的反映。

华南地区，从封开黄岩洞遗址（距今 11175 ± 500—10645 ± 300 年）和柳州大龙潭鲤鱼嘴遗址的发掘情况看，在含有大量的贝壳和打制石器以及极少量的绳纹夹砂灰陶片的文化层下面，还有一层贝壳，数量不多，无陶片存在，而打制石器全为砾石石器的文化层，黄岩洞遗址的这一文化层中还偶见少量穿孔石器和装饰品。此层堆积往往有一定的胶结性或被二层厚薄不等的钙板层与上、下文化层隔开。该层出土的砾石石器较有特点，这批石器的特点是：（1）石料几乎全部采自河滩上的石英砂岩的砾石。（2）加工方法绝大多数是用锤击法单向直接加工而成，偶尔用锤击法或双面交互打制并修理加工而成。（3）石器大多数保留砾石的自然面，加工时未见修理台面。（4）刃部陡直，刃角最大值为97°38′，最小值为 65°36′，多数在 75°以上。刃部加工时留下的石片疤痕呈覆瓦状排列。（5）器物类型少且单调，以砍砸器和刮削器占绝大多数，未见尖状器和雕刻器，但手斧形器物出现颇多，这是一特色。（6）器物中以大、中型居多，未见小型者。此次发掘也未见一件石片石器。

他们明显地有别于华南地区旧石器时代普遍存在的那种加工简单、器形粗糙的砾石石器。此外，石器的种类也很单调，主要有砍砸器和刮削器，其余种类的石器如石钻等为数甚少；穿孔砾石已出现，但数量更少；尖状器和雕刻器迄今仍未发现。

综合研究黄岩洞遗址的石器材料并参照对比广东阳春独石仔遗址（距今

14900±300 年），广西柳州大龙潭鲤鱼嘴和白莲洞遗址下文化层（《考古》1983 年 9 期），广西武鸣苍桥 A 洞、芭勋 B 洞、腾翔 C 洞、桂林市的 D 洞（安志敏，1981），江西万年仙人洞下文化层（彭适凡，1976），广东翁源青塘朱屋岩遗址（图 1），吊珠岩遗址等地点的材料，我们发现，这些代表南方新、旧石器过渡期的遗存均有如下的特点：（1）无陶片；（2）或多或少和贝壳共存；（3）石器工具以打制石器为主，个别遗址偶见为数极少的磨刃石器，打制石器全为砾石石器，这种石器很少见有修理台面，多直接用锤击法单向加工，砾石面多被保留，石器刃部均较陡峻，石片疤呈覆瓦状排列，器物类型单调，主要是砍砸器和刮削器，器形也粗陋；（4）出现少量的穿孔石器；（5）此文化层之下就是岩性呈棕黄色或红黄色的富含第四纪动物化石和打制石器的文化堆积层，而在这文化层之上则往往是一层含有大量贝壳以及少量灰色或灰黑色的夹砂粗陶片，破碎兽骨，还有一定数量打制石器的文化层。这些特点和上述的所谓中石器时代的文化特点完全一样，所以可以认为他们属于同一时代的同类型的文化遗址。这就是我们观察到的在华南地区所谓中石器时代文化层的内涵。

但北方地区在中石器时代的文化特征则以另外一种形式出现。其代表性的遗址在陕西大荔沙苑遗址（图 2）和河南许昌灵井遗址（周国兴 1996）（图 3），其文化内涵主要包括了一批典型的细石器，如船底形、楔形、圆锥形石核、石叶、小型刮削器、石镞等，其中制作精致的尖状器和刮削器等石片石器最具特征。在东北、内蒙古和新疆等北方草原地区，这类遗址存在很广泛（安志敏，1956），如内蒙古海拉尔松山、新疆哈密七角井等遗址，它们都出土典型的船底形和楔形石核（图 4、5）。在松山遗址中还发现打制的斧形器，它们均没有与陶片共存，也不见农业的痕迹。这时的人类依然过着采集渔猎经济的生活，农牧业还没有出现。这一切均区别于这一地区的新旧石器时代遗存，构成了中石器时代的文化特征。

在中国的其他地区，如东部沿海地区，在山东临沂凤凰岭、江苏东海大贤庄一带也有这类遗址发现，它们都以船底形石核等器物为代表性遗物（图 6）。在西藏高原也有若干地点，如 1966 年在藏南聂拉木发现的两处遗址，1976 年在藏北申扎、双湖发现的 18 处地点都属于此列（图 8）。不过其出土之石核类型远较其他地区丰富，除楔形的典型石核外，还有像带侧翼的圆锥形和棱柱形，半圆的锥形和柱形以及斜面圆锥形等石核。

但是，在云南元谋大那乌、黄河上游的青海贵南县拉乙亥遗址（C^{14}断代为公元前4795±854年），还有广东南海西樵山（距今5000余年）等地（图7），也发现了不与陶片共生的细石器，但其年代已相当晚了。这种情况则可能属于另一类型，不在此列。

可见，中国中石器时代文化可分南北两大类型，南方以陡刃砾石石器为主，北方以典型细石器著称（图9、10）。

三、中石器时代研究的局限性

综上所述，中国石器时代的特点和区别性综合表现在以下几个方面：

首先，在不同地区，该时代开始的时间比较一致，均以最后一次冰期——大理冰期（或称玉木冰期）之后。但延续的时间则相差甚远，很不划一。

其次，在文化内涵和文化特征上具有浓厚的地域差异。石器制作技术上达到了一个新的水平，典型器物相当丰富，均无陶器共存。

再次，社会经济仍然以采集和狩猎经济为主体，但渔猎和捕捞或水边采集经济已上升到一个重要的位置。

最后，社会经济结构上，原始群体已开始解体，母系氏族已形成，宗教意识得到了一定的发展，如埋葬死者已具有一定的葬式和明确地点等。

过去，对中石器时代的研究一直存在不少争论，造成这一现状的主要原因可能是方法上的片面性，都把着眼点放在该时代文化的共性上，要求其时间、石器形态、社会经济类型等文化因素保持一致性，而忽略了生态环境诸因素对不同地区人类文化的形成与发展所产生的巨大影响，也没有考虑到在同一时期内，不同地区甚至相同区域内，其文化的发展具有明显的不平衡性及地方性的特点，所以在中石器时代的文化概念和文化内涵上总是争来争去，难以取得一致的意见。

四、生态环境变化与中石器时代文化发展的关系

在人类历史的早期，不同的生态环境对不同地区的文化有着巨大的影响，我国中石器时代南北两地的文化特征表现出很大差异，这与当时全球性气候的变化有直接或间接的关系。更新世晚期（距今10万—1万年前）全球进入最后一次冰期，我国为大理冰期。当时，年平均气温大幅度下降，我国东部和日本气温下降7—8℃。距今20000—10000多年前，冰川性海面下降达最高峰，

海平面比现在海平面下降132米左右。我国东海海面下降最大数大于130米，大陆架边沿线已撤到了当今水深158—160米地带。C^{14}测定最低海平面的出现为距今15000年前。当时，不仅平均水深18米的渤海和平均水深44米的黄海是一片坦荡的平原，就连水深较大的东海和南海也分别有1/2和1/3以上的海区出露成陆。

随着冰期气候的出现，内陆地区的气候也随之而变化。气温降低，降水量和河流流量减少，在高纬度的地区，气候变得干冷，热带雨林缩减，草原发育，在这种生态环境中，狩猎和畜牧经济类型的发展当然有着优先的条件。所以在中国北方地区和西南部高原地区，尤其是华北地区，由细小石器演化出来的特别适宜于狩猎和畜牧业经济的细石器系统的石器加工工艺自然获得迅速发展，所以，细石器在这一地区成了中石器时代的重要特征，但把细石器作为中石器时代独有的产物这种看法显然也是不妥当的，因为这种工具类型后来被沿用的时间很长。

在低纬度的南方地区，随着全球性降温的到来，气温也有下降，但由于当时中国的整个地形已经呈现从西往东南方向倾斜的状态，受季风气候的影响，整个南方地区在这一时期不会干燥，人类工具类型也没有发生太大的变化。大理冰期结束后，气温迅速回升，海平面上升，沼泽地扩大，这就为各种鱼类和贝类生物的繁殖提供了一个非常优越的生态环境，人类经济活动中渔猎和捕捞活动得到了快速的发展，石器加工业随之也有了一些变化。有人提出，在南方地区，竹子与其他可以制造工具的材料相比更有特殊的意义。它具有细石器的主要功能，如割、刮削和穿刺等。在生产、生活和武器等方面应有广泛的使用（任海，1987）。

虽然在遗址的文化层中迄今还未发现，但并不能说这种工具不存在。因为中国南方地区第四纪堆积物普遍带酸性，含纤维和钙质的材料不易保存。因此，我们推测，在南方中石器时代的各遗址中，砾石石器中砍砸器和刮削器占大多数，在制作工艺方面，他们看似简单而实际上包含了相当进步的成分，如刃部被加工成覆瓦状，陡峻、锋利、耐用，而在发现的工具中，刮削器尤其是凹刃刮削器所占的比例相当高（黄岩洞的刮削器，占石器总数的30%，而凹刃刮削则占刮削器的45%）。我们认为，这一类石器工具正是一套加工竹木器的理想工具。所以，在中国南方地区，在特定的生态环境下，中石器时代的石器类型既有别于旧石器时代但又保留了过去的不少特点，在此同时，随之发展出了一些适应新的生产和生活之需的新型石器类型，从而在整体上造成了有别于北方地区的中石器时代文化的面貌。这就是我国中石器时代文化存在的实况。

总的来说，有什么样的生态环境就孕育什么样的生产类型，不同的生产活动类型就需要不同的生产工具，不同的生产工具需要有不同的制造技术和不同的原料。但有一点必须认识到，中石器时代整个生产技术水平比旧石器时代高得多，不过仍处在一个发展的初级阶段，适应能力是大大提高了，但创造发明或改造大自然的力量还是低下的。所以应该客观地评价生态环境变化与中石器时代文化发展的关系才是。

参考文献

[1] 黄其煦：《农业起源的研究与考古学》，《农业考古》1987 年第 2 期。

[2] 何乃汉等：《试论岭南中石器时代》，《人类学学报》1985 年第 4 期。

[3] 张瑞玲：《再谈中国的"中石器时代"问题》，《史前研究》1988 年辑刊。

[4] 安志敏：《关于华南早期新石器的几个问题》，《文物集刊》第 7 集。

[5] 任海：《从自然环境看中国南方细石器的分布》，《史前研究》1987 年第 3 期。

（原载《岭南文化珠江来》，中国评论学术出版社，2006 年）

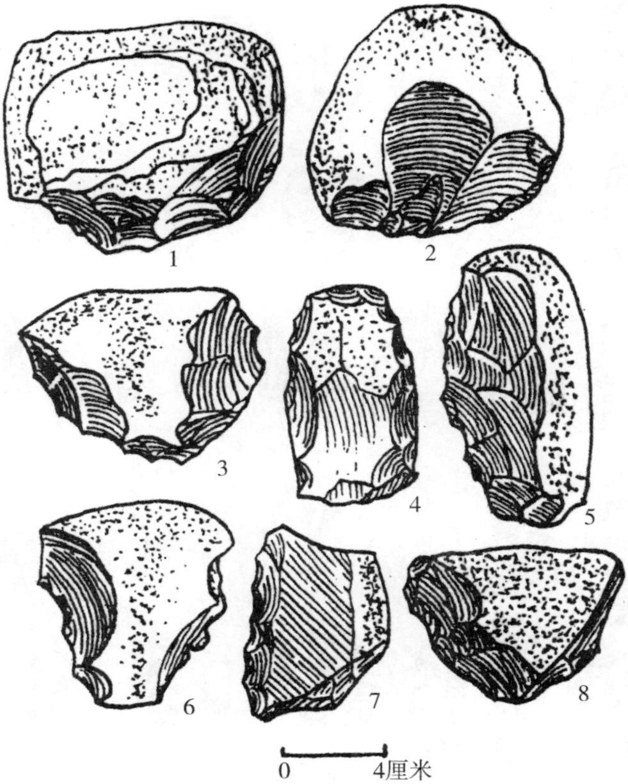

1、2. 弧形刃砍砸器　3、6、8. 两边刃砍砸器　4. 石锛　5、7. 单边砍砸器（均1/4）

图1　广东青塘出土的砾石石器（依彭如策）

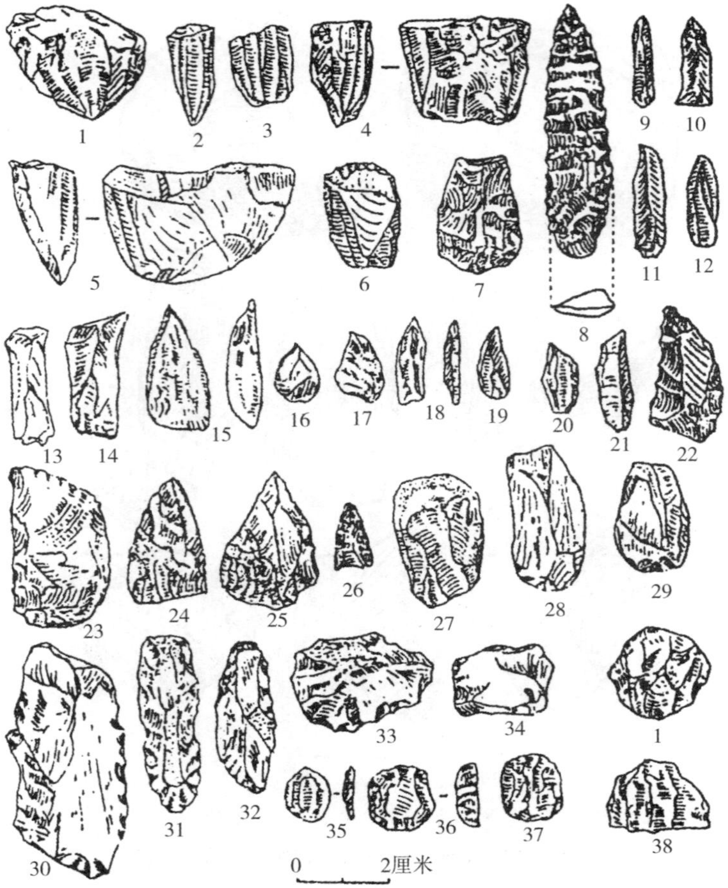

图2　陕西朝邑大荔沙苑遗址的细石器（依安志敏）

1、2. Ⅰ式石核（21∶5、17∶23）　3. Ⅱ式石核（17∶33）　4. Ⅲ式石核（13∶7）　5. 石核刮器（26∶27）　6. 石核石片（21∶7）　7、8. 石叶（17∶31、26∶26）　9—14. 小石片（23∶2.1、17∶1、13∶1、17∶14、13∶2）　15. Ⅰ式尖状器（23∶7）　16、17. Ⅱ式尖状器（17∶18，16∶5）　18、19. Ⅲ式尖状器（17∶4.5）　20、21. Ⅳ式尖状器（26∶21　13∶5.8）　22. Ⅴ式尖状器（23∶12）　24、25. Ⅰ式镞（23∶4，16∶19）　26. Ⅱ式镞（19∶1）　27—29. Ⅰ式刮削器（26∶32，22∶2，21∶17）　30. Ⅱ式刮削器（17∶25）　31—34. Ⅲ式刮削器（15∶1，26∶3，17∶30，26∶29）　35—38. Ⅳ式刮削器（17∶33，21∶8，17∶2　23∶1）

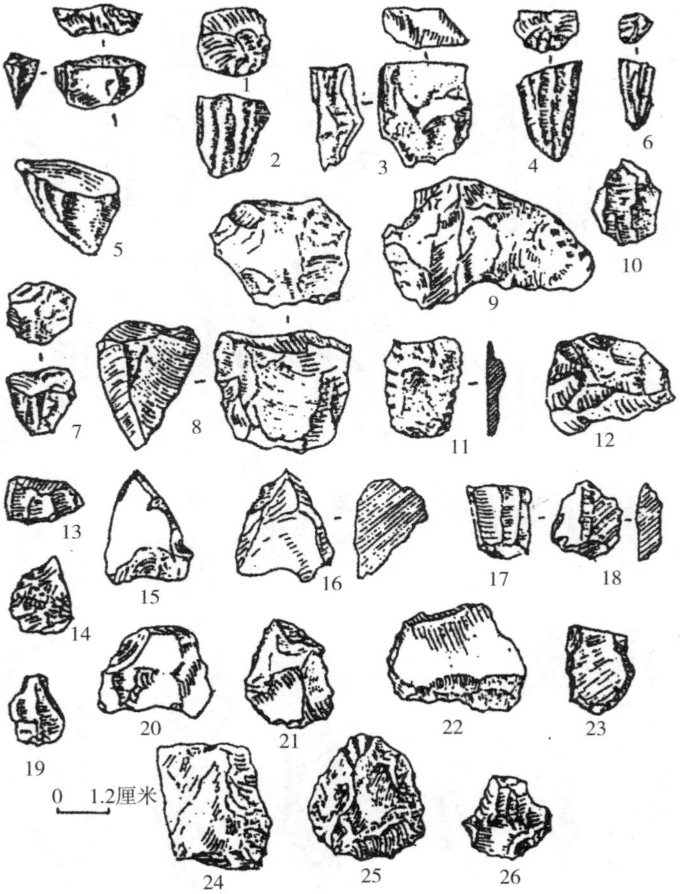

图3 河南许昌灵井出土的细石器（依周国兴）

石核（1. M. 20、2. M. 4、3. M. 13、4. M. 6、5. M. 8、6. M. 5、7. M. 7、8. M. 9） 10、13. 张背长刮器（M. 49、M. 50、M. 62） 9. 陡刃刮器（M. 52） 11、23. 圆刮器（M. 54、M. 97） 14—16. 单刃刮器（M. 67、M. 69、M. 71） 17—18. 凹刃刮削器（M. 83、M. 79） 19—21、25. 圆头刮器（M. 90、M. 91、M. 92、M. 101）（M. 101 为李井出土） 12、22、24. 复刃刮器（M. 57、M. 96、M. 98） 26. 石英石片（M. 102，李井出土） 27. 骨化石的刮削器（M. 104） 28. 小型厚刃斧状器（M. 43）

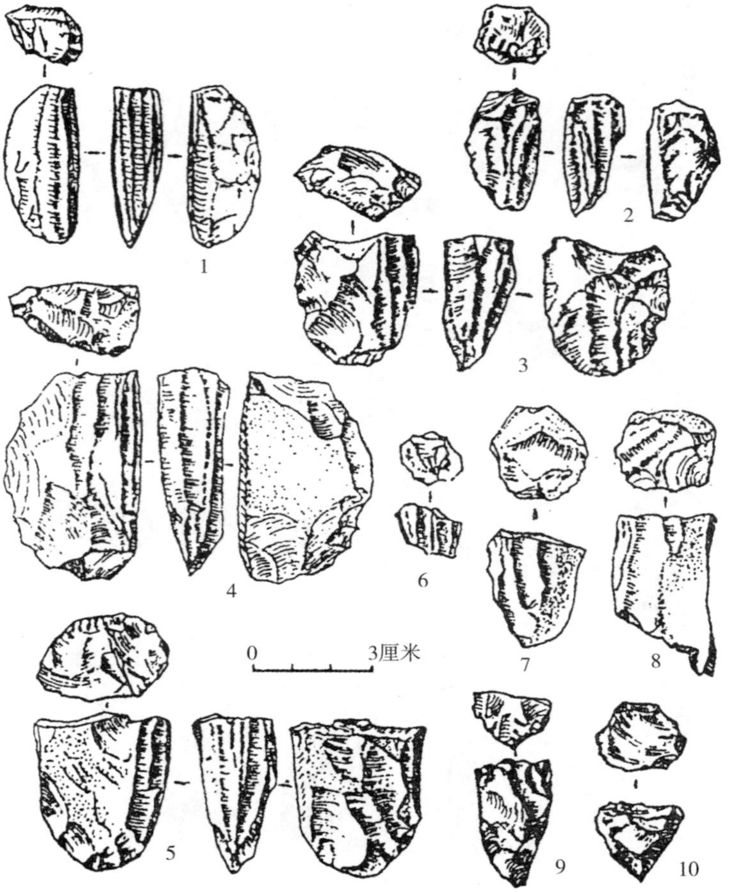

图4　内蒙古海拉尔出土的细石器（依安志敏）

1—5．Ⅱ式石核（5∶8、8∶6、7∶1、5∶9、5∶7）　6—8．Ⅳ式石核（9∶23、9∶31、8∶7）　9—10．Ⅴ式石核（8∶10、7∶6）

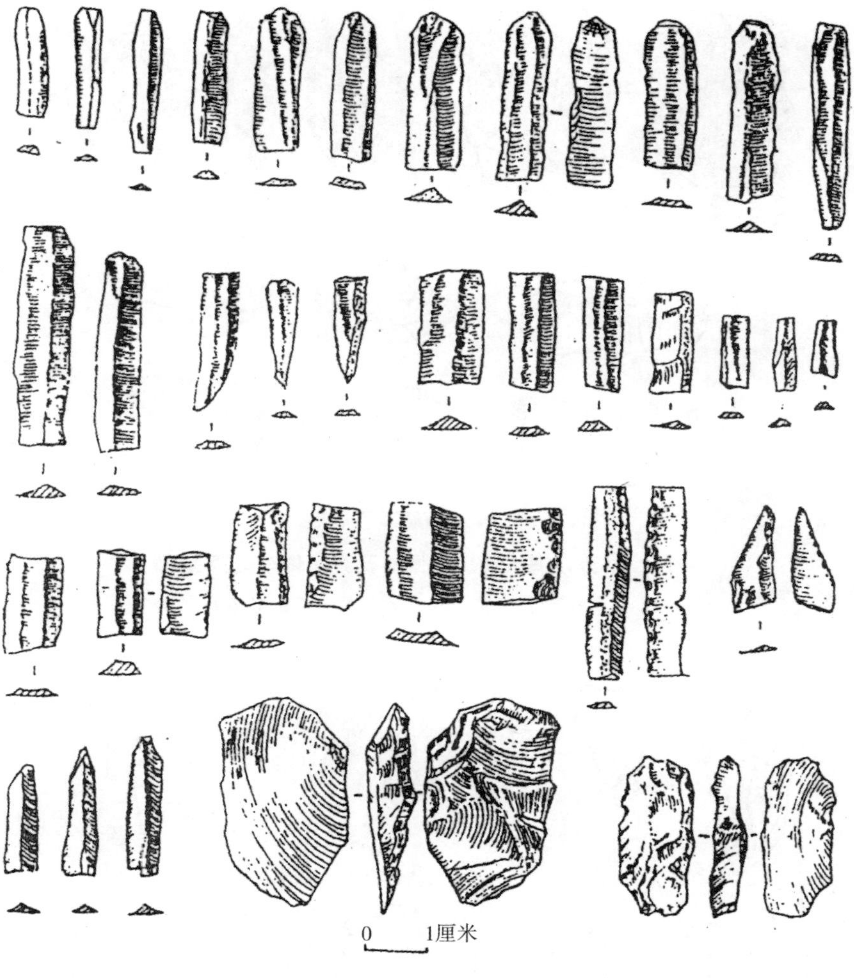

图5　内蒙古海拉尔出土的细石器（依安志敏）

1—13. Ⅰ式石叶（1∶25、1∶28、5∶32、5∶35、5∶26、9∶25、5∶22、5∶29、5∶28、5∶21、1∶22、5∶23、5∶24）　14—16. Ⅱ式石叶（1∶17、1∶13、1∶14）　17—28. Ⅲ式石叶（4∶2、5∶41、4∶3、5∶31、5∶37、8∶11、4∶11、9∶35、4∶6、5∶42、15∶3、4∶13）　29—32. Ⅳ式石叶（4∶14、8∶10、1∶11、1∶67）　33、34 细石核石片（9∶10、1∶2）

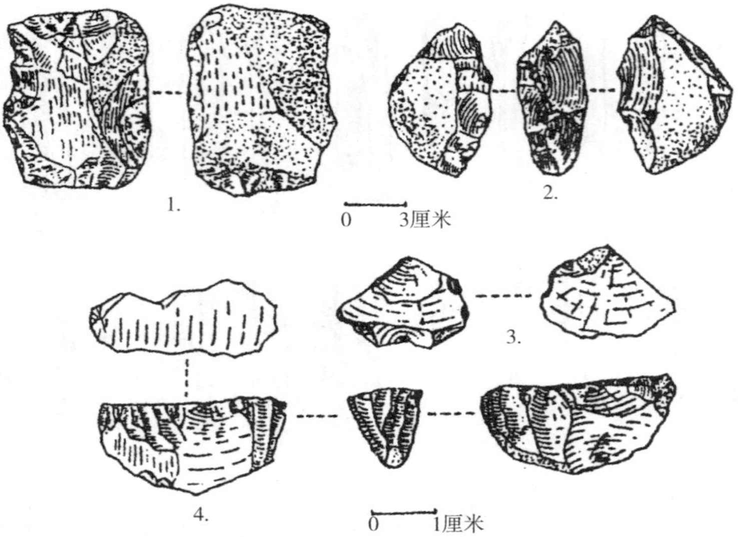

图6 江苏东海大贤庄出土的石器（依李炎贤等）

1、2. 砍砸器 3. 刮削器 4. 船底形石核

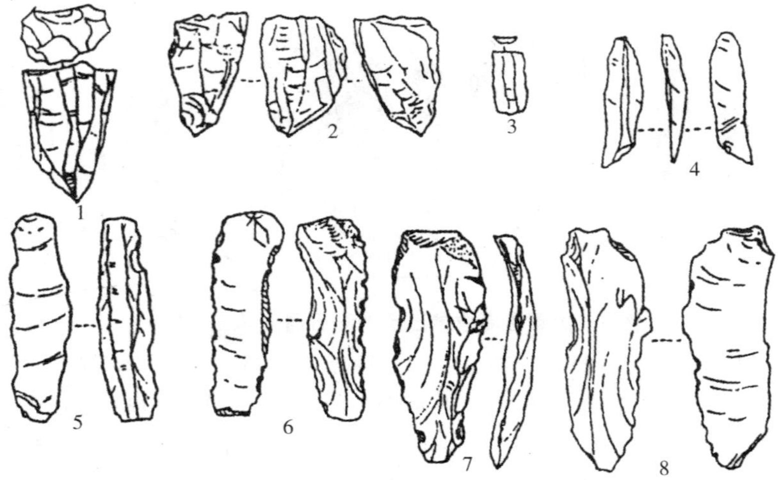

图7 西樵山出土的细石核、石叶（依张镇洪等）

1、2、3、7. 南蛇岗 3、4、6. 牛过坑 8. 锦岩（均为1/2）

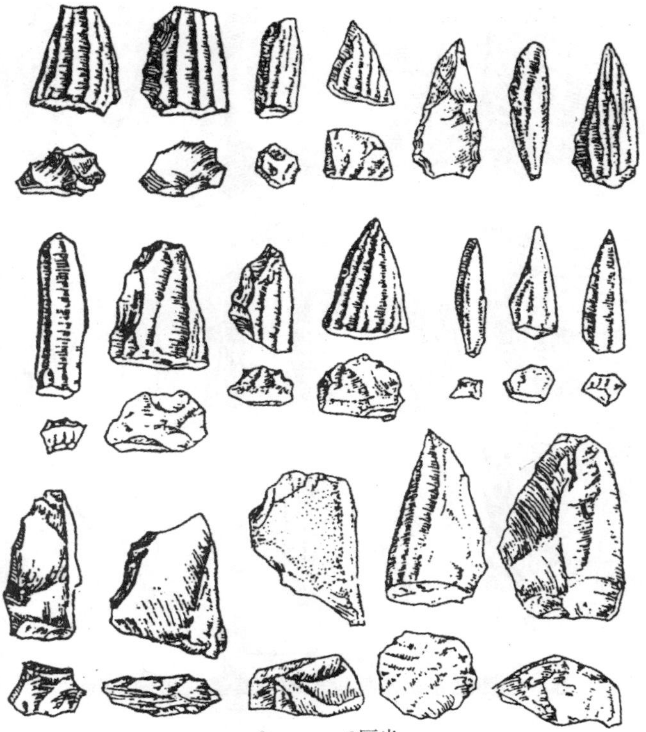
0 2厘米

图8 藏北申扎、双湖出土的细石器（依安志敏）

1、10、11. Ⅰ式楔形石核（8:1，1:4，1:3） 3、4. Ⅱ式楔形石核（11:1，19:1） 2、5、6. Ⅰ式锥形石核（10:1，8:4，8:19） 7、12. Ⅱ式锥形石核（8:31，21:1） 8、9. Ⅲ式锥形石核（8:39，25:1） 13. Ⅳ式锥形石核（8:5） 14. Ⅴ式锥形石核（8:4） 15. Ⅰ式柱形石核（8:10） 16. Ⅱ式柱形石核（9:11） 17. Ⅲ式柱形石核（8:3）

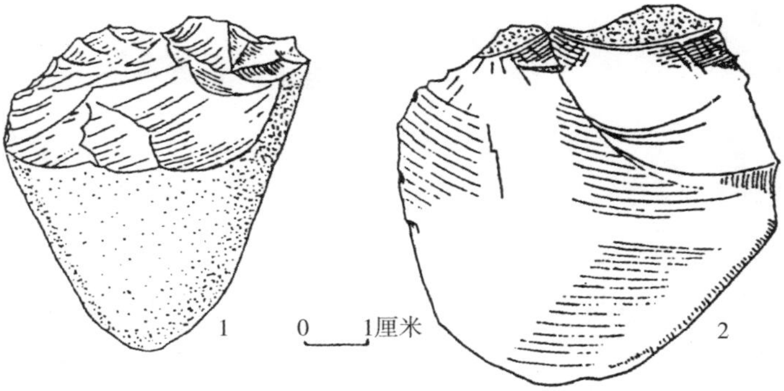

图9 柳州白莲洞及思多岩出土的砾石器（依吴新智等）

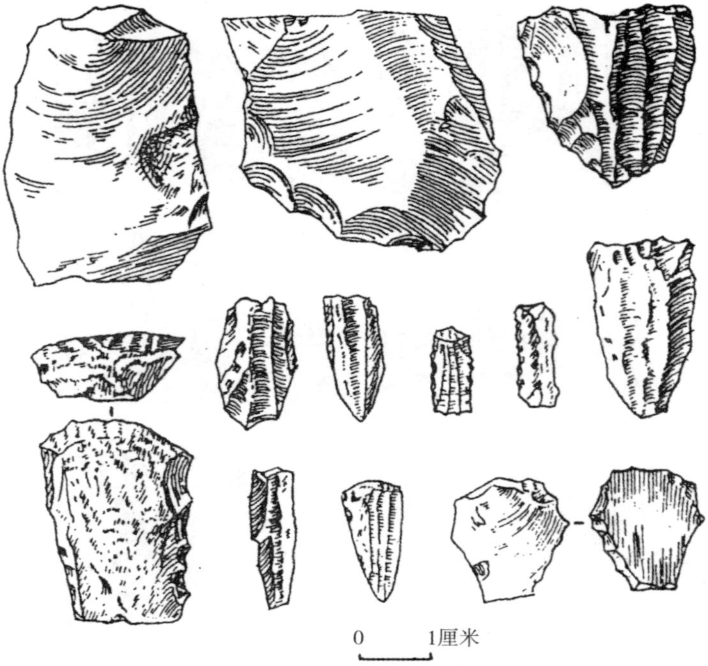

图10 西藏聂拉木县发现的细石器（依戴尔俭）

农业起源和家畜饲养起源的研究在岭南考古研究中的位置

关于农业起源的研究，近三十年来发表的文章越来越多，取得了一些可喜的成果。但对于原始农业何时开始和从哪里开始，以及农业起源的原因及其演化的进程，迄今为止还没有确切的答案，还处于各种推断和争论之中。这是全国的基本情况。

一、稻作起源的发现和研究处于全国的领先地位

到了70年代，在我国浙江省余姚河姆渡遗址发现了丰富的稻作遗存，经鉴定研究证明属于栽培稻的籼稻，时间为距今7000年左右。这是迄今为止，我国发现的年代较早的人工栽培稻（但不是最早），也是目前亚洲最古老的稻米实物遗存之一。但从稻谷谷壳、稻秆和稻叶等形态结构来看，河姆渡遗址的稻作绝不可能属于最早期的稻作，而是带有相当进步性状的稻作。由此可见，更原始的稻作应该到更早的时代中去寻找。前几年，在地处长江中游的彭头山、城背溪、皂市等新石器遗址中也发现了距今8000—7000年的人工栽培稻遗迹。比浙江河姆渡遗址稍晚的稻作文化遗址还有草鞋山、崧泽遗址等，它们的年代是距今6000年左右。

比上述的几个地点更早的稻作遗址有没有？有，它们就是湘南道县玉蟾洞和广东中部英德云岭牛栏洞两个遗址，两者的年代都超过10000年，而玉蟾洞遗址的年代可达12000年。不过从两个遗址出土的水稻硅质体来看，都属于原始型的。玉蟾洞出土稻谷的粒长与普通野生稻相似，粒宽则介于籼粳之间而倾向于粳稻，显示出一种普通野生稻粒向宽度横向扩大演化的现象。出土稻谷的稻毛长度处于普通野生稻与籼稻的变域内，但靠近普通野生稻，这是原始特征的表现，稃肩角度又介于普通野生稻与粳稻之间，表现出一种纵向缩短演化的趋向。出土稻谷的双峰乳突形状及其各项指标却与粳稻相似，但保持了江永（道县靠南的一个县）地区普通野生稻的原始状态。不过出土稻谷外稃顶端无

芒，完全不同于普通野生稻，表明已具栽培稻的性质。根据上述的特征，可以拟定玉蟾岩出土的稻谷是一种兼有野生稻、籼稻和粳稻综合特征的从普通野生稻向栽培稻初步演化的最原始的古栽培稻类型。这是张文绪教授和袁家荣研究员研究的结果。

而牛栏洞遗址发现的水稻硅质体，由于其扁柄长与现代水稻中的籼稻相似，扁叶长与现代水稻粳稻相似，双峰间距与现代水稻的籼稻相似，垭深与现代水稻相似。因此，在水稻的演化序列上处于一种原始状态。与玉蟾岩遗址出土的稻谷硅酸体相比，牛栏洞遗址文化层中发现的水稻硅酸体的性质虽然都属于原始型，但其糙稻性质更明显。这是顾海滨研究员等研究的结果。以上的两个发现可能是我国迄今在稻作起源上最早的材料了。除此之外，广西桂林市临桂县庙岩遗址中从文化层中出土的几块相当原始的陶片上面，有人说曾发现有类似稻谷的残留物，但后来在正式研究报告中没有再提此事，不过有一点应该引起我们高度重视。那就是这里出土的蚌刀相当多，从其用途来分析显然是一种收割的工具，如果不是用于稻作上，则很可能是用于集中采集上，采集一些不很粗壮的禾本科植物可能性比较大，用于其他用途是不大可能的。这种情况在桂林甑皮岩遗址中也一样，但这里的情况更难于解释，第一，甑皮岩先民生活的年代已是距今 9000 年以内，一直延续了近 2000 年，但在其所有的文化层中，包括最上文化层（唐宋文化层）中也没有测出禾本科稻属的硅酸体存在。这种情况可能吗？显然这应该寻找另外的解释。第二，各文化层中大多有蚌刀的存在，而且数量相当多，还有带孔的，这明显是收割的工具。如果不收割禾本科的植物又会收割什么东西呢？这些都是值得我们去思考的问题。上述的是南方地区的情况。

在北方情况又如何？在此相同的时间内，在华北和中原地区发现的迄今最早的农耕文化遗址是裴李岗、磁山、大地湾等遗址，其年代在公元前 6000 年左右（即距今 8000—7000 年），但他们栽种的不是稻子而是粟子（即小米），而且是大量的。

从生产工具上来看，不管是稻作农业或者是粟作农业都比较进步，河姆渡遗址出土的石锄、有肩石铲、有段石锛和骨耜等，以及磁山、裴李岗遗址出土的舌形石铲、椭圆形石斧和鞋底形石磨盘，锯齿状铲形石刀等工具都不可能是最原始的农耕工具。至今在距今约 2 万年的下川遗址中，在岭南西江流域的阳春独石仔遗址、黄岩洞遗址、鲤鱼嘴遗址中所出土的穿孔石锤（也称重石）和各种不穿孔或穿孔的贝壳刀是否可算是最原始的农作工具呢，这还不敢肯定。

根据上述的情况，在国内，迄今为止岭南地区有关稻作起源的发现和研究暂时处于全国的领先地位，湘南道县玉蟾洞虽然在岭北，但它的纬度和英德云岭牛栏洞差不多。更为主要的是，道县正处于五岭山脉中的萌渚岭和都庞岭两者之间的一个峡谷平原上，这个地方自古以来都是连接岭南岭北的一个天然通道。这个峡谷平原是由湘江一条支流——潇水和珠江大支流西江一条分支流——贺江冲积而成的，中间只隔了一个低矮丘陵区的分水岭，一望坦途，所以自古以来这里就成了五岭南北人类辐射、文化传播、交流和经济流通的主要通道。因此在这里能发现这么早期的稻作起源地点，一点也不奇怪。

二、岭南地区自然条件的优越性是促进农业起源的重要条件

这里讲的优越性是包括了温度、湿度、降雨量、野生稻和一些可食用的野生植物的存在，还有日照时间、无霜期长短及畜力的提供等。

在这涉及一个关于农业起源原因的问题，对此尽管争论颇多，但仍基本上可划分为两大方面。一方面是客观的原因，另一方面是主观的原因。现在我们讲的可能都属于客观的原因，即人类要试图栽培野生植物，适宜的生态环境以及为人类所熟悉而又适宜栽培的植物品种的存在，乃是必要的客观条件。

大家知道，岭南地区的自然条件对于绝大多数的野生植物都是不错的。这里高温、多雨、湿度大、日照时间长、无霜期长，而且作为畜力被使用的野生动物——牛（包括黄牛和水牛）被驯化的时间较早。可以被人类作为大力发展农业时的得力劳动力，也是一种有效的工具。

这些优越的自然条件造就了许多可供人类选择的禾本科野生植物和可食用的根块茎植物。所以喜潮湿环境的水稻就很自然的在南方地区被人类所认识，被驯化成了栽培稻。那些可食用的野生根块茎植物也大量存在，所以同样的很快被人类所利用。热带雨林中丰盛的瓜、果、豆类也很快由被人类采集逐渐变为人类栽培。岭南地区优越的自然条件不仅增加可选择的栽培品种，而且缩短了作物生长的周期，增加了收获的次数。水稻两造（茬）甚至海南岛可以三茬(一些农业育种要跑到海南岛去就是这种道理)。

以上讲的是客观存在的原因，下面我们将介绍另一个重要的原因就是人类本身的主观原因。

三、生产与消费的适应和平衡

生产力发展与人口的剧增，社会组织与风俗习惯、宗教信仰及传统心理都是人为的主观原因。

众所周知，客观原因是农业起源原因中很重要的一面，但并非是唯一的条件。原始人群的经济生活状况，包括可利用的动植物资源与人口的比例，食物资源季节性变化的大小与获取的难易程度，人们在狩猎与采集中消费的热量与获取的食物所提供的热量比例，社会组织、风俗习惯、宗教信仰乃至部落人们的心理传统等原因都可以影响到人们对试验栽培作物的态度。此外，人类掌握栽培技术的过程也不容易，比一般人所想象的要复杂得多，漫长得多，比起狩猎和采集，最初的作物栽培往往不是最经济和最可靠的谋生手段。并非所有生活在适当条件下的原始人类都一定倾向于农耕，下面我们可举一些例子加以说明。

当自然资源十分丰富，人们花费较少的劳动就可以获得充裕的食物时，栽培作物就不那么有吸引力了。如美国加州以橡实为主食的印第安人和澳洲的土人，虽然很容易从邻近的农业社会学习到栽培作物的技术，但都不愿学习。玻利维亚锡里澳罗（Siriono）的部落虽然早就知道原始农业，但经济生活仍然主要依靠狩猎、采集和捕鱼，因为这些活动投入劳动较少而收获都较多。在盛产野小麦的土耳其安纳托利亚（Anatolia）。一个家庭在几个星期内即可采集到全年的粮食，故而从来不会想到栽培小麦。这类例子还是不少的，所以有些学者认为，天然食物日益供不应求时，农业就成为人类迫切的需要。如果采集和狩猎所得足以糊口，无需另谋生计，这样农业的诞生就提不上日程。但事实上，采集、狩猎、捕捞的发展不可能无限的，当发展到一定阶段时，其所得和人类生活的需求之间慢慢地会发生日益尖锐的矛盾。这个矛盾一方面来自人口的不断增长，另一方面来自食物资源的缩小。

而影响到动植物资源减少的因素很多，自然因素首当其冲，气候的变化最明显，最后一次冰期过后，气候由冷变暖，使长期习惯于生活在寒冷气候下的猛犸象、披毛犀、麝牛和草原野牛等大型动物，在适应不了气候变化的情况下而大量死亡甚至绝灭。动物对气候变化的不适应反应是多方面的，例如过长的冬季对孕期长的食草类大动物是非常不利的，使它们面临在幼仔出生时由于缺草吃而出现大量死亡。此外，冰期环境在一些地区形成冰原或沙漠，使一些被困于绿洲中的动物成了孤立的群体，往往因此而失去对某些疾病的免疫力，等冰期过后，动物群发生次生接触后会导致某些传染病的发生而引起动物大量死亡。

也许有人说，北方的动物可以往南迁移嘛，这说得不错，但在迁移过程中也有一个适应问题，到了一个新的地方水土不服是一个大问题，正因为如此，不少种类的动物就这样死在迁移的路上。

加上社会因素，由于社会生产力的发展，狩猎工具和技术的不断提高，由石块、石片、木棒的打击发展到挖陷阱捕捉，用弓箭、流星球等工具进行远距离的猎取，再加上学会“火林狩猎”方法，被猎取的往往是成群的动物，这种狩猎的结果使猎取量和动物自我繁殖量失去了平衡。这种现象在旧石器时代晚期就已开始出现，如峙峪遗址和许家窑遗址发现几百头羊和马化石就是典型例子，有人把他们称为猎羊人和猎马人。还有阎家岗遗址的主人是猎牛人。

能影响到动物资源的因素对植物同样发生作用。气候的变化，由于严寒和干旱，引起了植物区系的变更，森林大片缩小，可供人类采集的浆果、坚果、橡粟等树种的产量大大减少。天然森林大火以及后来那种“火林狩猎”方法无形中人为地破坏了植被，危害到伴生动植物的生存，使生态失去了平衡。结果导致病、虫害经常发生。这样对野生植物的影响更为严重。原始人类的采集失去了来源，人口又不断增加，对食物需求量的增加是影响植物生长的重要社会因素。

在人类生活的最低需求无法解决时，为了生存，人们不得不设法生产食物，以解决吃饭问题。于是，从采集—狩猎经济向农业经济过渡就成为人类生活的迫切需要。但这种需要不是一下子就能创造出来的，而是经历了孕育、萌芽和发展三个阶段。

孕育阶段是漫长的，可以说人类从动物解放出来那一天，就为将来创造出更高一级的生产食物阶段而准备。因为人类是从动物界演化而来的，必然继承了类人猿杂食性的习惯，既吃植物又吃动物。在尚未学会生产这些食物的情况下，植物类食物全靠采集，动物类食物全靠狩猎、渔猎和捕捞。

采集和狩猎种类的确定，开始是盲目的，经过长期尝试，付出巨大的代价后，才慢慢地确定下来。对各种野生植物的辨认，是经过长期的采集实践才由上千种的植物中慢慢缩小到为数不多的易得、好吃、无毒的品种。人类积累了相当丰富的经验，在此过程中对这些植物的生态特点，何时开花，何时结果，在怎样的环境下它们才生长得好，才能大量地寻找到它们。这样无形中为人类由采集业向种植业的过渡准备了条件。所以在最后一次冰期全盛期由于气候干燥造成植物区系的变更，加上其他因素的影响，使得一些地区在冰后期变得木本植物减少，禾谷类等草本植物扩大，人类的采集重心由采集浆果、坚果、根块茎转移到采集禾本科、豆科的种子上。这个过程逐渐上升到一个重要的地位，成为采集业向种植业过渡的重要环节。这些变化和过程。孕育着农业起源的条件。到了最后一次冰期的后期，农业处于一个萌芽阶段。持这种观点的人有相当一部分。

但也有一些学者认为，农业不是起源于食物的逐渐私有制或经常不足情况下，生活在饥饿状态下的人们根本没有办法或时间去经历一个缓慢的从容实验的过程，以便使一种更好的不同的食物供给从容在遥远的未来发展起来。持此观点的代表人物就是卡尔·O. 索尔。他的理论依据是东南亚地区发明农业的远古居民，就是在生存条件相当优越的条件下创造出农业和家畜饲养业来的。上述推测似乎与我们在珠江最大支流的西江流域所观察到的情况相符合。

美国哈佛大学的人类学家张光直教授，对照河姆渡遗址和台湾大坌坑等遗址的情况进行分析后认为，索尔的假设是符合实际情况的。因为河姆渡遗址出土的大量动植物证据足以证明，河姆渡人类既是“丰富食物的采集者”，又是稻作农人和动物驯养者。他们很重要的一部分食物来源于大自然，很大一部分器具是用动物骨骼制作的。遗址中发现了大量动物骨骼，其中包括400多件鹿角。没有迹象表明在河姆渡文化出现之前的时期内，这里的自然环境曾经历过突然而重大的变化：据孢粉测定结果我们还知道，河姆渡文化时期的气候条件至少在其出现之前2000—3000年就已存在（即在距今10000—9000年）。这就反映出，河姆渡人的祖先生活时期的各种条件不会比河姆渡人差多少，他们同样是丰富食物的采集者。同样，台湾西海岸的大坌坑文化也反映出类似的情况。这些例子证明了索尔的理论是正确的。

但是，如果按照索尔的理论来探讨农业起源问题，似乎和前面提到的原因和条件相矛盾？会不会使人觉得农业起源的原因难于寻找？对此问题，根据前人发现和研究的结果，对照我们在珠江最大支流的西江流域及邻近地区观察到的材料，我们认为，和一切事物都有其发生、发展的过程一样，农业起源也有一个从无到有、从少到多的发展过程，而不是一下子就可代替采集和狩猎，或者采集和捕捞经济的。最初的种植不过是在自然启示下的偶然试验，后来慢慢地成为采、猎经济的补充，但仍居次要地位。只有不断从事种植和进行饲养才慢慢地显示出这种生产食物经济的优越性，表现出它比采、猎经济更可靠、更稳定、更安全和事半功倍的优点，一直到距今5000年前左右，原始农业生产才在不同地区先后逐渐地上升到主要的经济地位。

所以说，前面说到的两种模式都没有错。也没有矛盾，只是各人都从某一角度来解释原始农业的起源。的确如此，人类不可能在饥饿状态下从事驯化野生动植物，因为这是一个漫长的过程。但人类一直处于丰衣足食的状态下，也不会去致力于一些对自己可有可无的活动。丰衣足食的生活条件必然使人们处于一种相对稳定的状态，人们不必经常处于漂泊不定、迁徙无常的状态，而是最多处于半定居或季节性迁徙的状态。这种状态带来的结果必然是人口的增加，当人口增加到一定程度时，就会打破人口与食物之间的平衡。在这种情况下，为了生存、人类必然开拓新的食物生产或者寻找新的食物来源。在这个时候，人类面临两种选择，一个是开始新的迁移，回复到原来那种游荡生活，向能找到可供整个人群生活的新区迁移。第二个选择是，被迫利用在原来通过长期采集过程中已逐渐掌握野生植物生长规律的知识，开始人工栽培过程，以求取得更多的食物，解决食物不足带来的压力。前者的实施显然对群体繁荣发展不利，而且阻力很大，这种阻力来自人类过着定居生活后所形成的社会阻力和风俗习惯，难于执行。后一个出路的实施只能使原始农业的种植被提到日程上来。

又有学者认为，打破这种平衡关系的因素中还有另一个重要的因素，那就是家畜饲养的发展。著名考古学家布列伍德认为，农业起源是由于公元前9000—7000年，西亚的家畜饲养的发展，以及加强野生谷物采集实践的结果。谷物的种植首先是由牲畜饲料的需要引起的，只是到了后来才成为人类食物的重要来源。这种说法在某些地区确实如此，在狩猎技术发达的草原疏林地区，可狩猎的动物也多，猎获量也多，有时多到整个人群都吃不了的情况也会有的，特别对一些幼年的动物，对人无害又易于驯化，古人类不可能把一切抓到的动物全部杀死，当时又没有任何保鲜条件，把一些可以暂时不杀的贮存起来就好了。最后迫于无法只有养起来，慢慢地就出现了家畜饲养，因为数量不很大，不叫畜牲，只能叫家养。长期的实践，积累了大量的知识，慢慢就发展成有一定规模的畜牲业。活的动物是需要喂养的，有些大型的畜类，例如牛、羊、马，它们的食量大大超过人类，为了饲养它们而需要大量的饲料。如果单靠采集，肯定有困难，这无形中为打破人口和食物之间的平衡增加了一个重要因素，迫使人类要从栽培植物方面增加食物的来源。因此，在某种意义上说，家畜饲养和农业起源是同步的，而且是一个重要的因素。

除此之外，还有什么“绿洲起源说”“原生地起源说”以及“丰饶的半月形地带”等理论都有它们合理的一面。但实际上任何一种观点都多少涉及农业起源的基本条件：第一，是否具备可被栽培的野生作物或者是这种植物的种子。第二，当地的气候条件和地理生态环境是否适宜进行某种栽培植物的生长。第三，当地居民是否具有进行农业生产的愿望和需要。这是社会因素。如果以上三大条件都具备，不管在山区高原或者在丘陵区，甚至在河谷地带都能产生原始的农业。在此我们特别指出一点，世界上各种粮食作物对生长条件的要求是不同的，对环境适应的能力也不同，所以它们在世界上的分布不可能相同。它们的野生型分布的范围可能很有限，但它们驯化变成栽培植物后，其分布的范围则往往扩大很多（水稻就是一个典型例子，现在从南到北都有），所以在探讨农业起源时，我们必须客观地注意到这些因素，千万不要用单一个模式去套。特别是要注意到各个文化层中出土的孢粉谱，以及伴随出土的相关的生产工具（这里包括生产工具、收获工具和农业加工工具）。

最后，如果有人问到世界上农业起源的年限问题，我想不必追求一个固定的时限，因为世界各地的各方面的条件都参差不齐。农作物的种类也不同，对自然界的条件要求也不同，相当复杂，只能是一个大约的年限，一般认为发生在公元前7000年以前，如果根据已发现的材料来看，最早的农耕遗址是在非洲埃及地区发现，年代为公元前19240±290—公元前16960±200年；西亚地区则从公元前9000—公元前7000年；中美洲地区是晚一点，最早也不超过公元前5000年；这可能与人类分布到美洲的时间较晚有直接关系。中国的情况和西亚地区差不多。

由此可见，原始农业经过长期的孕育阶段后，到了中石器时代中晚期已处于一个萌芽阶段（个别地区早在旧石器时代晚期末已出现），经过新石器时代早期阶段的实践，到了新石器时代中晚期就上升为人类社会的主要经济。为什么有人认为，农业起源和家畜饲养起源是中石器时代一个重大历史事件，其理由就在于此，我觉得这种说法是正确的。

讲到这里，其实我已经把农业与家畜饲养的起源是同步进行和互相拉动的关系给大家交代清楚了。同时把农业起源（具体到岭南地区是稻作起源）和家畜饲养起源的岭南地区的重要位置也有了一个明确的交代。但不能说这个课题已全部解决了。其中一些关系转化还要大量考古发现去验证。

参考文献：

[1] 张镇洪、邱立诚：《人类历史转折点——论中国中石器时代》，广西人民出版社，1997 年。

[2] 张光直：《公元前五千到 10,000 年前中国远古文化资料》，中央研究院民族学研究所集刊，1979 年，46∶113。

[3] 阳吉昌：《试论桂林“甑皮岩遗址植物群”的科学价值及其有关问题》，《史前研究》，1990－1991 辑刊：124。

[4] 袁家荣：《湖南道县全新世早期洞穴遗址及其相关问题》，载《纪念黄岩洞遗址发现三十周年论文集》，广东旅游出版社，1991 年。

[5] 冯孟钦：《从考古发现判断农业发生标准的若干问题》，《农业考古》，1997 年，1∶38－43。

[6] 童恩正：《略述东南亚及中国南部农业起源的若干问题》，《农业考古》，1984 年，2∶61。

[7] 童恩正：《中国南方农业的起源及其特征》，《农业考古》，1989 年，2∶57－69。

[8] 孔令平：《中亚农耕的起源问题》，《历史研究》，1979 年，6∶43。

[9] 李富强：《试论袋苗地区原始农业的起源》，《农业考古》，1990 年，2∶84－94。

[10] 李有恒：《与中国的家猪早期畜养有关的若干问题》，《古脊椎动动物与古人类》，1981 年，19（3）。

（原载《岭南考古研究》第 6 辑，中国评论学术出版社，2007 年）

中国陶器起源浅说

一、序言

近年来，由于编写珠江文化史的史前文化一章的关系，笔者在查阅资料的过程中发现，中国陶器的起源在我国史前文化中占着重要的地位。它与我国农业的起源和家畜饲养的起源，以及社会形态的变化，生产类型和人类日常生活方式的变化都有密切的关系。而且陶器出现是否已成了人类进化时代划分的重要标志，或是某一文化类型兴衰的标志？迄今为止，有关中国陶器起源的时间、区域和主要成因都不是很清楚。还有，我们对它的起源与世界其他地区的关系也是了解甚少，如果我们把上述问题的解读多少能说上几句，也是颇有意义的。为此，我就在这里据已整理出来的材料简单说几句。

二、陶器起源的时间

北大严文明教授在其大作《稻作、陶器和都市的起源》一文中说道：关于陶器到底是什么时候发明的，过去我们只知道最早的陶器出自日本，例如爱媛县上黑岩阴遗址第 9 层的陶器，据测定为公元前 1 万年左右，这一时期被称为绳纹草创期。出土绳纹草创期陶器的地点，除北海道和冲绳外，几乎分布在整个日本列岛。据说最近在长野县下茂内和鹿儿岛县简仙山都出土了公元前 14000 年的陶片（图 1），后者烧成温度只有 400℃—550℃，还没有完全陶化，是名副其实的土器。在日本之后，俄罗斯远东区的乌斯奇诺夫卡等许多遗址都出土了公元前 10000 年以前的陶片，蒙古也发现了公元前 10000 年左右的陶片。在印度河中游一些遗址中，也发现了公元前 9000—公元前 8000 年的陶器，而在巴基斯坦的印度河流域，农业出现得比陶器早，西亚最早的陶器不早于公元前 7000 年。这是严先生介绍的国外的一些情况。

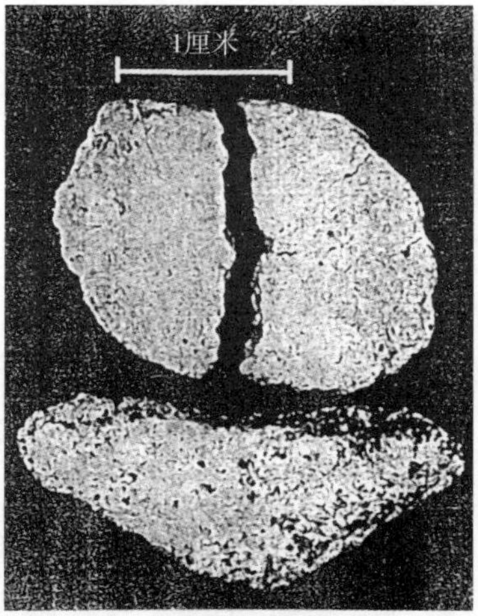

图1　日本最早的无纹陶器，在长野县下茂内遗址出土，C^{14}年代为距今16250±180年

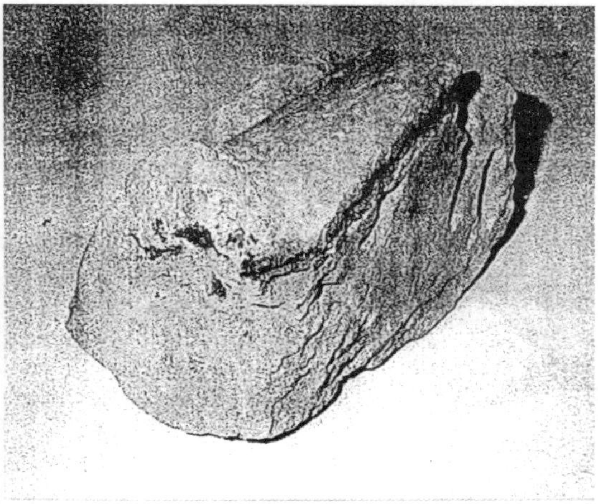

图2　虎头梁遗址出土陶片，与泥土黏在一起

在国内，陶片的发现情况南、北不同。在北方继河北徐水南庄头发现公元前9000—公元前8000年左右的陶器之后，在阳原泥河湾附近的虎头梁处发现了更早的陶片，年代远在公元前10000年以上（图2）。近几年来在中国南方，最早在江西万年的仙人洞和吊桶环都发现了公元前一万二三千年的陶片或陶器（图3）。接着在湘南道县玉蟾岩遗址发现了超过1万年的原始陶片，其具体年代如下：用陶片上的腐殖酸测定年代为距今12320±120年；用陶片基质测定年代为距今14810±230年；用同层位的木炭测定年代为距今14490±230年（图4）。在广西临桂县庙岩遗址第五层出土了超过10000年的原始陶片，其绝对年龄为距今17238±237年—18140±320年。因为是用螺壳作样本测，如果扣除偏老值2600年，也有14638—15540年。还有甑皮岩遗址发现了早期陶片，其第一期的绝对年代为公元前10550—公元前9415年（图5）；第二期的绝对年代为公元前9420—公元前9375年（图6）；第三期的绝对年代为公元前9410—公元前8875年；第四期的绝对年代为公元前9015—公元前8310年；第五期的绝对年代为公元前6835—公元前5600年。此外，于1998年在广东英德云岭牛栏洞也发现了原始陶片（图7－1），其出土层位的绝对年代为距今16235±100年—7910±100年，其中可分三期，第一期的绝对年代为距今16235±100年，测试样品为螺壳，扣除偏老值2600年，实际为距今13635±100年；第二期的绝对年代为距今10940±200年，测试样品为动物骨骼，不用扣除偏老值（图 7 －2）；第三期的绝对年代为距今 7910 ±100 年，测试样品为动物骨骼，不用扣除偏老值（图 7 －3）。迄今为止，出土原始陶器者基本就是上述那么多。广西柳州大龙潭鲤鱼嘴遗址下文化层发现了少量陶片，呈细绳纹夹砂陶，火候一般，其绝对年代为距今 21020 ±450 年和 18560 ±300 年，如果扣除偏老值也有 18420—15960 年，但陶片的特征不像原始陶片，原研究者也认为很可能是上文化层漏下的陶片，所以不属此例。

图 3　仙人洞遗址早期条纹陶

图 4　玉蟾岩 95DMT93E 陶片出土情况

图 5　甑皮岩第一期出土的陶片

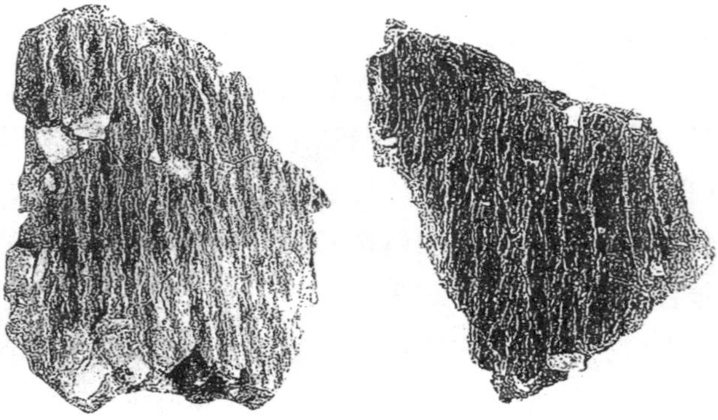

图 6　玉蟾岩 95DMT93E 陶片出土情况，甑皮岩第二期出土的陶片

三、陶器起源的条件

在谈到这个问题之前，我想应该对陶器先作个界定。对此大家都会明白，任何事物的起源和产生都有一个过程，在酝酿过程中，甚至在萌芽阶段都不要说已经是这个东西，起码要到了具有一定形状时才算数。陶器本身也一样，“陶”是这件东西的质，“器”是这件东西的形，陶器合起来就应是一件陶质的器皿。单陶不成器我认为不能叫真正的陶器，而只能叫陶块，或叫陶团。因为

人们在烧火时也会知道泥土搀入适量的水，稍经揉搓后遇火烤烧会变色发硬，这种特性，随着人类掌握用火的过程中就不断地加深认识，慢慢掌握了这种特性，为后来陶器的起源和制造打下一个最起码的技术基础。但在认识的过程中时间是慢慢的，长期的，而且是偶然的。因为泥土被火烧烤的机会是经常发生的，但潮湿甚至人为掺水的泥土再被火烧烤的机会就不多，同时，不是任何潮湿后的泥土，只要加热就能使之失去结构水而陶化，温度也是一个很关键的条件，只有加热到600℃以上才行。温度不够，泥土不能陶化，不能变硬，更不能增强应力，耐火耐水。再加上没有一定形状，这怎么能算是陶器？因此，人类在发明陶器之前，一定经过漫长的认识过程，也要在认识的基础上再经过漫长的实践、改良过程才能烧出第一个陶器。所以现在我们在一些遗址中，在年代较早的文化层中，出土一些火候很低，含砂量大而粗，质地松散的原始陶片，就不能称其为陶器，而只能称其为不成型的原始陶块。如桂林庙岩、湖南道县玉蟾岩、甑皮岩第一期、英德云岭牛栏洞一期、江西万年仙人洞早期条纹陶都属此列。不过由于它们的出现，预示着人类距离真正发明陶器的日子已为期不远了。

陶器的发明除上述的技术准备过程外，还和其他一些条件有很大关系。不少学者认为，陶器的出现和农业起源关系很大，这种看法颇有道理。

图7　云领牛栏洞出土的陶片拓片（1. 一期　2. 二期　3. 三期）

大家不要忘记，迄今为止最早出现的陶器都属于陶罐类，接着才有陶釜、陶盘，这些都是盛器，有些还可以作炊器，用来煮东西，盛器可以盛水，盛种子，盛果子，水除了可以给人类、家畜饮用外，还可以浇灌，如果作炊具，需要煮过后才好食用的东西就太多了。别的东西看不出其迫切感，我们可以从最后一次全球性的冰期过后，海平面上升、大陆架、内陆低地、江河湖泊的水平面上升后所带来的水域面积大大扩展，加上气温回暖，水产类高速繁殖，采集业逐渐发展到水边，捕捞和渔猎大大加强，人类的食谱很自然地产生变化，鱼类和水产贝壳类日渐增加，鱼类可以用竹、木枝串起来烧烤吃，但贝类怎么办？我们从牛栏洞遗址里就发现不同文化层中出现不同的现象，第一期文化层的螺壳和蚌壳都是砸碎的，因为未经煮过的贝类，其肉是无法用竹签、木条挑出来吃的，唯一办法就是把壳砸碎然后取其肉，但在第二期文化层里，同样的螺壳和蚌壳，它们已呈很完整的了，不用砸碎就能取其肉。在第三期文化层里，我们发现已出现有些螺壳的尾部被去掉，人类已学会用嘴吮吸其肉了。为了生存，为了食到美味的水产贝类，人类在短短的2000—3000年内，就有如此的进步。所以说，由于自然环境的变迁，给人类带来生存条件上的变化，人类在适应自然条件的过程中，在生产技能上和生活方法上都出现如此大的改变，在这个变化中，陶器作为一个盛器的功能可以尽最大限度地表现出其优势，所以制陶业的发展有什么理由不迅速发展呢？因此到了新石器时代早期晚一阶段和新石器时代中、晚期，制陶工业的发展极快和丰富多彩，真正成了一个社会文化上的标志。这也是陶器起源一个不可缺少的条件。

同样，由于陶器的出现，农业的起源也受到促进，在功能上它们为农业的起源增加了动力，一个“盛”一个“藏”，这两个功能从人类开始集中采集和开始园圃性农业时就已起到非常大的作用，盛水浇苗和收藏保留种子都得依靠陶器，没有陶器怎能实现互相拉动的作用？从我们介绍的上述几个最早出现原始陶片的遗址中，90%都有原始农业的出现，这难道不是很能说明问题吗？就算仍未发现水稻硅质体的甑皮岩遗址，也不能肯定地认为它没有农业，没有栽培水稻，园圃性农业也许会有，不然家畜饲养怎么解决呀！所以说，看问题要全面分析才比较客观，单纯摆弄几个数字是不能解决问题的。

四、陶器起源的中心区

关于这个问题我比较赞成没有中心区的观点。如果说有中心，那么中心的形成是需要条件的，这个条件又是哪些？根据研究的结果，我认为生态环境是先决条件，不管是稻作或是麦作，还是小米，有了野生的水稻、野生大、小麦或小米，这是最起码和最根本的，因为任何农业的起源都需要经过一个漫长的认识过程，这个认识过程就是实践，在长期的采集过程中认识了各种各样植物的生长规律，什么时候发芽，什么时候开花，什么时候结果，什么时候收成。

什么样的自然环境才适合某种作物生长。这些规律都是在不断实践过程中有所认识和逐渐掌握的，进入集中采集时，除了寻找加工方法外，还要寻找贮藏的方法和器具，这样具有收藏功能的陶器就成了原始人类青睐的东西，它的产生自然地随着农业的起源而应运而生，到了后来，各种不同类型的陶器的产生就是随着社会形态的发展和各种生产的需要，以及人类生活的多样化而产生，这个时候的发展与生态自然环境的变化就不是那么直接了。

但我们知道各地的自然条件是不同的，只有那些自然条件比较优越，适合某种农作物生长和发展的，那个地方就很自然地成为某种作物起源的中心。从现在已发现和掌握了的考古成果来看，为什么稻作的起源最早出现在珠江流域的岭南地区？因为岭南地区地处热带和亚热带区域内，当全球性最后一次冰期来临时，对这一地区的影响是有的，明显的是海平面大幅度下降，大陆架大面积出露，陆桥大量产生，为古人类的辐射和文化交流提供了天赐良机，所以在这个时期不仅是岭南地区，全球性都出现人类大迁徙、大辐射，具体表现在文化遗址的分布地区更广泛，密度更大，在一些地区开始出现所谓聚落，人类的居住已从洞穴、岩下发展到河流阶地或台地上，随着最后一次冰期的结束，全球气温的回升，处于全球纬度比较低的热带、亚热带地区，由于本来在冰期时候受影响并不严重，在一旦气候转暖，海平面上升，气候变得更潮湿多雨，这样给全球性的生物都带来了生机，人类社会经济由单纯的采集、狩猎经济很快地发展为采集、狩猎、渔猎和捕捞的复合经济，人口的迅速增加使原始群开始解体，从而进入了氏族社会，由于半定居甚至定居的出现，就为农业和家畜饲养的诞生准备了条件，在整个岭南地区这些优越条件比纬度较高的北方地区复苏得早和快，所以由此应运而生的制陶业相对地比北方地区出现得早是很自然的事。但事物发展并非绝对的，对于适应干燥或温湿环境的麦作和小米的栽种，在冰期刚结束不久，干旱时期过去而温湿的环境一出现时，它们也会迅速出现；这样的农业比南方的稻作也不会晚太多，正因为如此，日本、俄罗斯、蒙古、西亚和中东一些地区，也会出现较早的农业和制陶业，那些被认为无农业而只有陶器的遗址（日本比较多）不知是否是贝丘遗址，或含介壳的文化遗址？如果是贝丘遗址或文化层中含有介壳时，就算无农业时也完全有可能出现陶器。因此，陶器的发明不可能局限于一个地区，它可以在若干个地区同时出现，或先后出现，后来出现的也不能说一定由早发明陶器的地方传承过来的，它可以独立地发明，也可以通过文化辐射交流过来，关键看被辐射的地区是否的确需要陶器这种工具。不迫切需要，就缺乏吸收这种技术的积极性，无积极性就很难使之产生和发展。这是从古到今一切事物产生和发展的通性。

虽然我们认为陶器的发明对人类文明的发生和发展起了很大的促进作用，但陶器的起源要找出一个中心来确有难度，而且无此必要。因为任何事物的诞生和发展不是一成不变的，尽管原始的陶片在中国范围内以珠江流域的岭南地区出现的最早最密集，但当陶器真正成为新石器时代一种标志，发展到中晚期，岭南地区乃至整个珠江流域逐渐地失去了原来的优势，变得有些滞后，一直发展到封建社会后，情况更为明显，什么原因造成这样的结果？我们应该加以探讨，但不是今天我们要论述的问题。只不过通过实事求是的讨论说明任何事物和历史的发展都是不断变化的，不可能一成不变的。只要您弄清楚引起这些变化的原因，您就变被动为主动，成为时代的主人，主导时代的发展。也许这是我们通过对陶器起源的探讨，从中获得的一点启示吧！

参考文献：

[1] 严文明：《稻作、陶器和都市的起源》，《稻作、陶器和都市的起源》，文物出版社，2000 年。

[2] 袁家荣：《湖南道县玉蟾岩一万年以前的稻谷和陶器》，《稻作、陶器和都市的起源》，文物出版社，2000 年。

[3] 张弛：《江西万年早期陶器和稻属植硅石遗存》，《稻作、陶器和都市的起源》，文物出版社，2000 年。

[4] 郭瑞海、李珺：《从南庄头遗址看华北地区农业和陶器的起源》，《稻作、陶器和都市的起源》，文物出版社，2000 年。

[5] 堤隆：《日本列岛晚冰期人类对环境的适应和陶器起源》，《稻作、陶器和都市的起源》，文物出版社，2000 年。

[6] 中国社会科科院考古研究所、广西壮族自治区文物工作队、桂林甑皮岩遗址博物馆、桂林市文物工作队：《文物分期及特征》，《桂林甑皮岩》，文物出版社，2003 年。

[7] 英德市博物馆、中山大学人类学系、广东省文物考古研究所：《文化遗物》，《英德史前考古报告》，广东人民出版社，1999 年。

（原载《香港考古学会会刊》第 16 卷，2010 年）

南江稻作文化点滴

今天在罗定市召开南江稻作文化论坛十分有意义。因为稻作在我国是主要粮食作物之一，除了小麦、大麦、小米和苞米外就是稻米了。发展到今天不仅南方大面积栽种，连我国东北地区也可以种水稻，而且产出的大米不单产量不低，同时，由于一年一造生长期长而质地十分优越，很好吃。我国虽然是一个产大米的国家，但仍然是一个大米进口国而不是出口国，这个情况说明了许多问题，证明了产量不高，不能自给自足。造成这种现象的原因有许多，我这个作为人类起源和史前考古学学者对此问题不可能面面俱到地加以探讨，只能从稻作起源和发展的角度谈几点看法，仅供行家参考。

一、华南地区是我国稻作起源的地方

迄今为止，水稻起源比较早的地方绝大多数都在南方，尤其在长江以南。对于我国稻作起源地的观点，根据迄今已发现与此有关的遗址，学者们的观点基本上可归纳为如下几种观点：（1）长江下游是中国稻作起源地。（2）长江中游是中国稻作农业的起源地，而且认为是由长江下游扩大到长江中游的。（3）90 年代中期，由于河南舞阳贾湖遗址发现距今 8000 年左右的稻作遗存，所以有学者提出黄淮流域是稻作农业的起源地。（4）90 年代末期，湖南道县发现了距今 1 万年以前的稻作遗址——玉蟾岩，以及江西万年仙人洞与吊桶岩遗址，也发现了距今 1 万年以前的稻作遗存。后来又在广东英德牛栏洞同样发现了距今 1 万年以上的人工栽培水稻的硅质体。这样华南稻作起源说又一次被重视起来。上述四种观点，就现有资料来看，长江中、下游论和华南起源说值得重视，华南农业大学的向安强教授认为，特别是华南说有来自水稻生态学和遗传学研究成果的佐证而更受人重视。

罗定位于西江流域中部、大支流——南江流域内，南江虽然是一条不很长的河流，但它的位置十分重要，是萧贺古道南段的组成部分，又是连接我国南方最早的始发港——合浦、徐闻的主要通道。南江发源于云开大山的鸡笼山，流经信宜、罗定、郁南、云安、云城、云浮等市县，全长约 400 多公里，南江流经的地方是一个山间盆地。在此大盆地中包括了若干中、小盆地，罗定市地处云开大山东麓，雨量充沛，阳光充足，土壤肥沃，日照时间长，日夜温差较大。这是稻作生长最适宜的地方。从古到今都是如此，这就是今天能在此培植出优秀的水稻品种“亚灿米”的底蕴。

早在相当于英德牛栏洞同期的地方，在罗定市近邻的阳春独石仔遗址，虽然在此还未取样进行水稻硅质体的测试，但从发掘出土的工具中，同样发现有和牛栏洞一样的收割禾本科作物的穿孔蚌刀，以及刃部磨得很锋利的切割器。由此可见这一带地区早在中石器时代或新石器时代早期阶段，生活在这里的古越族居民也和英德牛栏洞的古越族居民一样已开始培养人工水稻，一直至今积累了丰富的栽培水稻的技术。正如亚灿米培育者所确认的，水稻生产的生态环境质量好坏，对生产优质米至关重要，所谓好山好水出好米，这是客观上的条件。与此同时，我认为还得加上主观的人为条件，这就是栽种者所掌握的人工栽培技术。这种技术包括两大方面：一方面是懂得利用优良的自然生态条件，合适的纬度（北纬 22.1°），这里正好处于亚热带气候区，有云开山脉屏障于西，挡着西北风。泗纶河穿过整个盆地，便于灌溉，调节湿度，使雨量充沛，空气清新，土质肥沃，这是种植优质水稻的最优良的条件。另一方面是掌握了栽培优良水稻的技术，就是创造有机种植的原生态，使能种植出有机水稻。所谓有机水稻的生产就是指在水稻整个生育期都不使用化学合成的肥料、农药、生长调节剂等物质，也不采用基因工程获得的生物及其产物的生产体系，而是遵循自然规律和生态原理。其关键是建立和恢复农业生态系统的良性循环，以维持农业生产的可持续发展。这种技术被丰智昌顺科技有限公司称为“丰智天然健生栽培法”，具体来讲，就是不施农药、化肥，不使用畜禽粪便做肥料，全部使用天然、优质、可食用的植物原料，如大豆粕、花生粕、米糠、谷壳等原料制作的有机肥料和自制的农健宝做肥料，有效避免部分农作物因使用养殖场禽畜粪便而令禽流感、疯牛病等及残留激素经由禽畜粪便对农作物的二次感染。据该公司介绍，用“丰智天然健生栽培法”种植的亚灿米具有膳食纤维营养比普通糙米高 100%，煮成的饭有口感软、滑、甘甜、弹牙、香味浓郁、营养丰富，食用纤维和钙含量高等特点，这就是用“丰智天然健生栽培法”培养出来的优质水稻。

我之所以要谈这两点，是想说明亚灿米能在罗定这个地方培养出来不是偶然的，而是既有自然生态条件的原因，又有人为先进的栽培技术的原因。只要我们深刻地认识到这一点，那么“亚灿米”的产生才有它的现实意义。

二、一个品牌产品产生的现实意义

当今社会上，人们对一切问题谈论得多，实践得少，科学持续地去创造一个品牌产品的更少，今天我们在这里谈有机水稻这个品牌，不仅是在谈一个优良的水稻品种，而是在宣扬和探讨我国水稻今后生产的发展方向。因为有机水稻涉及实施水稻无公害栽培，就应遵守可持续发展原则，按特定生产方式生产，从品种选择及合理栽培、产地环境、培肥及病虫害防治四个环节着手，生产出无污染的安全、优质营养稻米。还有对种子处理，适期播种、培育壮秧、施有机肥、水染道理、病虫防治、杂草控制、收割加工全过程实行严格管理。其中，杂草控制采用人工拔除及除草机中耕除草，以苗压草、养鸭除草等方法来控制田间杂草的发生。在病虫害防治上采取物理防治、生物防治、利用害虫天敌及稻鸭共作等天然方法来防治病虫害。以上的方法虽然简单，而且在过去南方水稻种植区普遍有所使用，但因地制宜地把几种方法结合在一起来使用就不多，这就需要我们通过实践反复试验，科学总结才能最后达到一定的水平，才能最后创造出一套可行的方法来。但我们必须知道，各地的自然生态环境是有差别的，因此我们使用的办法不能千篇一律，而要加以科学地调整，只有这样我们才能不断地在更广大的范围内使用，才能得以推广，不断地产生新的品牌。真正好的品牌不单品质好，产量高，而且成本要低，实用性强。这样才有它真正的意义，对国家建设才有大的贡献。

（本文为参加 2012 年罗定稻耕文化研讨会论文）

英德牛栏洞发现的重大意义

农业起源是人类历史发展进程中一个重要的转折点。农业种植业的发生，伴随着畜牧业的出现，表明人口的增加，社会形态的改变，同时伴随着原始宗教的出现，以及原始艺术和手工业的出现，有学者把农业起源视为人类社会由旧石器时代进入新石器时代的一个重要标志，从事史前史研究的学者把农业起源作为人类文明开始的一大亮点。目前，在我们国家发现的早期农业遗址实在不多。在岭南地区英德牛栏洞的发现给我们带来了欢乐和希望，经近十年来的不断调查、发掘和多学科的研究，终于在如下五大方面发现了重大意义。

第一，它是我国南方发现的属于中石器文化的一个典型文化遗址，其年代处在距今20000多年到7000多年，正好是旧石器时代末期到新石器时代早期。包括了整个中石器时代。它出土的大量石器工具代表了岭南地区中石器文化的特色。它告诉我们，中石器时代的文化在我国是客观存在的。同时它告诉我们，在中国南北方的中石器时代，其文化特色是不同的，之所以不同，其根本的原因是南北所处的自然环境差别太大了，人类的文化本身就是在适应生态环境的过程中创造出来的，因此自然而然的有差别。牛栏洞遗址出土的一千多件中石器文化工具，为我们研究中国中石器文化提供了一份十分珍贵的材料。

第二，经反复测试，在遗址的文化层中发现了正在演化的人工栽培水稻的硅质体，从野生稻、非粳非籼，直到最后完成分化的水稻硅质体系列，这是非常难得的，也是中国文明的一大亮点。中华文明是以农作起源为始点的。虽然目前牛栏洞遗址发现的材料不算太丰富，只有几十粒标本，甚至有个别学者认为不可足信，但它比较完整系统，所以非常难得。

第三，在文化层中，发现了原始的人工制造的陶块和陶片，反映出整个制陶的系列工序。从火候低，含沙粒粗大和数量多，体质松散，不成型，从无纹饰一直到有粗绳纹的夹沙褐陶，反映出制陶的整个过程，为我们研究陶器的起源提供了十分珍贵的材料，同时也反映出农业和制陶业的关系密切。

第四，从出土的兽骨统计中发现，偶蹄类动物占60%，而大、小鹿类占75%，鹿类中，青壮年个体占65%。但在周围环境的调查中没有发现悬崖峭壁的狩猎条件，所以只能推测这些兽骨是从饲养的环境中获得的，暗示着家畜饲养可能已开始。

第五，从工具套研究中发现，蚌刀、石刀、凹刃和凹缺刮削器等数量相当多，这些都是收割禾本科作物常用的工具，也是稻作起源的一个佐证。因为有何种生产劳动就需要何种生产工具。

由此看来，这些发现并非偶然，和北江地区生态自然环境优越、文化底蕴深厚有直接关系。同时不仅古代时候是这样，也反映出今天要进行现代化农业生产同样具备着非常良好的条件。这是古今文化必然的联系，况且这个地点也不是孤立的，牛栏洞所在的狮石山还有若干个溶洞，虽然有一些洞穴经过自然力破坏，不过洞内的堆积仍然存在，并没有全部被侵蚀掉，甚至有些堆积中已露出一些兽骨碎片，如果接下来我们继续进行系统的发掘，我相信会有更大的发现。

（原载《岭南考古研究》第 13 辑，香港中国评论学术出版社，2013 年）

其他

为何如此巧合？

——谈香港黄地峒遗址

一、问题的提出

2006 年 1 月 14 日，香港各大新闻报纸先后以头版头条大篇幅地刊登了一条消息，香港首次发现旧石器时代晚期的石器加工场遗址。经 2004 年调查和试掘，以及 2005 年第一次正式发掘，在不到 15 平方米范围内出土了石制品 6000多件，如果连地表采集，其数量已接近 10000 件。该遗址南北方向长 300 多米，东西方向宽 160 多米，被海水淹没看不清楚的部分不知道还有多长的距离。可见此遗址的规模相当大。根据试掘采样经光释光（OSL）测试结果，其文化层堆积最早（L4—LS）可达距今 3.9 万年前，稍晚的是距今 3.5 万年前。最表层的（L1）的年代是距今 1933 ±64aBP，L2 的年代是距今2848 ±126aBP，L3 的年代是距今6800 ±600aBP，L3 和 L4 之间从地层堆积来看，是不整合的。有些层位已被侵蚀了。对于这一重大发现，总体来讲，大多数人为这一消息而感到十分惊讶，由于这一发现把香港的历史由原来的6000年一下子提早到约 40000 年，惊讶之中不少人为此而高兴。也有些抱着怀疑态度的人，认为这是可能的事情吗？因为迄今为止，过去在香港地区从未发现过超过 6000 年的历史文物。2002 年秋，现已逝世了的前香港考古学会主席莫稚先生在新界沙头角地区发掘了一个遗址，他根据出土之文物认为，这个遗址的年代很有可能属于新石器时代的早期（即超过 6000 年），但大家都不以为然，不给予重视。现在一下子又说发现了将近 40000 年前，属于旧石器时代的文化遗址，这更使人感到惊讶。面对这 6000 多件标本，不由得给大家提出一个问题，这是怎么一回事？这是问题的提出，我们必须解读。

二、各种各样的反应

经过 2004 年和 2005 年两年来的调查和发掘工作，出土和采集到的人工打制石制品将近1万件，面对这一事实，有不少人（包括搞考古的和考古业余爱好者）都发表了看法。在此，我们只谈看法而不谈发表这些看法的人们的动机。如果要追究动机，除非有个别是对某人进行人身攻击之外，其余者都是对事不对人，是为了把此发现更深入求得了解而已。怎样说都是无可非议的。科学本身也是通过不断提出问题而最后达到解决问题的目的。

首先，提出黄地峒发现和出土的人工打制石器很有可能是属于旧石器时代的产物者是本文作者，当时送标本给笔者鉴定的发现者之一的吴伟鸿先生没有表示不同的意见，而且接受笔者的建议，马上向特区政府申请执照和经费开始进一步的调查和试掘。经过香港考古学会和中山大学岭南考古研究中心联合考古队2004年的调查和试掘，围绕着黄地峒遗址周围5平方公里范围内，从地质、地貌方面，他们作了比较详细的调查，对基岩出露和可作打制石器原材料的凝灰岩的出露地点和分布高程等情况，以及打制石器的分布范围都有一个大概的了解。同时在不到5平方米的探方中，出土了3000多件石制品。在此过程中联合发掘队的主要成员基本上接受了笔者的观点，认为黄地峒遗址的确是一个属于旧石器时代晚期的大型石器加工场。后来又在各文化层中采样用光释光方法作年代测试，结果是表层（L1）至第三层（L3）的年代是距今6000多年以内，第四层（L4）和第五层（L5）都是超过6000多年而接近4万年，第三层（L3）和第四层（L4）之间的地层不整合，有缺失现象，所以年代也连接不上。这是什么原因造成的？当时并不清楚。从出土和地表采集（包括海漫滩上采集）的所有石制品均为人工打制石器，没有发现局部或通体磨光的石器，也不见任何陶片或骨、角质制品。此时，有人提出，这么重要的发现应该及时对外宣布出去，对此作法也有不同的态度。首先是香港特区政府负责这方面业务的古物古迹办事处一再表示，对此要慎重再慎重，因为香港地区从来没有发现过这么早的文化遗址，所以要特别慎重。对此意见考古队全体成员认为颇有道理，而且大家也觉得还有一些材料仍然未拿到手，例如年代测试和孢粉测试结果都未出来，缺乏依据。就单凭石器加工技术和形态特征等是否可马上确定黄地峒遗址就是旧石器时代石器加工场？对此大家都认为必须把工作做得更细致才对。所以大家都继续努力工作，并进一步通过古海岸线的变迁来探讨黄地峒遗址的时空问题。不仅如此，我们为了保险起见，把我国著名的研究旧石器专家、北京中科院古脊椎动物与古人类研究所的张森水研究员请来，到香港对试掘出来的全部石制品作进一步的观察和鉴定，足足花了一星期的时间，由张镇洪教授和广东省考古所副所长邱立诚研究员陪同，比较详细地进行观察和鉴定，并多次到发掘现场考察。事后还专门举行了一次座谈会，在会上张森水研究员主要谈到两点：首先，他认为旧石器所有的加工技术，在黄地峒遗址出土的石制品中几乎都可以看到，石器种类如此多，密度如此大，数量如此丰富，在全国是不多见的。在香港地区，岭南地区，以及整个东南亚地区均属首次发现，是一套全新的组合。这是它的重要性所在。第二点谈到年代，他认为这套东西最晚也不会晚于距今8000年（理由当时没详细说）。至于可以早到什么时候就要看最后的测定结果。但太早也不可能，还是属晚更新世时期的产物。不久，第一批测试年代数据出来了，就是前面提到的数字。直到这个时候，香港文博考古界从事考古工作的同仁，对此结果的看法仍然有分歧，明确表态的只有前A. M. O. 执行秘书叶祖康先生和粤港考古研究室主任刘茂女士，都认同此看法。叶祖康先生说，在他当A. M. O. 执行秘书时就讲过，香港地区不可能没有旧石器时代的文化遗物。主要依据是香港半岛和内地是紧密连接在一起的。但不少人仍不相信这发现是真的，因为过去发现的都是新石器时代中、晚期的文化遗址。另外，他们都说，某地质学权威著书说过，珠江三角洲（包括香港）成陆时间是在距今一万年以内的事，所以不可能在旧石器时代就有人在香港地区活动。（这位地质学家听到如此的论调时就说，这些人没有读好他的书，纯粹误解了。所谓成陆是指珠江三角洲平原，岭南丘陵是直连到香港的。2006年2月份，李平日教授亲自到黄地峒遗址现场进行考察，回来后在《热带地理》杂志上发表了他的看法）。亦有人把黄地峒遗址和广东珠江三角洲的南海西樵山遗址相比，认为是同期的东西。但西樵山遗址有两套三类石器：一类是人工打制石器，大量是磨光石器的模胚；二类是通体磨光各种各样的双肩石斧；三类是石髓制作的细石器和北方草原地区的细石器有许多相似的地方。既然如此，为什么还拿它和黄地峒遗址那套打制石器来比较？有些人认为，黄地峒遗址出土的那种楔形器就是磨光石器的毛坯，但仔细一看，那种楔形器的远端薄狭而近端厚重，而且往往是齐头折断的，和当今石场上用来开石的木楔或铁楔子很相似。

2004年的测年数据出来后，有些人还不能接受测试结果，其理由是考古发掘队取样时不规范，曝了光，所以不准，不可信。但据光释光测年的学者说，如果真的曝了光，这个数据应该变新了，如果没有曝光，其结果应该更早。因此，以此为由来否定这个测年数据的讲法可以说是莫须有，完全是外行的说法了。这样说来，2004年的测年结果起码标志着黄地峒遗址很有可能是真的属于旧石器时代遗址。其实负责采样的谭惠忠高级工程师当时所用的方法，也是地质队在野外工作时常用的方法，器具虽然简单，但实用可行。说实在的，工作好与坏，关键还是人，会操作的和不会操作的差得远，就算有好设备，不会用也白费。所以我们只能讲究实效，不必太过于讲究设备。当然有人又有好设备，谁都希望是这样。所以，在2005年第一次正式发掘时，就按正规要求去做，目前样品正在测试中。尽管如此，香港A. M. O. 负责这方面工作的官员觉得还不可靠，提出要在2004年采样的探方中重新采样，送不同单位测试。香港政府编写《香港第四纪地质》一书的学者，提出政府可以负责为我们再测年代，而且对石器表面那层白色的高岭土化的氧化物也可测试，结果如何目前尚不清楚。

为了解决黄地峒遗址的年代问题，单靠物理测定也不是唯一的办法，我们认为应该用多学科参与才能得到比较准确的结果。所以我们就朝这方面来努力。

三、其他学科的论证

2004年首次调查和试掘结束后，根据上述各方面的反应，在2005年第一次正式发掘之前，我们尽量去收集有关香港第四纪地质方面的资料，以求对黄地峒遗址的时空跨度有一个明确的认识。

1. **海平面的变迁**

根据《香港第四纪地质》、《珠江三角洲形成发育演变》（黄镇国、李平日等，1982）所公布的研究成果，我们发现约在距今120000年前的间冰期，香港的气候比现在暖和，海平面高出现在的海平面约4—6米，即现在整个企岭下海地区均在水下。其后，气候逐渐变冷，大约在距今75000年前，为冰期寒冷期，海平面比现在低约77米，香港大部分的半岛和离岛都连为一体。大埔吐露港至大鹏湾的赤门海峡只是一条河流，而企岭下海是其中一条较大的支流，局部河段存在河谷平原及河流阶地，有着适合人类生活和居住的理想环境。整个企岭下海因而出露于海平面之上，成了古人类可以在其上活动的地方，也成了沟通黄地峒、深涌和现在的三杯酒、井上等地的通途。根据水文测量结果，现在企岭下海整个海湾水最深处也不超过15米。其后，出现了多次的气候波动，最为严重的是到了距今28000年前这个时候，气温变得相当暖和，使香港乃至珠江三角洲的低洼地区再一次被海水淹没，这称为晚更新世的“海侵”。但为期不长，大约从距今25000年前开始，气候再次变冷，海平面又渐渐下降，在距今 18000—17000 年前成为最后一次冰期最冷的时期，那时的海平面下降至现在海平面以下 120—130 米的深度。这样，整个企岭下海湾再次暴露出来，为古人类所利用。虽然到了距今 12000—11000 年前，最后一次冰期的高峰期过后，气候开始转暖，海平面开始上升，直到距今约8000年前，海平面比现在的海平面只低 10 米左右。在这个时候，企岭下海湾的大部分地区已逐渐被淹没。到了距今约 7000—6000 年前，海平面已达到高出现在水平面 1—3 米的水平，之后才缓慢地下降到如今的水平。人类不可能在企岭下海的水下平台上活动了。

此外，从目前出露的 L4 和 L5 来看，地层的颜色不是红色或棕色，而是偏黄色，说明是冷期的堆积。L3 和 L4 之间有缺失，从年代计算上来说缺失的地层形成时间正好是暖期存在的时间，这时的气候是炎热多雨，侵蚀能力很强，加上是很陡的堆积，全部堆积被侵蚀掉的可能性是存在的。正如《香港第四纪地质》一书的作者所说，在香港地区不少地方是不存在赤蠟角组地层的，这会造成地层的缺失。可能黄地峒这里的地层堆积就属于这种情况。

后来 L3—L1 又转入冷期的波动期，所以堆积下来的地层也只能是冷期的灰色堆积，这种情况和当今发掘中我们所看到的一样。为什么越靠表层颜色越深，这可能与表层植物的腐殖质淋滤有关。

依上所述，首先我们可以把黄地峒遗址可被利用的时间段划分出来。第 1 段是距今 75000 年前左右一直到距今 28000 年前，这一段是可以被人类利用的。第 2 段是距今 25000 年前至距今 17000 年前，甚至到距今 8000 年前这一段时间，海平面下撤很厉害，黄地峒遗址也是可以被利用的。距今 8000 年以后，尤其是距今 6000 年以后，黄地峒遗址能出露海平面之上的只有采石场的山坡部分。根据对遗留至今的加工场的分析，加工场的中心部分不在山坡上，而是在现在的潮间带水下 1 米左右的海床上。从安全角度来看，山坡上一来受开采石料的限制，不能靠得太近，二来山坡的坡度太陡，不宜古人类在此进行加工活动。

另一个能影响到黄地峒遗址是否存在的因素，是地表的抬升，本地区的地壳运动也是在不断变化的，自第三纪以来，基本上是抬升，上升速率为 2. 5—8. 0mm/a。虽然各部位的上升是不平衡的，但我们也应该加以适当的考虑。

根据这一分析，光释光所测出的绝对年代与地层埋藏的情况基本一致。也就是说，距今 75000 年前后，黄地峒遗址基岩出露水面，开始风化，形成 L4 层和 L5 层的堆积，其形成时间大约在距今 40000 年左右。正好是 L4、L5 文化层的 OSL 年龄：aBP39000 ± 1320 和 aBP35000 ± 1350。这种结果和地层堆积是一致的。经过暖期地层的缺失，更表层的堆积其年代自 L3 的 aBP 为6800 ± 600之后就是跳跃式的状态。如 L2 的 aBP 为 2848 ± 121，L1 的 aBP 为 1938 ± 64。这充分表明，这些堆积是典型的坡积物。在冰后期温暖多雨的环境下，强侵蚀和水土流失的干扰对地层的堆积肯定有很大影响，而上述的测试结果就是一种客观的反映。

2．**孢粉分析**

各地层的孢粉分析结果表明，T4L4，T4L5 层的孢粉组合与 T4L2 层相似，以蕨类孢粉为主，占 95% 以上，木本花粉含量少，未见草本花粉，L4 层的木本仅为银柴属（Aporasa），L5 层的木本仅为野桐属（Mallotus），L2 层的木本为大戟科（Euphocrbiaceae）、野桐属和松属（Pinus），说明这三层所处的气候比现今要冷。因为 L2 层 OSL 年代为距今 2848 ± 126 年，也是一次冷期，在这次冷期里，原来茂盛地生长在珠江三角洲一带的喜热喜水的树种——水松，因耐不住寒冷的袭击而大批冻死就是一旁证。

3．**族属分析**

有文化遗物必然有创造这些文物遗物的人，太远时期的人类，在此我不想去说，因为这方面的论著太多了。不管是非洲起源说或区域起源说，都说明一个共同的普遍规律，即地球上曾经出现过的人类，究根探底都是同一起源的，这也是进化论的基本原则。现存的人类属于一个物种。现存的四大人种只不过是亚种而已。现存的各种各样的民族，或族群，都是在适应各种各样的不同生态环境中生存和发展下来的生态亚种或地理亚种，所以在体质形态上和语言上，甚至生活习惯和宗教信仰上都有一定的差异。但在遗传物质上，即在 DNA 的主体结构上还是保留着远祖共同的遗传物质，都没有超出“人”的范畴。这种结果起码迄今为止是这样。所以我不想花更大的篇幅去论述。

在此，我的着眼点是黄地峒遗址的主人是生活在距今约 40000 年前的人类。那个时候生活在岭南地区的究竟是什么人？这里我用了复旦大学现代人类学研究中心博士李辉先生的研究成果。他在《百越遗传结构的一元二分迹象》一文中明确地指出，他运用最新的分子人类学材料——Y 染色体（DNA）技术对民族系统进行精细的分析，发现百越系统与中国的其他系统差异很大（图 1），而与南岛语系民族（马来系统）特别是台湾语族群体相当接近。同时也研究出百越群体已经显示出遗传发生关系和语言文化类型的差距，这点十分重要，因为这与百越的整体认同和地域分化有关。根据数据的主要成分分析可得到百越民族系统遗传结构的三个特点：（1）百越有单起源的遗传学迹象，可能大约于三四万年前发源于广东一带，而后慢慢扩散开来（图2）；（2）百越二分为以浙江为中心的东越和以版纳为中心的西越；（3）百越群体在发展过程中曾经由广东向东北（东江及东海走廊—笔者按）、西北（北江及其支流—笔者按）、西南（西江流域—笔者按）三个方向迁徙。在此过程中百越接触过的许多族群也涵入部分百越的遗传类型。百越从广东经江西、浙江的扩散可能发生于很早以前，福建与浙江的越族群体是沿不同路线迁走的，所以在台湾原住民的遗传结构中同样表现出这种二元性。西部傣族类群是很晚才从广东迁出的。百越民族所谓一元二分性就是指起源于广东一带，然后分化为东越和西越的二分。

在此还得说明一点，遗传学上界定的百越范围与语言学和民族学不一定完全相同。血统上源于百越而语言文化已经改变的群体也完全应当纳入百越研究的范围。东部的越族群体多属于此。台湾语族也可能是这一类。另一方面，语言文化上被百越同化的外源民族都不应属于百越遗传研究对象。比如湘桂黔交界的草苗是讲侗语的群体，但是遗传上明显的汉父苗母，侗族的成分很少，不应看作百越血统的群体。因此，遗传研究的百越范围至少还应包括侗傣语系的僮傣语族、侗水语族、仡央语族、黎语族，以及东部地区的越裔群体，也包括台湾几支原住民。由此可知，血统和语言之间有一定关系，但特定环境下会有变化，不能一概而论。

依上所述，广东一带既然是百越族的发源地，所以紧靠广东的香港地区理所当然属于发源地的一部分，其文化如此发达也不奇怪，发展到今天广布于世界各地的华人，大部分也源于越人，因此岭南被人誉为华人发源地之一也是合情合理的。如果追寻到更早的时代，在人类起源上必然有更辉煌的历史。

最后，我要说的话只有一句，这些都不是偶然的巧合，而是黄地峒遗址的历史和科学价值所在，希望大家都来珍惜吧！

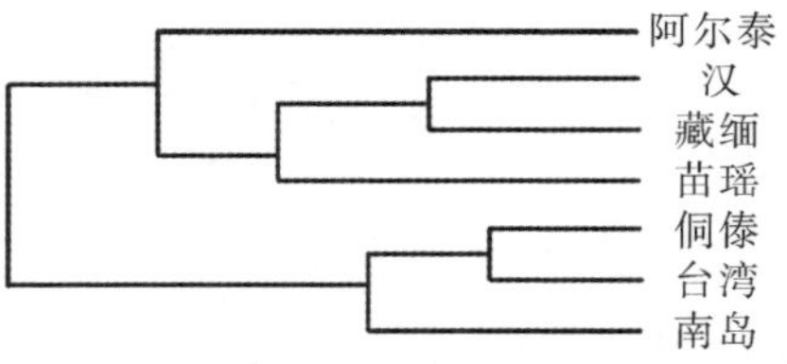

图1　Y染色体构建的东亚民族系统亲缘树（依李辉）

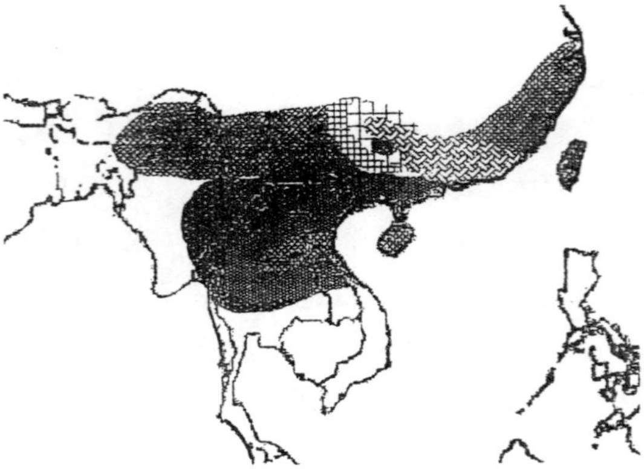

图 2　百越遗传结构的三主成分的地理分布（依李辉，2004）

参考文献

[1] 李平日：《香港首次发现旧石器遗址》，《热带地理》2006 年 26 卷 1 期。

[2] The Quaternary Geology of Hong Kong（香港第四纪地质），2000 年。

[3] 黄镇国、李平日：《珠江三角洲形成、发育、演变》，科普出版社广州分社，1982 年。

[4] 李平日、乔彭年等：《珠江三角洲一万年演变》，海洋出版社，1991 年。

[5] 李辉：《百越遗传结构的一元二分迹象》，《广西民族研究》2002 年 70 卷 4 期。

[6] 黄镇国、李平日等：《珠江三角洲地区晚更新世以来海平面变化及构造运动问题》，《热带地理》，1982 年 01 期。

（原载《岭南考古研究》第 5 辑，香港考古学会，2006 年）

浅谈生态环境的变化与文化形成和发展的关系

——试以香港深涌黄地峒遗址为例进行分析

关于自然生态环境的变化与文化形成和发展的关系十分密切这一点大家都会知道，尤其是在史前阶段，人类正处于系统演变的早期阶段，对生态环境的变迁只有一个适应的能力，而谈不上有多大的控制能力。因此在适应过程中所创造的远古文化，受到生态环境的左右是非常大的。过去我们对此问题的认识是很有限的，所以在研究生态环境的变化与文化形成和发展的关系时总遇上难以解释的问题。本书已有好几篇文章在讨论有关中石器时代及其文化的过程中，已充分地显示出生态环境的变化在中石器文化诞生和发展过程中的重要作用。历史上有几大事件，如农业起源、家畜饲养起源、人种分化的最后确定、人类社会形态的形成、原始宗教艺术的起源等都与此有关，都在世界上全球性的最后一次冰期到来以及后来冰后期的出现所形造的全球性生态变化条件下完成这些历史大事件的变革，可见古人类所创造的文化与生态的关系是如此之密切。本文想举香港新发现的西贡深涌黄地峒遗址为例，对它进行分析，以其说明生态环境的变化如何塑造了这个遗址的文化，进而举一反三地说明更多的问题。在谈及此问题之前我们先了解一下生态环境的内涵，这将会对我们叙述问题有所帮助。

一、生态环境的组成和效应

与生态环境有关的因素较多，但主要的还是由气候、地貌、土壤、动植物等方面的因素组成。众所周知，气候的变迁对人类的生存、发展影响最大，在人类诞生及其发展起来的这一段近400万年的历史过程中，在我国最少就经历了四次大冰期：潘阳、大沽、庐山和大理冰期，其间又经历过四个间冰期。在这个漫长的历程中，千辛万苦地完成了从猿到人的演化，从树上下到地面上来，逐渐地学会了直立行走，实现了手脚的分工，在适应大自然的过程中，慢慢学会制造石器工具，从而开始了为生存而斗争的劳动。在漫长的实践中，在和天灾人祸的斗争中，人类积累了不少经验，因而对大自然的不少规律有更进一步的认识和了解，逐渐地学会了用火和懂得熟食，这一切可以说都是大自然给予的恩赐。由于熟食和学会用双手制造劳动的工具——石器、骨器、角器和木器，使人类的整个体质和大脑的发育有了更好的物质条件保证，帮助人类在气候环境产生剧烈的变化时，能顺利地过渡。当然在构成生态环境的诸因素中，气候是至关重要的，是大主角，它直接或间接地影响到其他各因素。几百万年来出现的四大冰期，就是气候变化一手造成的，气候变冷时，全球各地就出现了大面积冰川的覆盖，海洋和大河、湖泊里的水，以冰川的形式储存在陆地上，致使气候变得寒冷和干燥，使海平面多次出现下降的现象。由于海平面的下降，使大陆架大面积出露，不少海岛与大陆块连接起来，海峡也变通途，这给古人类的迁移和辐射提供了捷径。古人类创造的文化也随着古人类的足迹而传播到世界各地，所以现在人们认为不可理解的古人类文化传播路线，其实是实实在在存在的，只不过是由于生态环境的变化，而人类并不十分了解罢了。反过来，气候的变化又引起新的生态环境的形成，古人类在适应新的生态环境下将要付出很大的代价，严重时可能导致整个群体的灭亡，或者需要进行长距离的迁徙，去寻找可以继续生存的地方。在这漫长的过程中，古人类的形态结构也跟着产生各种变化。现在生活在地球上的四大人亚种就是在不断适应新的生态环境中产生的。

气候的变化，又直接和间接地影响到大地表面的土壤。由于气候的不同起码会形成干燥的土壤和潮湿的土壤，炎热和寒冷的气候，也会作用于土壤，使土壤中的矿物质和有机质的风化速度完全不同。热带和亚热带地区，土壤是红色的，这是矿物质在高温潮湿的环境里严重氧化的结果。在温带和冻土带地区，土壤是黄色和灰黑色的，这是土壤中有机质富含和氧化程度不高的结果，这是由于干燥环境里在风的作用下风成的结果。不仅如此，在高纬度的地方，由于气候寒冷干燥，每年的降水量大大少于低纬度炎热潮湿的地方，所以土壤埋藏条件不同，堆积的厚度差别很大。在高纬度的地方，由于雨水少，所以对地层的侵蚀能力不强，致使地层堆积厚度大大加强，这有利于对人类遗址、遗物的保护，也就是说在这些地方人类的文化遗物能得到很好的保存。相反，在地球低纬度的地方，由于高温多雨，所以地球表面的地层受到严重的侵蚀，能保留下来的地层是很薄的，严重的地方甚至整个时代的地层都被侵蚀掉。这样的地方，埋藏在地层的古人类文化遗物就很难得到保存，会形成历史的空白。不仅如此，红色土壤是酸性土，对含钙质的文化遗物如骨质的、木质的都难以保存。相反，高纬度地区的黄色和黑色土，其性质是碱性的，骨质和木质的文物都能保存下来。所以说气候的变化对人类本身的生产及其创造的文化遗物的保存是至关重要的。

在组成生态环境的诸因素中，特别要提到水的因素。我们都知道水是万物之源，世界上一切生物都起源于水，生物界从单细胞进化成多细胞，后来又从多细胞演化成具有各种器官的生物，这包括无脊椎和有脊椎，也包括世界上所有的植物、细菌和昆虫，最后还包括了人类。所以我们可以讲，如果没有了水，就没有生命，更没有现代的人类。

人类在其整个进化的过程中就没有离开过水，过去，有人不明白，为什么世界上发现人类化石和有他们文化遗物的地方都是靠近水的地方，哪怕今天已看不见水的影子但依稀可见有古河道，肯定在远古时代，这里曾经有水的存在，这就是一种规律，一切生物和人类的生存离不开水，尤其是在远古时代。所以我们在研究与人类有关的课题时，应该注意到水这个因素。因为水能引起生态环境的巨大变化，能营造一个动、植物都可以生存的环境，有了动、植物的存在，人类就能有食物，就能生存下去。在这适应大自然的过程中，创造了远古的文化，最后发展成人类的文明。这些不同因素之间是相辅相成的，如果我们在研究人类的远古文化时，没有忽略生态环境这一重要条件，许多问题都能得以解决。下面我们举一例子加以具体分析说明。

二、问题的提出

2004 年冬天，由香港考古学会和中山大学岭南考古研究中心联合组成的一支考古队，根据香港考古学会副主席吴伟鸿先生提供的线索，对香港深涌黄地峒地区进行了 45 天的调查和试掘，结果在东经 114°17′、北纬 22°26′的地方发现了一个石器时代的大型加工场（图 1），出土的石器制品非常之丰富，在试掘了仅 10 平方米的范围内就出土了近 2000 件，连在遗址表土层采集的石制品就达到 3000 件之多，我们按照考古发掘的正常途径来进行发掘，文化层的划分相当清楚，同时也在地层中采样进行了孢粉分析，了解当时各地层中的植被情况，同时采集土壤标本用光释光的方法进行年代的测试，最底部文化层（L4、L5）测得年代结果是 aBP39,000 ± 1,320 年和 aBP35,000 ± 1,350，最上部文化层测得的结果是 aBP1,938 ± 64，显示出整个石器加工场存在的年代是由 aBP39,000 ± 1,320 至 aBP6,800 ± 600（L3）。L1 和 L2 是近代的坡积，不能算作原生文化层，只能算作扰乱层（图 2）。而在石器工具的研究上，初步发现有如下的特点：（1）这个遗址出土的石器基本属于石片石器，不是砾石石器。（2）旧石器的加工技术，在这批石器身上基本都能看到。（3）手斧形器在这批石器中占一定比例。（4）石器种类十分丰富，楔形器出现频率相当高，是否与加工大型石料有关？（5）凹缺刮削器在各种刮削器中占有较高的比例。（6）砍砸器多用厚石片加工而成，但大型者不多，多为中型者，小型者也不多见。（7）作为打石片的石核和作为加工石器的工作台（鼓形大石核）比比皆是。（8）这批石器中没有发现磨光石器，连局部磨制的也没有，陶片没发现，穿孔石器也没发现。（9）加工这批石器的技术是以锤击法为主，偶见砸击法，以单面加工为主，也常见两面和交互加工的技术，但软锤技术迄今还不敢肯定。因为偶见的长石片只能属于细小石器的加工，并不属于横切面呈梯形的细石器加工技术范畴，所以软锤技术的存在难于肯定。不过研究者中有人认为在进行二次加工时有以压削法进行加工的出现（图3）。（10）修理台面现象很普遍，所以常见线台面。

根据以上的论述，我们初步认为，这是一个旧石器时代晚期的石器加工场，有可能延续到新石器时代中期，大约距今6000年左右。这个判断似乎和光释光的测试结果能对上号，但是又存在一些令人质疑的地方，既然遗址已跨越到新石器时代中期，为什么新石器时代带标志性器物——陶片和磨光石器没有出现？连流行于岭南地区旧石器时代晚期的那套陡刃砾石石器也没出现，完全属于一套打制石片石器。如果从地表采集和探方中出土的打制石器综合来分析，发现他们在器物组合方面，似乎存在两套的组合（1）为“楔形器 + 刮削器 + 手斧 + 手镐”；（2）为“镞头形器 + 雕刻器 + 长石片”。如果依照当前我国考古界一般认为（王幼平，1996），华南和东南亚旧石器晚期至新石器早期石器工业的变化，与更新世晚期冰期和全新世早、中期暖期的变化有密切关系。那个时间的石器工业变化的趋势是：石核石器工业→石片石器工业→砾石石器工业→细石叶工业，在这里我们必须指出，前面的石核石器工业在岭南地区的表现，其实也是属于砾石石器工业范畴，只不过个体较大（大多数属于大型的），而且加工技术简单，极少出现二次加工。典型例子是广西百色网纹红土层中出土的那一套，后面的砾石石器工业在岭南地区的表现是一套陡刃砾石石器，其个体绝大部分属于中、小型的。在加工技术上相当进步，陡刃都是经二次加工后才形成的，其石片疤均为复瓦状，并非一次加工就可以形成的。若按上述的理论去套，深涌黄地峒遗址发现的那一批石片石器所产生的年代应该属于旧石器时代晚期较早阶段。但我们又认为，这样套法不太科学，因为每个小区域都有其特定的地理和生态环境，适应特定环境必须有一套相应的特定工具组合，制作这一套工具也需要特定的技术。因此，类似的石器和石器组合可以在不同时空里一次又一次地出现。不过，万变不离其宗，都与某种地理和生态环境有直接的关系。下面就让我们根据西贡深涌黄地峒遗址所处的地理及生态环境作一分析吧！

三、文化的产生与发展和生态环境变化的相互关系

黄地峒遗址位于西贡半岛西侧，其区域地貌类型属于半岛海湾型。

最高峰石屋山（481 米）耸立在西贡半岛的中央，周围是低矮丘陵，海拔高度由中心向四周逐渐降低。山丘的坡度较陡，坡度大于 25°的山地面积占整个半岛面积的90%以上。山谷大多狭窄陡峭，沟壳平地不多见，较大的一处河谷平地为白沙澳。山涧溪流呈放射状分布，季节性十分强，旱季多数干枯断流，雨季径流丰富，易造成山洪暴发。

西贡半岛海岸线曲折，海滩类型多样，有石滩、沙滩和泥滩。在海湾处，湾口沙堤发育，湾后有小溪注入，如西岸的深涌湾、榕树澳湾等，沙堤后有泻湖平原面积都不是很大。局部海岸段可以见到海蚀遗迹，如深涌角、石滩上的海蚀平台宽达 5 米，海蚀崖高约 1 米，海蚀穴深 0. 5 米，平台高程约 3 米，反映某一历史时期相对稳定的海平面位置。

黄地峒为一座小山，海拔高度 154 米，东面与石屋山相连，西麓面向企岭下海，西侧山坡的坡度为 23°—38°，局部有 10°左右的缓坡。

区域内出露基岩地层主要为中侏罗纪浅水湾火成岩群荔枝庄组。深涌段岩层底部为粗粒火山灰凝灰岩，（ca）出露于深涌湾南部，往南至鳌鱼头。也属于中生代浅水湾火成岩群荔枝庄组，凝灰岩层中夹有深灰色泥岩薄层和弹状或块状体，底部见棕红色铁质胶结层。

粗粒凝灰岩上层为薄层状凝灰岩及凝灰质岩（JLC）、夹砂岩、粉沙岩和泥岩，出露于石坳头北岸，可追溯至深涌湾及其南岸。再往南见层状细粒凝灰岩及泥岩，有植物化石产出，近榕树澳段为深灰色矽质粉砂岩。

自深涌至榕树澳有一组薄层状流纹岩质熔岩（rh）覆盖于凝灰岩之上。

本区的岩石基本呈 NW（西北）—SE（东南）走向，倾向为 35°—110°，倾角 15°—57°。局部有折曲构造。

遗址所在主要为薄层状凝灰岩及凝灰质岩（JLC）（浅灰或灰黑色），底部

为砂岩（黄色或黄红色），古人类就是采用这种质地坚硬的矽质凝灰质岩为石料，打制各种石器。这种岩石，出露于黄地峒山坡40—80米等高程处。由于其矽化程度高，结构致密，质地坚硬，物理风化程度远不及砂岩，当周围的岩石风化侵蚀后，它却孤立的呈岩墙状耸立于山坡之上，断断续续连绵数公里。这种岩石虽然物理风化作用较弱，但极易受到化学风化，岩石本质为浅灰——灰黑色，在地表受到酸雨或富含腐殖酸的径流侵蚀，岩石表面高岭石化而变成白色或米色，随着风化程度而加深的白色，风化层（Patima）逐渐由薄变厚。上述的岩石采样送中山大学地球科学系岩矿室做磨片鉴定，结果认定为凝灰岩（或沉凝灰岩）。

这种岩石岩层的产状为倾向65°倾角18°。节理发育，沿节理裂隙可将岩块从岩墙上用木棒撬下来。岩块滚落在山坡上，甚至滚落到现在的潮间带上。古人类就地取材，加工成石器毛坯和石器工具。黄地峒遗址两侧山坡上有多处弧形状凹陷，长约30—50米，深10—20米，弧顶高差5—10米，形成原因可能有两个：其一，从古至今人民采石后留下的痕迹；其二，近数十年内的山体滑坡，因为我们从1963年的航照上可见黄地峒西麓有数处滑坡。

讲到文化层，以T3、T4两探方为例加以说明，L1为近、现代坡积层，表土为腐殖土；L2为坡积层，是灰褐色砂质黏土；L3为坡积层，是浅灰色含砂黏土；L4坡积层，是黄色黏土，含少量砂；L5坡积层，是深黄色黏土；L6为砂岩全风化层或残积层。各层中都含有凝灰岩滚石，大者直径可达60厘米，小者直径为几厘米，数量各层不一样，难说有一定的分布规律。就T3、T4两探方来讲，似乎L4层含量较少，L3、L5较多，而且T3较T4方含的大件的凝灰岩块较多。

我们在探方的北壁采集了光释光测年样本，由中山大学物理系核辐射实验室进行光释光测年，其结果如表1。

表1　各文化层的绝对年代光释光测年结果

样号	探方	层位	埋深（米）	测年结果
T4L1	T4	L1	0.10	1938 ±64
T4L2	T4	L2	0.30	2848 ±126
T4L3	T4	L3	0.70	6800 ±600
T4L4	T4	L4	1.00	39000 ±1320
T4L5	T4	L5	1.20	35000 ±1350

再看看孢粉分析的结果表2

表2 孢粉分析结果（%）

孢粉植物名称		T2L1	T4L1	T4L2	T4L3	T4L4	T4L5
Alnus	杞木属	—	—	—	0. 19	—	—
Annacardiaceae	漆树科	0. 23	—	—	—	—	—
Apooorasa	银柴属	0. 23	—	—	0. 19	0. 96	—
Araliaceae	五加科	—	0. 38	—	0. 19	—	—
Castanopsis	栲属	—	0. 76	—	0. 22	—	—
Corvlus	榛属	—	—	—	0. 54	—	—
Cyperaceae	莎草科	—	0. 76	—	—	—	—
DisCooocleedion	假多包叶属	—	—	—	0. 33	—	—
Distylium	蚊母树	—	—	—	0. 19	—	—
Ericaceae	杜鹃花科	—	—	—	0. 43	—	—
Euphoorbiaceae	大戟科	0. 46	—	0. 35	—	—	—
Hellcia	山龙眼属	—	—	—	0. 22	—	—
Ilex	冬青属	0. 69	—	—	0. 19	—	—
Liguusteeeum	女贞属	—	—	—	0. 19	—	—
Liquidambar	枫香属	—	—	—	0. 54	—	—
Mallotus	野桐属	0. 92	0. 76	0. 35	0. 19	—	1. 85
Myrica	杨梅属	—	—	—	0. 22	—	—
Myrsinnnaceae	紫金牛科	—	—	—	0. 19	—	—
Oleaceae	木犀科	0. 23	—	—	0. 19	—	—
Papilionnaceae	蝶形花科	0. 23	0. 38	—	—	—	—
Phyllanthus	蝶下珠属	—	—	—	0. 19	—	—
Pinus	松属	9. 66	8. 37	0. 28	5. 22	—	—
Podocarpus	罗汉松属	—	2. 28	—	0. 22	—	—

（续上表）

孢粉植物名称		T2L1	T4L1	T4L2	T4L3	T4L4	T4L5
Quercus	栎属	0. 23	1. 53	—	0. 54	—	—
Rutaceae	芸香科	0. 46	—	—	—	—	—
Schefflera	鸭脚木属	0. 23	—	—	—	—	—
Symplocos	山矾属	—	—	—	0. 65	—	—
Taxodiaceae	杉科	—	0. 38	—	—	—	—
Theaceae	山茶科	—	0. 38	—	0. 33	—	—
Tsuga	苏铁属	0. 23	0. 76	—	—	—	—
Virbunum	扶蒾属	0. 23	—	—	—	—	—
Artemisia	蒿属	0. 23	—	—	0. 22	—	—
Commmnvolvlaceae	菊属	—	—	—	0. 43	—	—
Cramineae	旋花科	—	—	—	0. 19	—	—
Cramineae	禾本科	4. 60	3. 82	0. 14	3. 48	—	—
Potamooogeton	眼子菜属	0. 23	—	—	0. 19	—	—
Ranunculaceae	毛茛科	—	—	—	0. 19	—	—
Tristella	—	—	—	—	0. 19	—	—
Cibotium	金毛狗属	—	—	0. 73	—	29. 88	3. 74
Diicranopteris	芒萁属	51. 95	4. 34	75. 70	61. 85	78. 85	62. 37
Hicriopteris	里白属	8. 74	1. 65	1. 30	5. 65	4. 88	5. 56
Lycopodium	石松属	1. 15	1. 53	0. 42	0. 65	—	—
Lygodium	海金沙属	6. 44	3. 82	1. 43	—	—	23. 15
Monoiet spores	单缝孢子	2. 69	6. 84	2. 64	9. 22	11. 54	2. 78
Onychium	金粉蕨属	0. 46	—	0. 35	—	—	—
Other spore	其他孢子	—	3. 42	0. 28	—	0. 96	1. 85
Pteris	凤尾蕨	—	—	0. 70	0. 22	—	—

（续上表）

孢粉植物名称		T2L1	T4L1	T4L2	T4L3	T4L4	T4L5
Trilet spores	三缝孢子	4.83	6.84	0.59	—	2.88	2.78
Concentricytes	环纹藻	0.69	0.38	0.70	1.87	1.92	0.93
Arboreal pollen	木本合计	14.02	16.73	0.35	10.43	0.96	1.85
Non—Arboreal	草本合计	0.23	—	—	0.33	—	—
POLLEN SUM	花粉合计	14.25	16.73	0.35	10.76	0.96	1.85
Ferm Spore	蕨类合计	70.80	66.16	99.23	77.39	96.15	95.37
Algae	藻类合计	0.69	0.38	0.07	1.09	1.92	0.93

从表中可看出，这一地区自第三纪以来，地表植物的组合没有多大的变化，主要为热带、亚热带植物以及少量温带植物的科属，所反映的气候主要为热带—亚热带型。植被以常绿或阔叶混交林为主，夹有针叶林，林下蕨类植物生产繁盛。第四纪更新世晚期香港地区的孢粉分析表明，当时香港地区植物群落为热带—亚热带乔木，并有热带蕨类。此外，也有一些温带—亚热带的落叶树种（唐领余、黎权伟，1997）。

对比现在的植被情况，香港西贡西郊野公园可以说是目前香港地区生态环境保护得最好的一处，植被覆盖率颇高，动植物种群丰富多彩，山沟里经常可见野生母猪领着一群小野猪在寻找食物，山间路边常有赤麂（黄猄）的出现，山坡树丛中雀鸟欢乐地唱个不停，海湾处的红树林生长状况良好，充分表现出生物多样性的环境，所以这里被人称为香港的后花园。

也就是在这个如此幽静而被人们差不多遗忘的地方，居然发现了一处远古时代的石器加工场，对这处遗址的发现，以及它出土的大批石器工具给人们带来了许多思考。前面谈到的绝对年代问题就是这一系列问题的核心，因为这个石器时代加工场出土的这批石片石器，在整个华南地区是首次的。在华南地区，尤其是在岭南地区，最常见的是以砾石石器为主体的含手斧形石器的工具组合。石片石器偶然会有少量的出现，大批而集中的出现，黄地峒遗址仅属唯一的一例，所以特别引人注意。虽然通过取样，用光释光法测试，已知道其绝对年代，但在这里面，显示出这个遗址的文化层堆积是不整合的。L3 和 L4 之间有缺失，不整合，年代从距今 39000 ± 1320 年一下子跳到距今 6800 ± 600 年去，中间有近 3 万年的缺失。但从时代工具加工的技术，工具的器物类型学上虽然可以勉强分出一个不同的类型，但也不是太明确的。总体上还是属于石片石器类型的范畴。这种情况下，就给我们的研究工作增加了难度。除了继续从工具套的角度深入一步研究外，还得从生态环境变化这方面来分析考虑。下面的论证是我们在掌握现有的各种自然环境因素的基础上，逐个进行分析，以求达到某种程度的解释。

四、黄地峒遗址古环境分析

根据《香港第四纪地质》《珠江三角洲形成发育演变》（黄镇国、李平日等，1982）所公布的研究成果，我们发现约在120000年前的间冰期（国内为庐山间冰期）。香港的气候比现在暖和，海平面比现在高4—6米，即现在整个企岭下海地区均在水下，出露地表的只限于山坡上采石场残坡积。按理在暖期所形成堆积物其颜色应该为棕红色。但发掘中没发现这一层的堆积，是否可以证明这个遗址最早也达不到这一时期？其后气候逐渐寒冷，转入全球性的最后一次冰期（我国为大理冰期）。大约在距今75000年前，冰期已相当冷，使海平面比现在的低约77米，整个企岭下海因而出露于海平面之上，成了古人类可以在其上活动的地方，也成了沟通黄地峒、深涌和现在的三杯酒、井上等地的通途。因为根据水文测量结果，现在企岭下海整个海湾最深处也不超过15米。其后，出现了多次气候波动，最为严重的是到了距今28000年前这个时候，气温变得相当暖和，使香港乃至珠江三角洲的低洼地区再一次被海水淹没，但为期不长。大约从距今25000年开始，气候再次变冷，在距今18000—17000年前成为最后一次冰期最冷的时期，海平面下降至现在海平面以下120—130米的深度。这样，整个企岭下海湾再次暴露出来，为古人类所利用，虽然到了距今12000—11000年前，最后一次冰期的高峰期过后，气候才开始转暖，海平面开始上升，直到距今约8000年前，海平面比现在的海平面只低10米左右。这个时候，企岭下海湾的大部分地区已逐渐被淹没。到了距今约7000—6000年前，海平面已达到高出现在水面1—3米的水平，之后才缓慢地下降到如今的水平。

从目前出露的L4和L5来说，颜色不发红而是发黄，说明是冷期的堆积，L3和L4之间有缺失，从年代计算上正好是暖期存在的时间，这时的气候是炎热多雨，侵蚀能力很强，加上是很陡的坡积，全部堆积被侵蚀掉的可能性是存在的，所以造成缺失。

后来又转入冷期的高峰期，所以堆积下来的地层也只能是冷期的灰色堆积，这种情况和当今发掘中我们所看到的一样。为什么越靠表层颜色越深，这可能与表层植物的腐殖质淋滤有关。

另一个能影响到黄地峒遗址是否存在的因素，是地壳的抬升，本地区的地壳运动也是在不断变化的，自第三纪以来，基本为抬升，上升速率为2.5—8.0mm/a。虽然各部位的上升是不平衡的，但我们也应加以适当的考虑。

依上所述，首先我们可以把黄地峒遗址可被利用的时间段划分出来。第1段是距今75000年前左右一直到28000年前，这一段是可以被人类利用的。第2段是28000年前至25000年前，这一段时期由于气候较暖，海平面上升，曾被人们称为晚更新世的海侵期。这一段时期黄地峒遗址大部分可能不能被利用。距今25000—17000年前，甚至到距今8000年前这一段时间，海平面下撤很厉害，黄地峒遗址是可以被利用的。距今8000年以后，尤其是距今6000年以后，黄地峒遗址能出露海平面之上的只有采石场的山坡部分。根据遗留至今的加工场分析，加工场的中心部分不在山坡上，而是在现在的潮间带水下1米左右的海滩上。从安全角度来看，山坡上一来受开采石料的限制，不能靠得太近；二来山坡的坡度太陡，不宜古人类在此进行加工活动。

根据这一分析，光释光所测出的绝对年代与地层埋藏的情况基本一致的。也就是说，距今75000年前后，黄地峒遗址基岩出露水面，开始风化，形成T4L4层和T4L5层的堆积，其形成时间大约在距今40000年左右。正好L4、L5文化层的OSL年龄为：T4L4是aBP39000±1320年、T4L5为aBP35000±1350年。这里为什么会出现倒位？如果从采样时所选择的埋藏部分来分析，则不难找出原因。

另一个结论也可以从此得出，有人认为这个遗址存在的时代可以达到旧石器时代晚期不可信。现在看来这种怀疑基本可以取消，因为目前所掌握的证据里，没有一个是支持这个遗址在新石器时代中、晚期还可以被使用的。因为那时海平面比现在还高出1—3米的高度，古人类单采石料而不进行加工是不可能的，而且，开采出来的石料也不可能全部留在山坡上，绝大部分落到海里拿不到。除非另找地点进行加工，但迄今为止仍未有发现。

我们又可以从孢粉分析结果来看看，我们的气候分析是否准确？在上述的孢粉分析表中可以表明，T4L4、T4L5两层的孢粉组合与T4L2层相似，都以蕨类孢粉为主，占95%以上，木本花粉含量少，未见草本花粉，而木本孢粉在L4层中只有银柴属（Aporosa），L5层中也只有野桐属（Mallotus）而L2层中有的也只有大戟科（Euphorbiaceae）、野桐属和松属（Pinus）。从树种上可知，这三个文化层存在的时期，其气候都比现在冷一些，处于冷期，这结果与OSL

测出的结果是一致的。因为L2层OSL年代为距今2848±126年，也是一次冷期，在这次冷期里，原来茂盛地生长在珠江三角洲地区的喜热和喜水树木——水松，因耐不住寒冷的袭击，而大批冻死。这就是又一个旁证。

五、小结

通过对香港西贡黄地峒遗址的生态环境分析，可以帮助我们弄清楚深涌黄地峒这个遗址存在的时代，根据以上的分析，在距今8000年以后这个遗址被利用的可能性甚少，因为单纯开采石料不一定非在单一地点不可，附近亦有几个适合石料开采的地方，但调查结果表明这几个可开采石料的地点均未被开采。这说明古人类选择在此地点开采是还由其他条件决定的，比如离此地点北边约30多米的地方，有一处水质不错而水量不小的山泉水，这个条件是很重要的。另外，这个地点下的海滩地势也比较平坦，有利于古人类在其上面进行石器加工工作，这也不失是一个有利的条件。后来在8000年以后，由于海侵出现海平面上升，以上的有利条件大部分失去，致使古人类放弃这个加工场而另找他处。这种分析进而帮助我们较为准确地判断这个遗址的文化性质只可能属于旧石器时代晚期的石器加工场类型。加上其地层堆积出现明显的不整合和缺失，而在绝对年代的测试结果中也清楚地反映出来是这样吻合，地质孢粉测试结果同样说明L3和L4都属冷期，这一系列的科学结果充分说明这个遗址的地层堆积被侵蚀掉的部分正好是暖期的东西，因为也只有在暖期的气候环境中才有条件造成这样的结果。正好这个遗址所在的地点是一个非常陡的山坡上，它的埋藏条件就是这样。所以才有这样的结果，这结果也为研究者探讨这种文化的埋藏条件和成因创造条件。虽然时至今日一切因素仅仅露了一个头，还需要进一步做大量的工作去验证，但起码让我们知道一个大概方向，不至误入歧途。由此就可以多少看到，生态环境的变化对塑造一个遗址或一种文化是何等的重要。过去我们往往孤立地在类型学和所谓地层学中打转转，理不出一个头绪来，就是因为我们不明白生态环境诸多因素的变化与文化的形成和发展间的重要关系，所以阻碍了许多问题的正确理解。今天我们已基本意识到这一点，那么我们在今后的研究中可以更加广泛和深入地研究它和利用它，这也许是我和我的同事们几十年来在研究工作中的一点点体会吧！

（原载《岭南文化珠江来》，中国评论学术出版社，2006年）

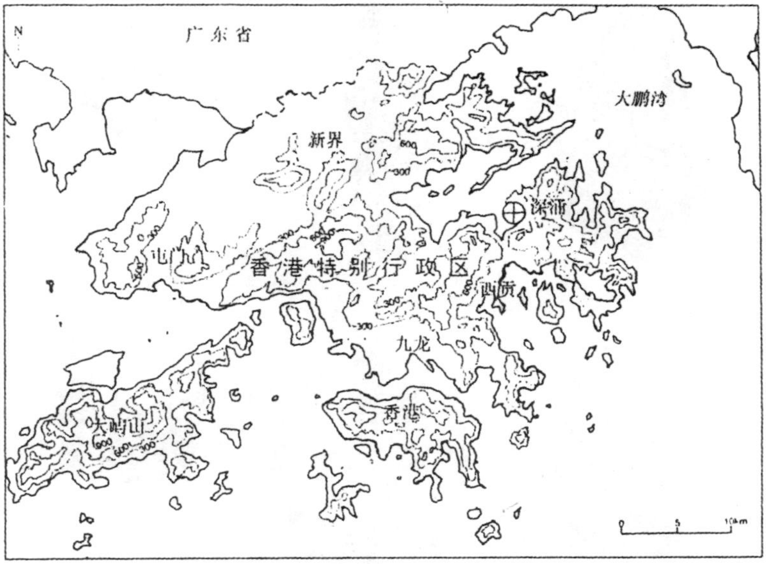

图 1　香港深涌黄地峒遗址位置

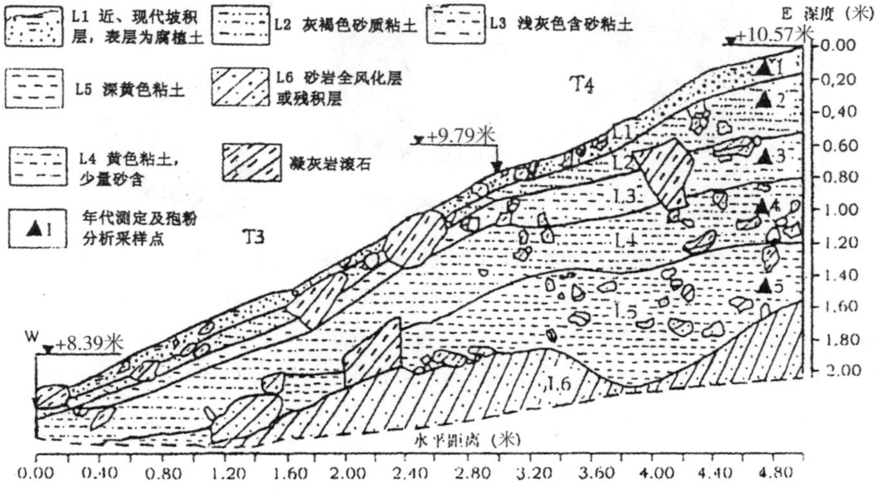

图 2　黄地峒遗址 T3、T4 探方北壁地层剖面（依吴伟鸿等）

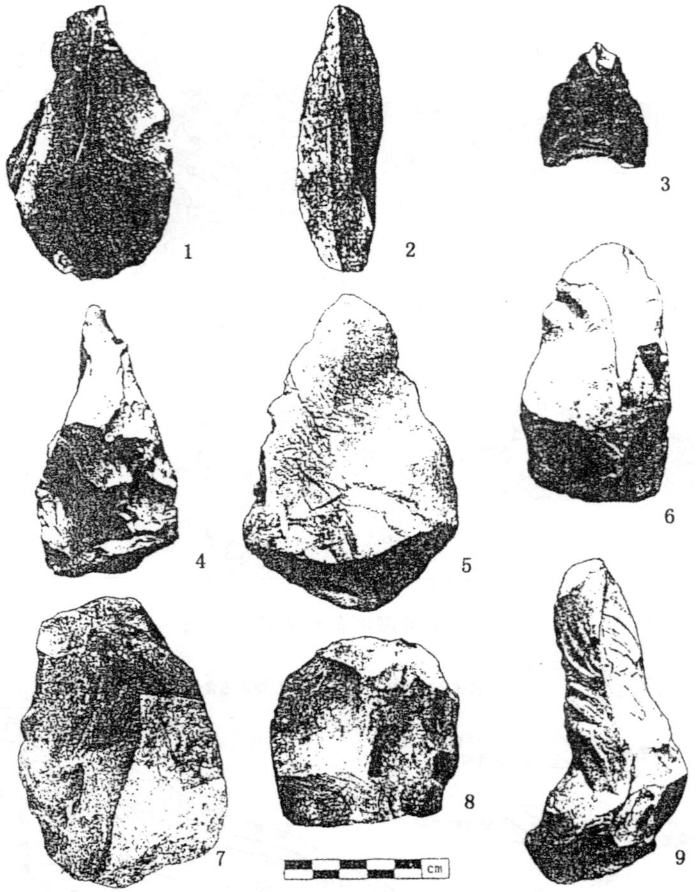

图 3　香港黄地峒遗址出土的各种石器（依吴伟鸿等）

1. 手斧（Handaxe SCo4 TIS Sc17）　2. 长石片（Blade SC04 T4L2 SF3）　3. 镞型器（Like orojeclive poinl SC04 SC08）　4. 手镐（Pick SC04 T4 L5SF1）　5. 手斧（Handaxe SC04 T4 L4SF1）　6. 楔形器（Like wedge too LSC04 T4L3SF7）　7. 侧端刃砍砸器（Side and end edge chopper SC04 T4L3SF2）　8. 龟背形石核（Tortoise Core SC04 T4L2SF8）　9. 双刃刮削器（Double edges Scraper SC04）

潇贺古道（北段）调查的启发

——浅谈海陆丝绸之路的关系

一、前言

潇贺古道自古以来就是中原通往岭南的交通要道，贺州则位于这里的交通要冲，是海上丝绸之路与陆上丝绸之路的交接地。由于贺洲所处的特殊地理位置，在这个区域内居住的族群比较复杂，以汉族为主，兼有壮族和瑶族，粤语方言为流通语言。由于地缘的关系，形成这一地区多元的文化。历史上贺州地区也是中央王朝最早推行封建制的地方，具有共同的生产方式和经济模式；在地域上属珠江流域，受到海洋文化的影响，人们的思想观念比较开放。

2004 年 5 月，受广东省政府参事室文教组、珠江文化研究会和中共贺州市委宣传部的委托，中山大学岭南考古研究中心组织由广东、广西两省区的专家、学者组成的潇贺古道考察组，对潇贺古道进行调查。中山大学岭南考古研究中心主任张镇洪教授任专家组的组长，组员有谭惠忠、王宏、于凤芝、陈小波、覃芳等共 6 人，从历史、考古、地理、人类学等多学科的角度对潇贺古道进行深入细致的实地考察。潇贺古道由湖南道县双屋凉亭开始，到广东封开县的封川码头，我们把湘桂境内的古道称为北段，广东境内的称为南段。本次考察的重点为北段，即贺州市八步、富川瑶族自治县及湖南的江永县、道县等地，潇贺古道南段调查也即将进行（图 1）。

考察组在江永县主要考察了上千年古村——甘棠村的一段由石板铺成的古道和寿萱亭。同时我们还看到了神秘的千古奇文——江永女书。赵丽明博士认为：“江永女书作为妇女专用文字的确是一种举世罕见的文化现象。它的发现在国内外引起了很大的反响。女书是一种汉字变体，但它是一种音节文字，属于汉字和日本假名之间。女书在汉字史和文学史上具有重要的学术价值，同时，对于社会学、民俗学、妇女学的研究也有重要意义。”这段话概括了女书的特点。实际上，女书并不是表音文字，而是记号音节文字。

在道县主要考察了西线古道（即新道）的起点——双屋凉亭。

在富川瑶族自治县考察的第一站是谢沐关，关口险要，是湖南通往广西的咽喉。关口地貌低平，由北往南一马平川。秦时新道就是从湖南通过谢沐关进入岭南的。有几段古道保存较好，由湖南道县一直延伸过来，路宽约 1.6 米，路面是用鹅卵石铺成，有些路面已经修补过，有的是用废砖修补过的，目测很难断定它的年代。另外，还考察了广西壮族自治区文物保护单位百柱庙、秀水山庄、青龙桥及回澜风雨桥等。

在贺州市八步主要考察贺街的临贺故城、信都铺门的封阳古城、水井头村的古码头、明代万历年间的开明寺、广西壮族自治区文物保护单位英民古墓群等遗迹。在桂岭镇考察了古道的干线——七里古道，路面与富川县境内的古道不一样，路面是用青石板铺成，筑路的年代也不甚清楚。这条路向北一直延伸到湖南境内，向南则通往贺江沿岸的水井头村古码头，沿河可达珠江干流——西江，说明在古代这条线路也是通往中原的交通要道。在贺州市博物馆看了这一地区出土的精美文物，丰富且年代久远的文物说明了贺州地区是岭南接受中原文化最早的地区之一。

这次调查是以实地考察为主，希望能通过古道的年代问题，证明潇贺古道中部的贺州是陆上丝绸之路与海上丝绸之路的交接地。古道沿线所发现的遗址、墓群、营盘、出土的文物等等只能作为旁证，要解决古道的年代问题，从很多方面来认证是有必要的。最直接有效的方法是在古道选择一两个地段，采用科学的考古发掘方法，发掘一两个探方或者探沟，通过出土器物的研究分析及采集一些样品进行测年，可以得出可信度较高的结果。这是下一步所要做的重点工作。

本次考察是在中共贺州市委宣传部的组织领导下进行的，考察过程中得到贺州市各区、县党委宣传部、文化局、博物馆等部门以及湖南省江永县、道县党委宣传部的热情支持与帮助，在此一并致谢。本文也是在覃芳副研究员代表考察组所写的调查报告基础上进一步完成的。

二、调查初步结果

（一）桂岭古道出现的时间可能最早，使用的时间也最长

桂岭古道是古代中原通往岭南的交通要道，一般称之为潇贺古道之东线，即贺江上游线，亦称桂岭河线。桂岭的枚桂码头就是经过七里古道后进入珠江

水系桂岭河的第一个码头。

贺江是珠江干流西江的一大支流，这一地区为西江流域。该地区的自然环境是河网纵横，山地丘陵密集。由众多的河流冲积而成的平原谷地，平坦肥沃、草木茂盛，且灌溉便利，非常适合人类居住。在古道的周边地区发现了不少旧石器时代的文化遗址，表明早在10多万年前，就有古人类在这里生活、劳动、繁衍生息。据考古发现，在西江流域从旧石器时代到新石器时代都有古人类的文化遗址。

广东封开县发现的遗址较多，且在文化的发展序列上有连续性，而在广西的梧州及富川也发现不少新石器时代文化遗址。

封开县位于广东西部的西江中游，县城江口镇距广州市260公里，西距广西梧州市22公里，北回归线正好从这里穿过，发现的旧石器时代遗址有3处，新石器时代文化遗址近30处。旧石器时代的垌中岩遗址位于封开县渔涝区河儿口村北面，1978年秋天在洞内发现一枚人牙化石和9种哺乳动物化石，1989年冬对此洞进行正式发掘，又发现一枚人牙化石及更多的动物化石。据测定，垌中岩遗址的年代为距今14.8±1.3万年，比广东曲江马坝人的年代稍早一点。伴生的动物群有丁氏鼻猴、大熊猫洞穴亚种、东方剑齿象、华南巨貘、中国犀、纳玛象、南方猪、西藏黑熊、最后斑鬣狗、猎豹、华南豪猪、斑鹿、麂、猕猴、黑鼠、金丝猴、野猪、巨貘、水鹿、牛、羊等。在垌中岩动物群中，草食性动物的鹿类、牛类、羊类和杂食性的野猪类占的比例相当高，这反映了当时的环境是林木茂盛、水草丰富，气候温凉而不太干燥。所以这一带是人类生存的一个良好环境。另两处旧石器时代遗址，即罗沙岩和黄岩洞，前者是一处可分三大文化层的从10万年至2万多年的旧石器文化遗址，后者是距今1—2万年的旧石器时代晚期遗址，很有可能延续到中石器时代。另外，在广西富川县发现的狮子岩遗址、横山岩遗址、尖山大岩遗址、荆竹山遗址、狗公山遗址等，都被认为是旧石器时代晚期的遗址。但很少有更深入的研究。

封开黄岩洞遗址位于垌中岩遗址南面约1.5公里的一个石灰岩孤山上，与垌中岩正好遥遥相对。黄岩洞遗址发现于1961年，当时在洞中发现一批石器。1964年，在洞中又发掘出两个人类颅骨化石，并采集到一批打制石器，1990年对该洞进行了全面的清理。两个人类颅骨化石分别属于两个个体，其中一个仅存额骨，鉴定为小孩，性别不明；另一个为成年男性，蒙古南亚人种，其年代距今一万年以上，也有人认为是考古学上的中石器时代，即是从旧石器时代到新石器时代的过渡阶段。遗址中发现有589件石器，包括打制石器、穿孔石器、刃部磨制石器、砺石和其他石制品，石料绝大部分来源于附近河滩的砾石，岩性多为砂岩，次为石英砂岩，个别为石英岩、花岗岩和板岩。砺石仅发现3件，在器身较平的一面有明显的磨蚀痕迹；磨制石器有4件，只是在打制石器的基础上简单磨光刃部。砺石、磨制技术的出现，预示着西江流域的古人类在石器制作工艺方面面临着一场大革命的到来，将使人类步入一个全新的时代，即中石器时代和新石器时代。在堆积层中出土的有猪、鹿、麂等现生种类动物牙齿、肢骨以及螺蚌壳等，另外还有炭屑、灰烬、烧土、烧骨，表明此时期西江流域的古人类已经学会控制、使用火来煮熟食物，人们的生活质量有了进一步提高。据研究认为，黄岩洞遗址是一种家庭式的群居生活，人数约在20人左右。从堆积中含有大量的螺、蚌壳及少量哺乳动物骨骼情况分析，黄岩洞遗址的人类主要过着采集水生动物为主要生活来源，狩猎是补充食物手段。此外，遗址中有数量不多的穿孔石器，根据南非布须曼人应用这种工具的情况，推测这类石器的用途为挖掘棒上的加重器，用于挖掘薯芋之类的块茎植物作为补充食物的来源。对于穿孔石器最近有学者把它看成是母系氏族社会对女性崇拜的象征物（漆招进，2005年）。

进入新石器时代，西江及其支流的两岸发现有众多的文化遗存。在广西梧州市西郊和西南郊沿西江两岸的桂榜山、金鸡蛋山、蜈蚣山、高旺村、五量地、木铎冲等都发现有石器散布点。在苍梧县人和乡长山、夏郢乡凤凰村等地还发现有刃部磨制过的石斧，并有少量夹砂粗陶片，研究者认为是新石器早期的遗物。在富川县城东北面富阳乡鲤鱼山遗址也是一处新石器时代文化遗存，出土的遗物非常丰富，除出土一个人的下颌骨之外，还有磨制石铲、石斧、石矛、石镞、石环、陶纺轮、陶鼎足等。另外在富阳乡还发现有寡母山遗址、大山遗址。在寡母山遗址中，除发现各种形状的石斧及石凿外，还发现石纺轮3件，石犁8件，均很有特点。这些工具的发现说明当时已进入农耕时代。在广东封开县发现的新石器时代文化遗存更多。1982年，仅在杏花河两岸就发现新石器时代文化遗存28处，聚落点分布十分密集，说明这里的经济已有较大的发展，相对稳定，人口也繁衍得快，有些遗址面积很大，如塘角嘴遗址，南北长180米，东西宽80米，总面积14400平方米，出土石器有双肩石斧、锛、石铲、凿、镞、磨轮、石环、石芯等；陶器有纺轮、陶拍，还有许多曲尺纹、方格纹、叶脉纹、夔纹、云雷纹和米字纹等纹饰的陶片。佛子岗遗址比塘角嘴遗址还要大，长180米，宽120米，总面积在2万平方米以上，出土石器有双肩石斧、长身锛、有段锛、镞、磨轮、石芯、纺轮、石环、砺石等，夹砂陶有方格纹宽口沿鼎、釜、罐、折腹盘等。鼎足发现有35件，说明鼎在陶器中占的数量是相当多的。鼎是一种炊煮器具，这么多的鼎在同一地点出土，说明当时人们可能已经按家庭为单位分伙而食。更为特殊的是，该遗址延续的时间很长，从新石器时代一直至青铜时代。在遗址的最上层有青铜时代的石戈、石矛，夔纹、云雷纹、曲尺纹陶片以及汉代的方格纹陶片等。牛围山遗址是封开县新石器时代文化遗存中面积最大的遗址，总面积在36000平方米以上，这里是一个非常大的中心聚落，在遗址内采集到一件大型石铲，与广西右江地区出土的同类石铲相似；出土的石器也以有肩石斧为多，这是农业生产发展的标志。除封开县发现较多的新石器时代遗址外，在西江下游的高要县也发现蚬壳洲贝丘文化遗存，西江支流双金水河旁有茅岗遗址等。湖南道县的玉蟾岩遗址出土了中国目前发现最早的稻谷，超过距今10000年前，也是较早学会制造陶器的先民，和广西临桂的庙岩遗址出土的原始陶器可以比较。

上述考古材料表明，西江地区从10多万年前到距今4000多年前都有不少古文化、古聚落遗存，而且有相对清晰的传承脉络，这里的史前文化是相当发达的，并给我们留下了丰富的遗存，作为历史发展的佐证。

在秦汉以前这里民间的交往就已经很频繁，并且有了商业上的往来。在商周时期，西江地区的族群，有苍梧族、西瓯、骆越族等族群，而有史书记载的最早的族群则是“仓吾”。《逸周书·王会解》载岭南部族向西周成王进献的物产中有“路人（骆人）大竹”“仓吾翡翠，翡翠者，所以取羽”、“骆越之菌”等方物。《逸周书·王会解》还记载了岭南与中原进贡及商品交换的情况，伊尹受商王成汤之命，为四方令曰：“臣请……正南瓯、邓、桂圆、损子产、里、百濮、九菌，请命以珠玑、玳瑁、象齿、文犀、翠羽、菌鹤、短狗为献。”那么，这些物品是从哪里进入中原的？

《史记·五帝本纪》也说：舜问禹“定九州，各以其职来贡，不失厥宜。方五千里，至于荒服，南抚交趾”。甚至说：“（舜）践帝位三十九年，南巡狩，崩于苍梧之野。葬于江南九嶷，是为零陵。”《方舆胜览》说九嶷山“亦名苍梧山”。在司马迁之前，也有舜葬九嶷山的说法，并非是从司马迁开始的，如《山海经·海内南经》说：“苍梧之山，帝舜葬于阳，帝丹朱葬于阴。”指的是九嶷山，屈原《九歌·湘夫人》也认为，舜南巡死葬九嶷山，其二妃追随寻夫的神话传说，即是发生在湖南南部地区。特别是1973年长沙马王堆三号汉墓出土帛书《地形图》，在九嶷山处也出有“帝舜”二字，证明两千多年以前，长沙古国地图中也留下了帝舜南征的遗迹。2002年以来，湖南省考古部门对传说中的九嶷山舜帝陵庙遗址进行了长达3年的考古调查和发掘，发现舜帝的陵庙就坐落在潇水的源头宁远县境内的九嶷山，发现了唐宋及更早时期舜帝陵庙遗址，与古文献的记载相吻合，证明九嶷山舜帝陵庙的历史真实性。

尧舜时期，黄河流域的尧舜集团与长江流域的三苗集团有过激烈的对抗战争。《礼记·檀弓下》："舜葬于苍梧之野。"郑玄注："舜征有苗而死因留葬焉。"有苗又称三苗、苗、蛮或是苗蛮。其主要活动区域，史书多有记载。如《战国策·魏策》记吴起听说："昔者三苗之居，左彭蠡之波，右洞庭之水，文山在其南，而衡山在其北。"杜佑《通典》云："潭州，古三苗国之地。"又说："岳州，古苍梧之野，亦三苗国之地……凡今长沙、衡阳诸郡三苗之地。"《读史方舆纪要》卷八十湖广长沙条说："南距五岭，北界重湖，内抚蛮，外控岭粤，古三苗之境地也。"从史书记载来看，三苗集团的活动范围很广，可能已经达到岭南的北部地区。

按照当时华夏集团扩张领土的欲望，他们在征服三苗之后，必有向南部的苍梧古国及其他岭南古国发动兼并战争的行动。那么，我们是从哪里越过岭南呢？舜"南抚交趾""南巡狩，崩于苍梧之野"就是传递了这方面的信息，说明当时这里已经有一条通往岭南的道路，进贡到中原的物品应是从这里运输过去的；同时也表明，华夏集团没有开辟新的线路通往岭南，而是沿着桂岭古道向南扩张。舜"崩于苍梧之野，葬于江南九嶷"从一个侧面说明，尧舜时期，华夏集团的势力已达岭北地区，尚无力深入岭南腹地，但在民间则早已通过桂岭古道开始了商品、文化等方面的交流。从发现的史前遗址和出土之文物来看，这种交流早在旧石器时代已为古人类所利用和存在，成为古人类向北辐射的最早通道之一。

秦始皇统一岭南后，沿几条进军路线修筑新道。潇贺古道之西线于秦始皇三十四年（公元前213年）扩建岭口古道成为一条水陆兼程，以水路为主的"新道"，它"起于湖南道县双屋凉亭，经江永县进入富川县境内，经麦岭、青山口、黄龙至古城止。陆路全程为170公里，境内65公里。路宽1—1.5米，多为鹅卵石路面，也有用青石块铺成的。道路蜿蜒于萌渚岭、都庞岭山脉丘陵间，北连潇水、湘江，南接富江、贺江和西江，使长江水系和珠江水系通过'新道'紧密相连，为楚越交往打开通道"。因此，这条道路的使用要比桂岭古道要晚。秦汉及其后几百年间，潇贺古道是岭南岭北最主要的通道。汉武帝开辟"海上丝绸之路"，进出口货物大都经由这条通道。繁忙的经济和文化交往，使古临贺县成为岭南重要商业城市，而且留下了许多遗存。沿途有古临贺县的桂岭中学墓群、营边岭墓群、将军岭墓群、巫家村墓群、燕子岩墓群、大坳墓群、侧髻界南墓群、云山墓群。桂岭的枚桂码头附近分布有英明、爱民、进民和松木龙墓群、遗址等汉代遗迹。

（二）比较繁荣的本土文化

由于这一地区是岭南与中原最早进行文化交流的地区，因此，在文化上也比岭南的其他地区要发达，考古发现的材料可以说明这一点。特别在先秦时期，这里出现了比较发达的多元的青铜文化。

1996 年在贺州市马东村发现了两座周代墓葬，出土器物全部为青铜器，共 8 件，有罍 1 件、鼎 1 件、甬钟 1 件、矛 1 件、短剑 1 件、镞 1 件、风字形钺 1 件、锯齿纹锛 1 件。这些青铜器物多带有中原的风格，如 M1 出土的青铜罍就完全是中原的风格。唯有风字形钺及锯齿纹锛略有地方特色。可见此时期桂东地区的青铜文化还不发达，没有形成自己的风格，绝大部分器物是仿造中原的，不管是在纹饰上还是在器形上。

1991 年 7 月，在贺县沙田镇龙中村东的一个山洞中发现一处岩洞葬，并出土一批精美的青铜器。共出土器物 33 件，其中有 18 件青铜器。青铜器有鼎 3 件、牺尊 1 件、铜鼓 1 件、铜罍 1 件、盉 1 件、龙头形饰件 1 对、兽头形饰件 1 对、箕形器 1 件、风字形钺 1 件、环形器 1 件、勾形器 4 件、叉形器 3 件。墓葬的年代在战国时期。这批青铜器在器形和纹饰等方面，既有中原的风格，又有浓厚的地方特色，有些还间杂有楚滇文化的因素，如罍、盉、牺尊等都能在中原文化中找到其原型，窃曲纹、蟠虺纹、蟠螭纹等也都有中原的风格。铜鼓的风格与云南石寨山早期铜鼓有更多的相似之处。而盉、牺尊、鼎等都属于越式，具有越文化的特点。铜盉与上海博物馆收藏的吴王夫差盉相似，也与江苏吴县枫桥何山春秋晚期墓葬出土自铭为“楚叔子途为之盉”相似。如此看来这些器物在墓主手中保存的时间很长，死后才随葬于墓中。从陪葬的器物看，墓主的地位是很高的，并非普通的平民百姓。墓中出土的青铜鼎有 3 件，在中原地区，鼎是青铜礼器中的主要祭祀用具，它被当作“明尊卑，别上下”，显示身份地位、权力财富的标志。商代贵族墓中，中小墓一般是陪葬鼎 1—2 件，大墓则有 30 余件。西周时期，出现了列鼎制度以表示等级秩序，天子用 9 鼎，诸侯用 7 鼎，卿大夫用 5 鼎，士用 3 鼎，平民百姓不能用鼎。铜牺尊、铜罍、铜盉与铜鼎一样也是青铜礼器。龙中墓出土的这件铜牺尊很有地方特点，尊高 53. 7 厘米，长 48 厘米，足高 13. 4 厘米，整体形状像一只怪兽，背部有口，可由此处把酒注入腹腔内，口上有活动的盖，盖面浮雕盘蛇，蛇身饰3道鳞纹，居中蛇首高昂为盖钮，尊的头部形状古怪，张颌露齿，双目圆睁，有双角，圆柱形，尊的尾部有一直立攀附的小龙。整体纹饰内容充满了浓郁的古越族文化特点。出土的一面铜鼓，属于石寨山类型。铜鼓是岭南越族自己发明创造的权威性文化物，同样也是权力地位、财富身份的象征。铜鼓作为权力的象征在史书中多有记载。《隋书·地理志》云："自岭南以南二十余群……并铸造铜为大鼓……俗好相杀，多构仇怨，欲相攻则鸣此鼓，到者如云。有鼓者号为都老，群情推服。""俚僚贵铜鼓，岭南二十五郡处处有之。"又《明史·刘显传》云："得鼓二三，便可谮号称王。"在云南晋宁石寨山出土的一件贮贝器上，有杀人祭祀铜柱的场面，被杀的人反绑在铜柱上，以干栏式楼房作为祭台，围绕着主持祭祀的奴隶主，在祭台的左、右、后三方陈列16面铜鼓。陈列的形式有点类似于西周时期的列鼎制度。在古代越人中，铜鼓是最大、最为尊贵的青铜器物，裴骃在《广州记》中说："狸獠铸铜为鼓，惟高大者为贵。"鼓体越大，表明拥有者的权势越重，地位越高，财富越多。铸造铜鼓不仅需要技术，同时要有雄厚的经济基础，一般的贫民百姓是没有实力铸造的，只有统治者都能铸造并拥有使用权。铜鼓的出现，表明岭南越族已出现阶级对立，贫富分化愈演愈烈。

在贺州市，战国以前的青铜器也有零星发现。1976年，桂岭公社英民大队的村民挖地时在距地表0.4米处发现一件铜镈。通高38.5厘米，顶宽12厘米，底宽18.5厘米。镈身前后两面各有乳钉两排，上排2枚，下排5枚。乳钉之间饰鳞纹，镈纽和扉棱同镈体一次浑铸，合范线通过镈纽中心。根据纹饰和器形推断，可能为西周晚期或春秋时期的遗物。据《贺县志》记载：民国廿二年（1933）秋，在今黄田镇里松村曾出土一件云雷纹乳钉铜甬钟，从纹饰推测可能是西周至春秋时期的遗物。桂岭公社与湖南交界，说明楚与百越有密切的交往，特别是高度发达的青铜冶炼铸造技术通过潇贺古道传到百越地区之后，对百越地区的历史发展起到推动作用。

1980年冬，贺县铺门公社陆合大队社员在贺江边劳动时，发现了一批古代青铜器，共计20件，其中斧13件、钺5件、镞2件。这些器物很可能是墓中的随葬品，其中有相当一部分器物应是本地铸造的。器物的种类及形制均与广东广宁铜鼓岗战国墓、广西平乐县银山岭战国墓中的器物类型相似。贺县铺门与广东怀集县交界，怀集县与广宁县相邻，它们出土的器物基本一样，说明之间存在着某种文化联系。秦以前岭南主要是古越族聚居的地区，春秋战国时期，中原文化和楚文化通过著名的湘桂走廊传入百越。

2001 年 11—12 月，广西文物工作队会同贺州市博物馆组成联合考古队，对贺州市高屋背岭 M122、M123 进行发掘，共出土 50 件器物。其中铜器 48 件，器形较多，有棺栓、矛、斧、剑、匕首、刀锯两用器、转角器、镦、锛、斧、钺、镞等。其中棺栓 4 件、铜矛 1 件、铜剑 1 件、匕首 1 件、锛 2 件、斧 2 件、钺 2 件、刀锯两用器 1 件、码角器 1 件、铜镦 2 件、铜镞 31 件。这两座墓出土的遗物器形简单，种类主要是实用青铜兵器、生活工具及陶生活用具，与岭南地区战国时期的墓葬基本相似。与上述的马东村西周墓一样，这两座墓的随葬品大多具中原作风，其年代应在战国中晚期。

广东封开县、德庆县、罗定县等地的先秦墓葬，都属于西江流域，这里的文化与贺州地区的文化同为西江文化的一个载体，在文化上与贺州地区很接近，有着千丝万缕的关系。

1988 年 9 月，广东省考古队在封开县南丰镇贺江东岸约 0. 5 公里的利羊墩岗丘上，清理了一批墓葬，其中战国墓有 30 座，西汉早期墓 11 座，西江晚期及东汉墓各一座，南朝墓 2 座，唐宋墓 3 座，明清墓 9 座。战国墓出土器物较为丰富，计有陶器、原始青瓷器、青铜器、铁器和玉石器等。青铜器共 49 件，器形有斧、锛、锥、凿、钺、长剑、短剑、戈、矛、镦、镞、鼎、带钩、刮刀等，在两件刮刀上分别铸“王”字。这批墓葬出土的随葬品不是很丰富，而且看不出有明显的贫富差别，其情况与广西平乐银山岭的战国墓葬群一样，随葬的青铜器以兵器为主，墓葬的规模较小，没有发现能体现墓主身份的占有较丰富财富的青铜礼器、酒器或乐器，只有 M2 出土一件越式铜鼎。M28 出土铜剑、短剑、戈、钺、刮刀 5 件青铜兵器，墓主可能为武将。除封开县外，广东西江下游及其支流沿线的广宁、德庆、怀集、肇庆、罗定等县市都有先秦时期的青铜器出土，而以春秋战国时期的为最多。据杨式挺先生于 1996 年统计，广东发现的青铜器共有 12000 件，粤西地区就占了 60% 左右。而粤西地区的青铜器大部分是在西江沿岸或是西江支流沿岸发现的。

在贺州地区发现的青铜器，年代从西周至战国，有些是从楚地传过来的，但大部分则是在本地铸造的。青铜文明的出现标志着社会文明的出现，以前往往认为岭南地区在先秦以前仍是原始社会性质，秦始皇统一岭南以后才飞跃进入封建社会的观点看来得重新审视。贺州地区通过潇贺古道，得中原先进文化之先，创造了岭南地区比较发达的青铜文化，形成贺州地区多元文化的特点，既有中原地区楚、滇文化的特征，又有本地区的越文化特色。

秦始皇统一岭南后，即在岭南地区推行郡县制，建立桂林、象、南海3郡。汉武帝平定南越国，将秦所置3郡划分为南海、苍梧、郁林、合浦、日南、九真、交趾7郡，后来又增设儋耳、珠崖2郡。其中苍梧郡是以族名设郡，苍梧郡的县就比较密集，大致与现在的县制布局差不多。苍梧郡10个县，郡治在广信县，今广西梧州市附近；另外有谢沐县，驻今湖南江永县西南；高要县，驻今广东肇庆市；封阳县，驻今广西贺县南部信都及广东封开县地；临贺县，驻今广西贺县南部贺街；端溪县，驻今广东德庆县；冯乘县，驻今广西富川县东北；富川县，驻今广西钟山县；荔浦县，驻今广西荔浦县西荔水北；猛陵县，驻今广西苍梧县西孟陵。苍梧郡所辖县大部分在广西东部与广东西部的连接地带，也是在古道的两旁。从广东肇庆到广西的富川，直线距离约200公里，其间分布着10个县，在汉代来说是非常密集的，这也表明这一地区是汉王朝的重点开发区，也是广西接受封建文化的主流区域。我们在广西贺县铺门镇河东的高寨一带考察时，发现此地遗存有汉代封阳县旧城址，而且在城址外还有古墓群共存。封阳县始建于汉武帝元鼎六年（公元前111年），辖区包括今贺州市的信都镇、仁义镇、铺门镇、水口镇、太平乡、苍梧县的沙头镇和石桥镇，以及广东怀集县和封开县的一部分。城址保存完好，由城垣和两层土台组成，南北长200米，东西宽180米，城垣高4米，下宽10米，上宽4米。贺江从其西面绕过，流向东南，地势险要，是潇贺古道东线上的重镇。在城址内散布着许多汉代的方格纹陶片，还有许多筒瓦和少量瓦当，表明这里原来的地面建筑与中原地区的同类建筑是相似的。封阳县自西汉建制以来，历经东汉、三国、隋、唐、五代等朝，直至宋初并入贺州临贺县为止，历时千余年，一直是商埠要津，经济贸易都比较发达。城外有规模较大的古墓群，这批古墓葬的年代从西汉早期开始一直延续到南朝。目前已发掘的有13座，出土文物450多件。

在封阳故城的西南面约60公里的地方为临贺故城，因该城位于临江与贺江的汇合处，因而得名。临贺故城沿用的时间很长，自西汉元鼎六年设县治之后，直至上世纪50年代初期才将县治搬迁到现在的八步镇（即今贺州市驻地）。在历史上临贺故城曾有过几次迁徙和扩修，但迁徙的地方都不很远，一般位于临江与贺江的交汇处。西汉时的县城在大鸭村，为长方形版筑土墙垣。西汉后期因城址屡遭水淹，才将城迁往洲尾。到东汉初期，又将县治迁至今贺街河西街一带，仍为版筑夯土城垣。五代南汉时，贺县升为州治，称贺州，辖临贺、封阳、桂岭、富川、冯乘等县，初期城址沿用东汉时期夯土城垣，后于南汉乾和八年（950），指挥使吴昫因守城之便，将西面城墙内缩90米，重新夯筑土城墙630米，与南北两城相接，并于城外重开护城河。南宋景炎元年（1276），仍沿用五代城垣，但用青砖包砌内外墙，辟四门，城上砌城垛，建敌楼，四周开凿护城河。之后的元、明、清、民国时期皆没有多大变动。

徐松石先生认为："汉时苍梧郡的设立，当然是脱胎于尧舜时的仓吾国，和春秋时的百粤苍吾。"这说明在秦之前贺州地区有较为发达的文化，秦汉时期的郡县制在此基础上才得以推广。总之，自秦汉以后的历代封建王朝都将西江地区作为重点开发区，因而这里的汉文化也就表现得相当明显，其汉化程度就比桂中及桂西地区高。当然，西江地区的开发也是互动的，这里原来居住的是越人，汉人来后，越人具有很大的宽容性，非但不排外，还与汉族人民和睦相处，共同开发岭南，接受新的先进文化。西江地区之所以经济繁荣、人民富裕，正是汉越民族融合的结果。

（三）南北文化交流的最早通道

跨越五岭有五条古通道，其中湘江—灵渠—漓江线和潇水—贺江线是两条最古老而又最重要的路线。由于湘江和漓江两水源距离很近，沟通两水比开辟陆路的工程量要小的多，于是秦朝的史禄选定这一地方，开凿了著名的灵渠。可惜灵渠在秦汉及其以后的千年间大都失修，潇水—贺江线就成为那时最兴旺的线路。古人借助潇水和贺江行舟，在两水之源间走一段平缓的山路，或者借助秦修湘桂岭口的"新道"，可以轻易地翻越南岭。这条路线从秦代南越国时就已经使用，直至唐开元十七年（729），张九龄开辟了梅关新道后，才逐渐衰落。

贺江流至广东封开县注入西江，由封川至梧州一带，就是汉代著名的苍梧郡广信县，正是当时岭南与岭北的交通枢纽。由此溯江西行，可经柳江、邕江、左江到龙州，进入今越南境内；西行不远，从今广西藤县溯北流江而至北流县，过鬼门关，再顺南流江到合浦，直接进入北部湾海域；东南行不远，从今南江口溯罗定至船步镇，越过分水岭，再沿鉴江顺流而下，可到今湛江、吴川之间出海，向东可经西江前往汉代大都会番禺（今广州）。著名的历史学家罗香林教授于1947年就对此条古道给予了很高的评价。他在《世界史上广东学术源流与发展》一文中认为："由西汉至南北朝……广东与中原的交通，亦以西安为中心。由西安汉中沿汉水而下，至洞庭湖，溯湘水而至粤桂交界。中原的学术思想，由此交通孔道，向广东传播，东汉时代，印度佛教，以至海外各国文化，亦多自越南河内以及广东的徐闻、合浦与番禺等港口传入，而扼西江要冲的苍梧，遂成为中原学术文化与外来学术文化交融和传播的重心。”

秦道汉关，拉近了中原文化与岭南文化。通过潇贺古道，中原文化传到了岭南地区。自秦汉以来，汉族一直是西江地区的统治者，因而汉族文化一直是这里的主体文化。汉武帝以后，西江地区的文教事业逐步发展起来，文人辈出。其中较早且比较出名的文士是西汉末年的陈钦，他是苍梧广信人，他专治《左氏春秋》，在当时是一代名儒，和同时代名噪全国的刘歆齐名。王莽曾经从他受学，陈钦授王莽以《左氏春秋》，自名为陈氏春秋 。王莽篡夺政权后，自立为帝，以陈钦为厌难将军。他的儿子陈元，在家庭的影响下，继承父业，亦精于《左氏春秋》。他不仅经学造诣很深，而且善于辞令，因曾向光武帝建议“立左氏传博士”，受到博士范升的非议。陈元又上书当朝，誓死力争，帝下其议，范升复与陈元相辩难，陈元以充足的理由，进行精辟的阐述，前后交锋十几次，终于取胜。“帝卒立左氏学，太帝选博士四人，元为第一。”

陈元以才高闻名于世，他与当时的桓谭、杜林、郑兴等，俱为学者所宗，陈元官至议郎。从这个时候起，在岭南地区学习研究经学的文人学士日益增多，大大促进岭南文化教育的发展。东汉末年，苍梧郡又出了个大经学家士燮，他是广信人，专治《左氏春秋》而闻名京都。当时著名经学家袁徽曾向他讨教，发现他学问渊博，乃与尚书令荀彧书信说：“交趾士府君既学问渊博，又达于从政，处大乱之中，促全一郡二十余年。疆场无事，民不失业，羁旅之徒，皆蒙其庆。……官事小阙，辄玩月习书传，《春秋左氏传》尤简练精微。吾数以咨问传中诸疑，皆有师说，意思甚密。又《尚书》兼通古今，大义详备。闻京师古今之学，是非忿争，余欲条《左氏》《尚书》长义上之。”后来孙权统治了交州，起用士燮为交州刺史。当时中原战乱，南迁到他那里避乱的经常有一百多人，这些人多是儒生，有名的如刘熙、薛综等，他们经常讲学，带领学生做学术研究，对岭南文化的传播起到重要的作用。

东汉末年，三国初年的牟子，也是相当闻名的大学问家，汉献帝时牟子随母亲从中原迁到交州，后在广信落籍定居。东汉末年天下大乱，从中原南移的人很多。当时移民中的文人多从事神仙辟谷之术，唯有牟子精心研究经学。他早年习儒家经传，博览诸子百家之书，不信神仙方术，年仅 26 岁就已经很有名气。他精通儒、道、佛三家，抬高佛教，维护道教，贬低儒家。佛教在东汉年间开始传入我国，开始时不为人们所接受，遇到阻力特别大。牟子先后学习儒家和道教学说，来到苍梧广信后，精心传习佛教。面对人们众多的怀疑和非难，他通过设问，用宾主问答的形式，写成《理惑论》。全书37章，还有《序言》和《后语》，并完整保存至今，被后代学者誉为“我国著论弘佛第一人”。牟子之后的南北朝时期，佛教达到发展的高潮，《理惑论》应是这个高潮的先道，在中国思想史上占有重要的一页。我国的胡适、法国的伯希和及日本的福井康顺等著名学者都曾对牟子的《理惑论》做过专题研究。20世纪20年代，《理惑论》还曾翻译成法文和日文，一度引起中外学者的广泛关注。

除汉族文人、文化之外，壮族文化是贺州地区多元文化的重要组成部分。实际上，壮族及其先民的文化是这里最底层的文化，在汉族、瑶族未来之前，这里主要是壮族的先民——苍梧族的文化。秦汉以后，大部分的壮族逐渐被汉族同化，重组成今日的梧州人。广东连山的同志认为那里的壮族有土壮和客壮，土壮是指没有汉化的苍梧族后裔；客壮是俍兵遗民。广西的贺州、富川、昭平、钟山等地的壮族几乎都自认为是俍兵遗民，未有土壮之说。但在历史上贺州地区确实存在着土壮，广东封开县的莫宣卿就是唐时的壮族，他出生在唐文宗大和八年（834），于唐宣宗大中五年（851）考取状元，是岭南18个状元中的第一人。莫宣卿是唐时人，那时还没有俍兵征调屯田之事，因此，莫宣卿应是当时的土壮代表。贺州地区是汉文化程度较高的地方，这里不管是汉族文人还是壮族文人，都具有较高的汉文造诣。

由此可知，潇贺古道的存在为岭南地区与中原地区早期的文化交流提供了条件，也为海陆丝绸之路的连接提供了最早期的通道。因为文化的兴趣和经济的发展是紧密地连在一起的，它们之间有一个互动的关系。

三、促进五岭通道的开发和发展

沟通中原与岭南的通道，当然不限于潇贺古道，后来逐渐开发出有五条通道之多，这些通道基本上是利用了南岭山脉中五座著名山岭之间的交汇处的狭隘通道作为基础开发而成的。所谓五岭，即骑田岭（湖南东南宜章、郴州间，为湘江支流耒水和北江西源武水的分水岭）、大庾岭（在今江西大余、广东南雄交界处，又称为梅岭）、都庞岭（在今湖南与广西交界处）、萌渚岭（在今湖南江华西南与广西边境，为湘江支流潇水和西江支流贺江的分水岭）、越城岭（在今广西东北和湖南交界，与都庞岭间有湘桂谷地）。五岭在秦代时概念模糊，后人以五岭所在地的县治来指称。所以《元和郡县图志》卷三四记载：“秦南有五岭之戍，谓大庾、始安、临贺、桂阳、揭阳县也。”汉代的五岭古道分别为：始安的越城岭道、临贺的萌渚岭道、桂阳的都庞岭道、骑田岭道，还有原有的大庾岭道。其中以潇贺古道（又称萌渚岭道、桂岭道、谢沐关道）为最古老，使用的时间最长。其原因是这条古道连接潇水和贺江之间的陆路相当平坦，由两个盆地相连，中间只有一个小小的谢沐关口，根本不要爬山越岭，可以说是连接中原和岭南的一条天然通道。正因为如此，所以早在旧石器时代中、晚期（十多万年前）就已被古人类发现和开始利用，成为古人类往北辐射迁移的重要通道之一。这条通道两旁发现了密集的旧石器时代的文化遗址就是一证明。这种现象一直延续到中、新石器时代和商周战国以后。后来由于经济、军事用途的迫切需要，才促使了中原统治者扩大对岭南的开拓，陆续开辟出更多的通道，致使出现后来的五岭各通道。但是其他各通道的开通，其艰难程度自然比潇贺古道的开通大得多，这无形中阻碍了这些通道的开通。但随着经济和文化的发展，中华民族有了对外交流的需要，尤其是对南中国海和印度洋沿岸国家的交流不断扩大，这必然促成人们对捷径的要求，岭南地区不仅是我国一块富饶的土地，也是我国北方和中原地区通向和连接中印半岛和印度洋波斯湾的捷径，所以历代王朝的统治者都十分重视对岭南的开拓和利用。起到连接陆上和海上丝绸之路通道的作用是任何地区所不能代替的。因此早在汉朝，在岭南沿海地区的不少地方如徐闻、合浦、番禺等地方就已成为对外贸易的重要港口，这就是一个佐证。所以五岭通道的开通和后来的发展是必然的结果。这一点不仅有明显的历史意义，在当今国际发展的大环境下，也有着重要的现实意义。

最后我还要衷心地感谢和我一起进行潇贺古道（北段）调查的覃芳小姐。我这篇文章的完成，不少材料是由她整理提供的，不然我难以完成此任务。

（原载《岭南文化珠江来》，中国评论学术出版社，2006 年）

参考文献

[1] 漆招进：《试论“甑皮岩人”的去向》，《史前研究》，2005 年 8 月。

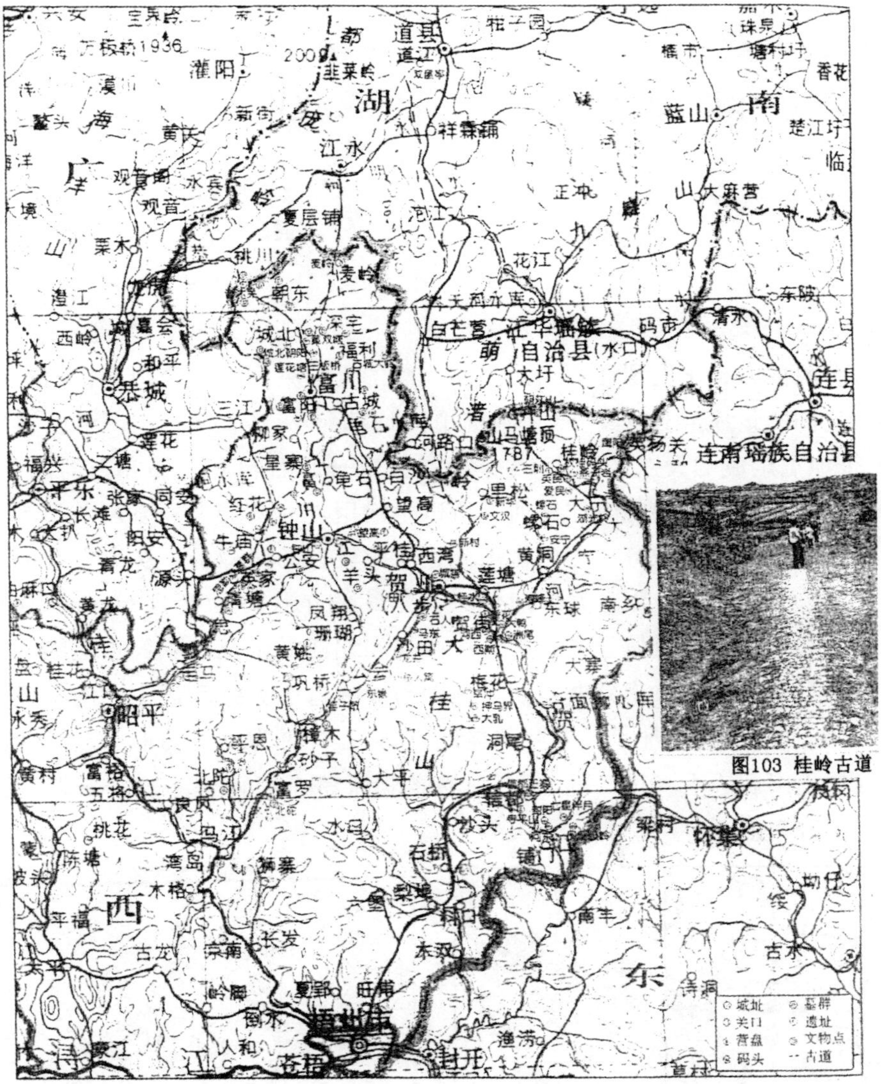

图103 桂岭古道

图1 潇贺古道（北段）沿线文化遗迹

南海西樵山文化在珠江文化中的地位

一、前言

南海西樵山文化发现在濒临西江和北江的汇流处——西樵山上，西樵山是珠江三角洲的组成部分（图1）。西樵山遗址群是一个迄今为止，由已被发现的18个地点组成的大遗址。这18个地点大部分是石料开采场和石器加工场，个别最多也是季节性的临时居住所，所以生活用具（陶器类）发现的不多。真正的生活遗址绝大多数分布在西樵山周边海拔较低的阶地上。迄今发现的数量已有41处之多，都是贝丘类型遗址。其延续的年代均为距今6000—3000年前。这些遗址分布的具体地方大多数在西江和北江沿岸及与顺德水道之间的地带，北起丹灶、罗村，南到九江镇。其中与灶岗遗址大致年代相同的土墩型遗址有19处，较灶岗遗址年代早些的遗址有20处，更为早些的地点还有两处分布在西樵山山麓边上（图2）。不过所有的遗址都是以西樵山这个石器制造场为中心而分布的。

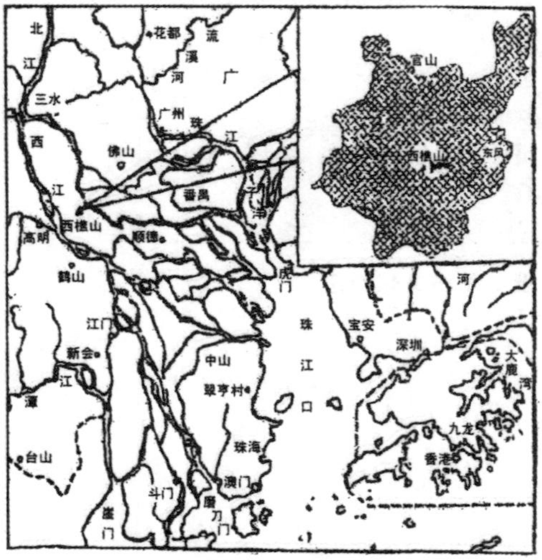

图1　广东西樵山遗址群位置

（依曾骐，1995）

图2　广东西樵山遗址群分布

（依曾骐，1995）

二、文化特点

西樵山文化的特点，中山大学人类学系曾骐教授经过对其文化内涵较为深入的研究后归纳多位专家学者的观点如下：

1. 西樵山的打制石器很多，制造技术比较粗糙，陶片也原始，可能属新石器时代早一阶段。

2. 西樵山石器大部分具有旧石器晚期特征的打制石器，同时包含新石器时代的初期文化，西樵山的遗物很有可能属于中石器时代。

3. 但西樵山石器的年代包括从新石器时代早期到晚期，其最晚时代的地点的磨光石器与几何印纹陶共存的文化遗存（笔者按，尤其是那些在低阶地上的生活遗址），有的已进入青铜时代。

4. 西樵山遗存早于广西东兴贝丘而晚于江西万年仙人洞。广东潮安石尾山、英德青塘洞穴，同属于华南早期新石器时代文化。

5. 西樵山遗址的年代为新石器初期之末或中期之间，打磨双肩石器与细石器类型是“同期异相”，即是共存的。

6. 西樵山的诸地点是石料开采或石器制造场而不是原始村落遗址。细石器类型和双肩石器类型是先后不同的石器制造工艺，它们之间有区别又有相互关系。

这六点特征，总结得既实际，在年代上又有不能自圆其说之处，为什么会出现这种情况？我们在第四节年代的推测中再加以讨论。

三、西樵山石器加工场的细石器和双肩石器

西樵山石器加工场生产的石器主要可划分为两大类：一是细石器类型，另一类是打磨双肩石器。

（一）西樵山的细石器

西樵山细石器原料主要是黑色和浅灰色的燧石、半透明的粗质玛瑙，还有少量采用霏细岩。这些石料分布地区是西樵山当地，北起火石岗，经旋风岗向南延伸到樟坑一带的山坡上，现已发现的细石器制作地点，有西樵山东麓的旋风岗（第 17 地点）、樵阳村旁的太监岗（第 18 地点）、樟村背后的山坡（第

20 地点），还有蚺蛇岗的第 4 地点和第 2 地点。这样看来原料地和加工地基本重合，可以说是就地开采，就地加工制作，石料产地和制造场所连成一片。

能在岩石地层中开采原料，而不是仅在河滩、湖滨上采集砾石或从地面上选取基岩风化后留下的坚硬脉岩的结核来做原料，打片再制作石器，这是石器加工技术上的一大进步。我国范围内至今唯有山西省怀仁县鹅毛口遗址才是一处和西樵山遗址性质一样的属于新石器时代早期的采石场。但西樵山的采石场开采时间长，因而在石场废墟内，除积累有巨厚的碎片外，有的坑内还发现有开采石料的工具——各种大小型号的球状、块状石锤。在基岩开采面上，遗留有开采石料时的疤痕。可惜的是西樵山的细石器原料数量丰富，但质量并非上乘，含杂质较多，且多具气孔，并常与其他岩石互相胶结，所以在一定程度上影响到器物的质量和造型。

1．西樵山的细石器可分为细石核、石片石器和石核石器几大类

（1）细石核（图 3）

可分为楔状石核、舟形石核或船底形石核、锥状石核（圆锥状）、半锥状石核、柱状石核（棱柱状）、半柱状石核、漏斗状石核等。还有一种西樵山特有的“带把石核”（图 3—3）。

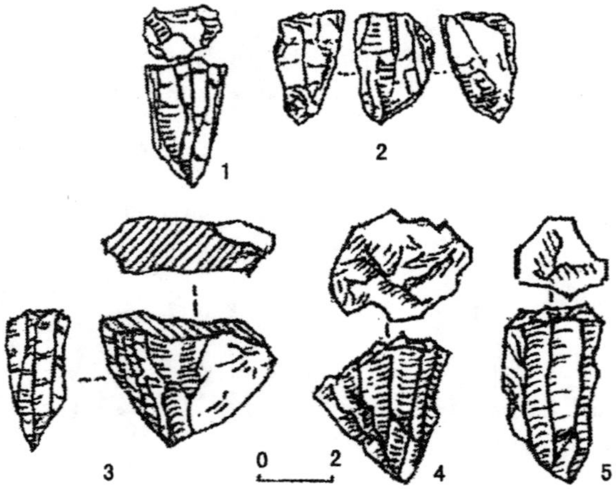

1．锥状石核　2．楔状石核　3．带把石核　4．漏斗形石核　5．柱状石核

图 3　广东西樵山遗址群出土的各种细石核（依张镇洪等，1995）

楔状石核是西樵山细石核的最主要类型，和中国北方细石器传统中一样也是主要的类型。

柱状石核在西樵山发现的不多，尤其是精致的更少，多数较北方的同类石器要粗糙和原始。

锥状石核在西樵山发现的不太多，尤其是类似北方地区出土的那种铅笔头状石核很少见到。

多台面石核形状不规则，在两个或两个以上的台面上剥片的种类不多，但它反映了西樵山先民对细石核制片的充分利用和熟练的剥片技术。

带把石核是西樵山最有特色的细石核。因在制片石核上胶结有一小块别的石料而像一个把手得名。

还有一种扇形石核也较特殊，贾兰坡院士曾认为这是东亚、北美传统的典型标志物，在我国只向河南许昌和西藏方向辐射，现在出现在西樵山上则说明它已分布到岭南地区。

（2）石片及石片石器（图4）

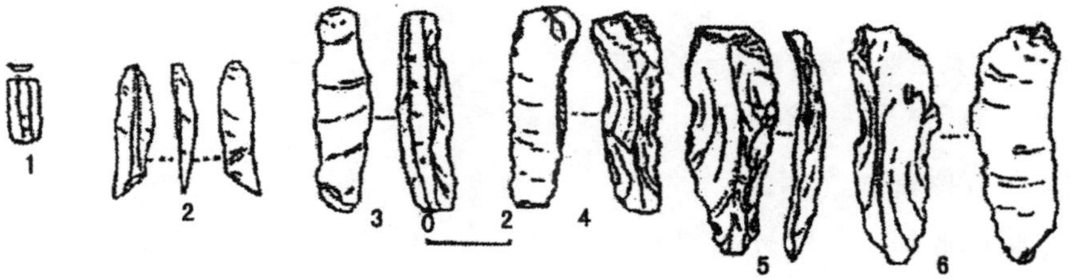

图4　广东西樵山遗址群出土的长石片（依曾骐，1995）

各种细石核上剥落的细长石片（包括细石叶）是细石器工艺的主要产品。这些石片薄而锋利，除少数边缘被加工成细锯齿状外，多数不需要再加工而直接嵌入骨、角或木的刀梗凹槽中，用一些天然植物胶固定，作复合工具用。西樵山出土的细长石片数以万计，有双纵脊平行的，有双纵脊交汇成人字形的，还有单条纵脊的。西樵山遗址中出土的石片中还有两种是从更新工作面或修理台面时打下来的，不是从石核打片下来的（图5）。

（3）石片石器（图6）

西樵山出土的细石器中有一批是用石片加工而成的，它包括刮削器、尖状器、雕刻器、石钻、琢背小刀、石镞等。其中以刮削器最多，这类工具有刮削刀功能，又可以用其形状和刃缘的构造而分成多种类型。如图头刮削器、双边和复刃刮削器等。

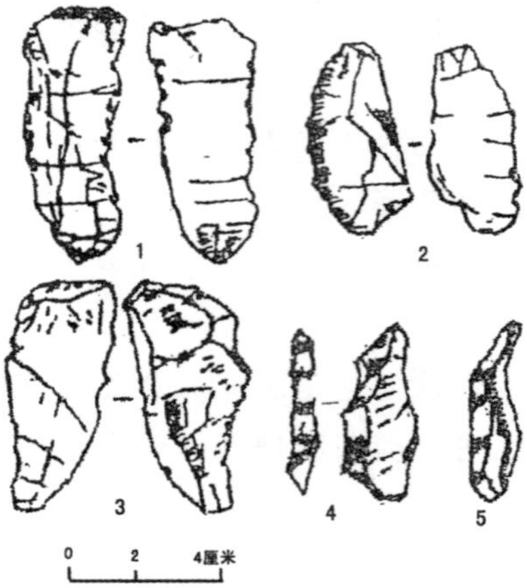

1—3. 更新工作面石片 4、5. 调整台面石片

图5 广东西樵山遗址群出土的修理台面的石片石器（依曾骐，1995）

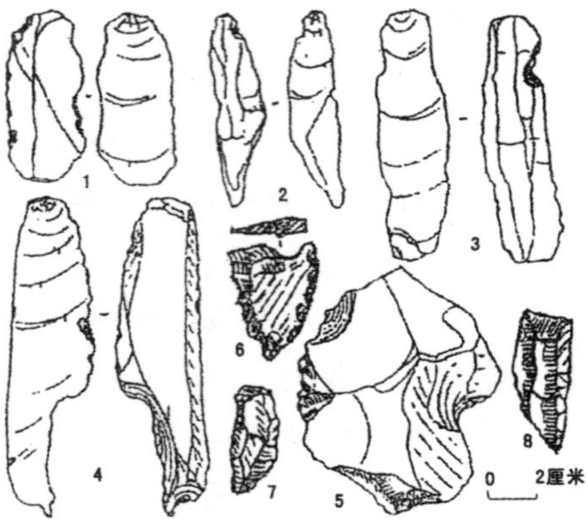

图6 广东西樵山遗址群出土的石片石器（依曾骐，1995）

（4）石核石器（图7）

一般情况下，石核被剥离石片之后就不再使用。但在西樵山的细石器中是用石核进一步加工成生产工具，如石核状刮削器、石核状尖状器和石核状雕刻器。

2. 西樵山细石器文化的性质和特点

（1）石材是就地采材的。

（2）材料中石核数量很大，且类型很多。

（3）从石核上剥落的细长石片（含细石叶）以长条状，背面有双脊状的石片为主。长的比数均较北方同类型的细石片偏大。

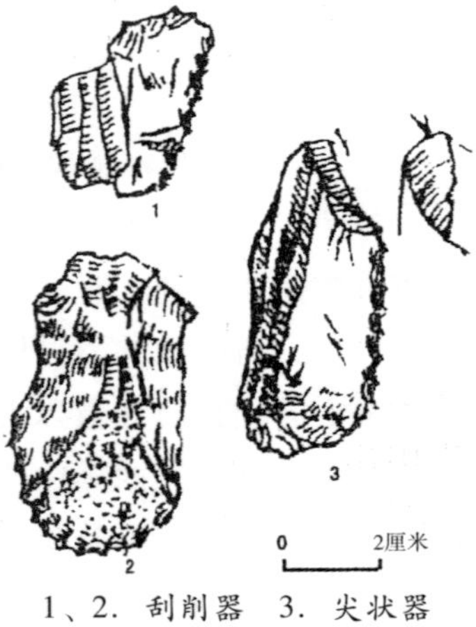

1、2. 刮削器 3. 尖状器

图7 广东西樵山遗址群出土的石核石器（依曾骐，1995）

（4）石片石器、石核石器中均以刮削器占多数，但缺乏典型的圆头刮削器、雕刻器、石箭头，北方的石钻也少见。

（5）与北方细石器相似的是都以传统石核类型和细长的小石叶为主，其中船底形石核则完全相似。石片石器的主要品种也没有超出华北的细石器传统范围。只有三角形楔状石核和带把石核是北方少见的。利用倾斜台面和脊状台面打片等技术也不同于华北，这很可能是文化特性的表现。

由此可见，西樵山的细石器，既具有北方细石器文化的共性，也具有自己的特性，同时具有更多的本土性。因此不能简单地说成是北方细石器文化向南的传播。而应该更多地从生态环境的影响和功能与器具关系等因素来考虑，这在第四节有关年代探讨方面亦会谈到此问题。

（二）西樵山出土的双肩石器

双肩石器是西樵山石器制造场里生产的第二种类型工具，这种工具的产生是随着新石器时代的发展，在渔猎、采集、狩猎、捕捞综合经济发展的基础上，农业和家畜饲养业的兴起，牵动了社会生产、生活、精神文化和思想意识的大变化，如聚落的形成，陶器的发明和推广，磨制石器的发展，原始宗教、埋葬习俗、财产观念的形成。在农业经济面前，细石器的功能已无法满足要求，一套大中型的磨光石器，就在顺应农业生产诞生的情况下应运而生。而西樵山的双肩石器就是一个典型。

我国最早和最常见的是一种由长条形砾石打制和加工而成的长身石斧，通常称为“常型石斧”。但在我国东南沿海新石器时代除了使用常型石斧外，还使用一种单面刃，扁平呈长方形或长条形，背部有一横脊隆起，凹槽或台阶，将石器分为上、下两部分，上部可装把柄的石锛称为“有段石锛”（图8），它是有砍伐功能的石斧。而在珠江流域地区内又发现了一种造型别致而有双肩的石斧，人们称这为“双肩石斧”。这是珠江流域在新石器时代最富有特色的文化遗物之一。在西樵山上，不仅石斧是双肩的，锛、凿、铲和扁薄的切割器、刮削器也具有双肩的特征。我们把这一系列石器统称为双肩石器（图9）。双肩石器在南方分布很广，但主要集中在广东、广西、海南和云南等省区。

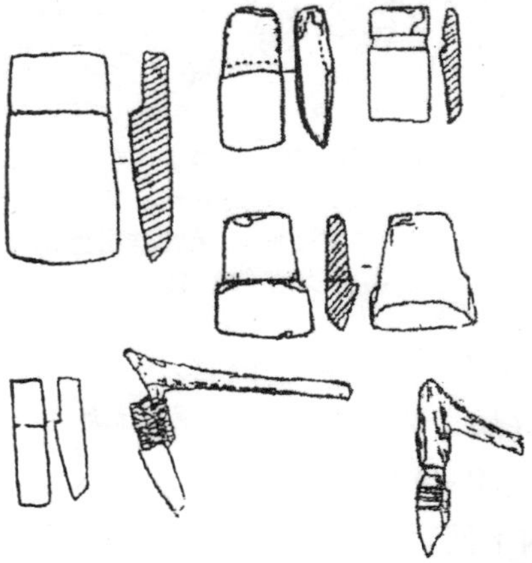

图8　广东西樵山遗址群出土的有段石锛（依曾骐，1995）

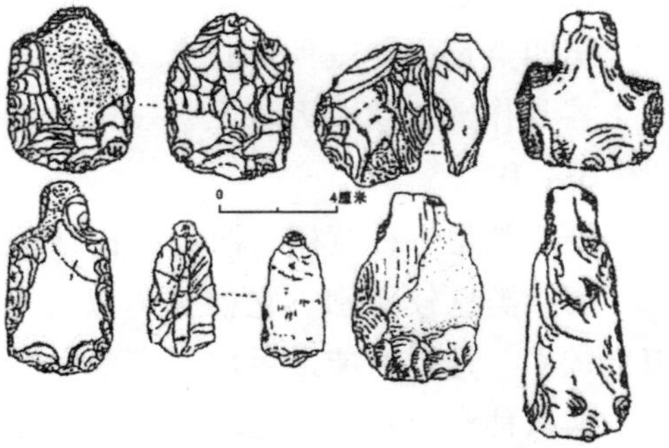

图9　广东西樵山遗址群出土的双肩石器（依曾骐，1995）

1．**西樵山双肩石器的特点**

西樵山双肩石器绝大多数采材霏细岩，少数采用燧石，其特点如下：

（1）先打制后磨制的双肩石器具有砍、刮、割、凿、挖等多种不同的用途和功能。

（2）除双肩切割器可能来源于薄石片的加工外，其余各类双肩石器极少用霏细岩石片加工而成，由此可见，双肩石器和细石器是完全不同工艺目的的产品。但仍有少数技术特征保留旧石器风格。

（3）用于打制双肩石器的工具中，各种大小石锤的石料不是硬度低的霏细岩，而是硬度高的燧石，有学者认为，开发大块石料也是用此石锤。

（4）在西樵山的各石器加工场里，尽管都发现了磨制的双肩石器（刃部磨光的多），但用来进行磨光石器的砺石很少见。研究者认为，一种可能是磨光技术只处在刃部磨光阶段。另一种可能是石器的磨制和抛光工序不在西樵山石器制造场内。迄今我们仍未发现。

（5）西樵山双肩石器种类很多，根据器身、肩部、侧缘和刃缘的特点可以分列如下：

第一类为两侧缘成斜边，刃缘或弧边的双肩石器（图 10－A）。

第二类为两侧缘直边或基本上直，刃缘呈弧形而身长有长、短分的双肩石器（图 10－B）。

第三类与第二类稍不同，两侧缘直边，但刃缘也平直（图 10－C）。

第四类是一种短身平肩或弧肩，肩以下器身作圆盘状。刃缘无明显分界线（图 10－D）。

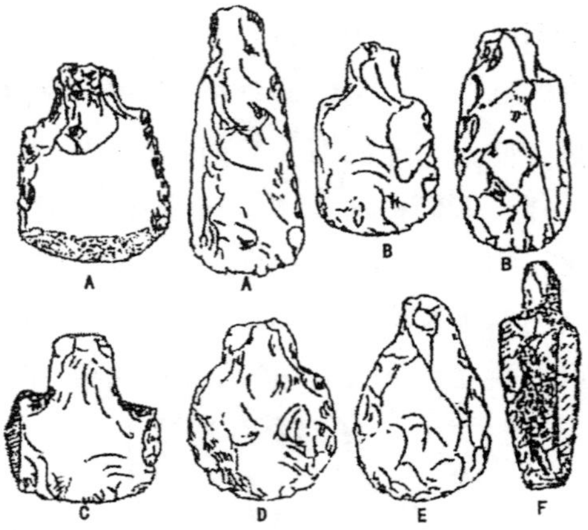

A．第一类　B．第二类　C．第三类
D．第四类　E．第五类　F．第六类

图 10　广东西樵山遗址群出土的双肩石器分类（依曾骐，1995）

第五类是一种宽柄、溜肩、长身弧刃的双肩石器（图 10－E）。

第六类比较特别，它柄长，双肩平直，身长，两侧缘上宽下窄向内斜收，刃部较平。这类可能最后加工成双肩石凿（图 10－F）。

这六种双肩石器，之所以形状和刃部结构不同，一个是反映了时代上的早晚，一个是反映出功能的不同。研究者经对比研究后认为，双肩石器的祖先型应该源于圆盘状切割器，然后再出现盘状器及微肩的盘状器，有了肩更方便使用，进而使人主动进入角式，逐渐加工出双肩，通过实践，从而产生各种不同类型的双肩石器。总的目标是如何更满足功能上的要求，更好用。最后达成功能决定工具的形状和结构。这是人类从感性到理性的认识过程，也是文化发展的过程。

四、年代的推测

西樵山石器加工场的年代和它周边发现的贝丘以及土墩遗址群，过去都认为是同期的。但回过头来从中山大学人类学系曾骐教授研究分析出的几点认识中推测，我觉得这些文化遗址不应该是同期的，它们的产生过程延续了相当长的时间，应该是从中石器时代一直到新石器时代晚期。其中石器加工场出现的年代比较早，细石器的年代最早和我国北方出现细石器文化的时代基本一致，理由是把西樵山发现的细石器同我国北方发现的著名细石器文化遗址，如峙峪、虎头梁、下川、灵井、海拉尔松山、大荔沙范等进行比较，发现西樵山的细石器既具有北方细石器文化的共性，也具有自己的特性，同时具有更多的本土性，因此不能简单说成是北方细石器文化向南的传播。尽管它们之间的年代可能有早晚之分，但我们不能不考虑到一个文化时代的出现和变迁完全超越出年代的变迁，都产生在全球上最后的一个冰期——大理冰期行将结束时，也就是在原始农业兴起之前，大自然条件允许细石器工具产生的那个阶段。北方是草原狩猎，而南方出现广大水域的渔猎和捕捞经济时期，社会生产也需要细石器工具的使用，在此前提下，就产生了西樵山细石器工业的制造和使用，在这个珠江三角洲边沿区就形成了短暂的细石器文化阶段。后来在原始农业兴起后，马上就被适应农业生产的双肩石器逐渐取代。

由于西樵山石器加工场各点，没有能获得进行年代测定的确切材料。所以都以周边的文化遗址测出的年代（6000 年）为参照年代。其实这两种工具出现的年代起码早到中石器时代晚期末至新石器时代早期阶段。后来大量被使用，尤其是双肩石器被使用则是在新石器时代的中、晚期。

五、西樵山细石器和双肩石器发现的意义

西樵山石器加工场面积并不大，但石料采取点和石器加工点，迄今为止已发现十几个。据初步估计，这个石器制造场开发了近 3000 年之久（实际上远

不止于此）。据初步发掘的5—6个点，出土的成品、半成品、残品约十几万件，若完全统计起来，则远超过这个数字。可见这个石器制造场生产的产品远不限于供应西樵山附近及整个三水盆地。据后来的对比研究发现，西樵山的双肩石器等石制品大批外运，不仅遍及珠江三角洲，而且逐渐辐射到广东中部和南部、广西南部和海南岛，形成了一个以双肩石器为特征的文化分布区（图11）。到了新石器晚期，已抵达粤东、粤北地区，影响了石硖文化和屈家岭文化（图12）。

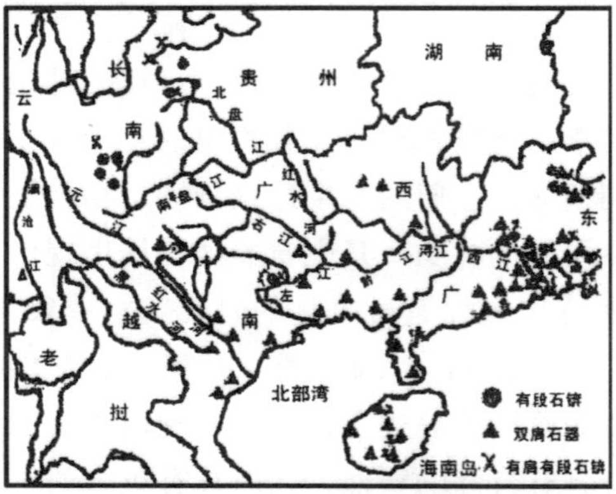

图11　以双肩石器为特征的文化分布区
（依曾骐，1995）

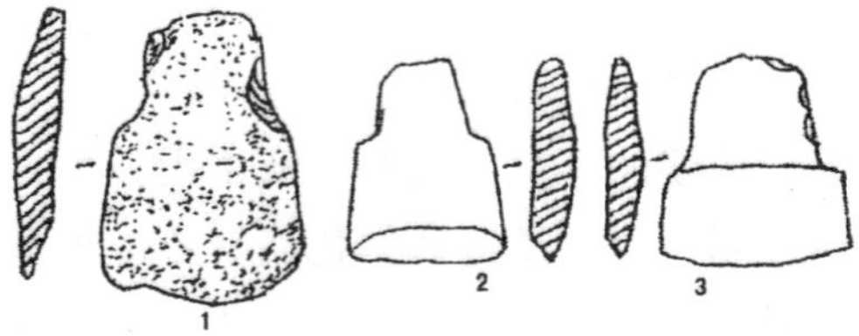

图12　石峡文化和屈家岭文化中的双肩石器
（依曾骐，1995）

有学者认为，西樵山文化向东的一支可能已传到台湾岛西海岸。向西一支沿珠江一大支流——西江水系溯江而上，扩散到了云贵高原。更为重要的，西樵山的双肩石器大量辐射到中南半岛各国（图13）。这样一来可见珠江流域成了文化起源以及向外辐射的中心。这种现象并非偶然，因为在香港西贡榕树澳黄地峒早在距今40000—30000年前，就出现了一个旧石器晚期的打制石器加工场，其规模之大，生产的各种打制石器之多，是罕见的。联系起西樵山和黄地峒两处，就充分证明了复旦大学金力教授

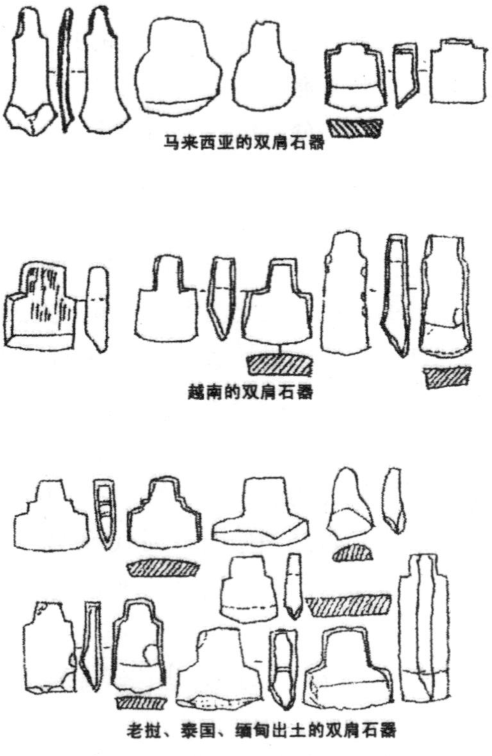

图13　东南亚地区出土的双肩石器
（依曾骐，1995）

和李辉博士从分子生物学（DNA）的角度，研究得出结果，古百越族的先民是现代中国人的老祖宗，两广地区是中国人起源的中心，也是中华民族文化的起源中心，今天这些问题的提出确实使人有点惊讶，但大量的发现都逐渐证明这是真实的，所以我在归纳一些材料后，大胆地证明了一些先辈们所提出的关于“南蛮不蛮”的看法，也证明西樵山文化在珠江文化中的重要性。

（原载《“中华文明视野下的西樵文化”国际学术研讨会会议论文集》，广西师范大学出版社，2012 年）

筚路蓝缕　一路前行

——广东省珠江文化研究会岭南考古研究专业委员会十年工作回顾与展望

广东省珠江文化研究会岭南考古研究专业委员会（原名中山大学岭南考古研究中心，以下简称专业委员会）自2000年成立以来，到今天已经整整十年了，这十年是我们在开放改革道路上探索的十年，实践的十年。在实践中学习到许多东西，感触良多，有成功的经验，也有失败的教训，总结起来有如下几点。

一、要有明确的努力方向

中国考古学发展到21世纪已进入一个崭新的时代，过去传统的考古学已明显地跟不上时代的要求，随着研究课题越来越多，研究深度越来越大，单纯的历史学和社会学已不能解决问题，必须引进更多学科才可以。考古学从调查、发掘和研究都需要应用更多的自然科学技术才能达到更为理想的效果。比如人类的历史除了人类系统的演化史之外，主要的还是文化史，在人类整个历史发展过程中，在不同的阶段里有不同的情况，不同的情况就产生不同的变化，这些变化都体现在文化之中，因为人类从诞生的那一天起，就开始用自己的双手创造文化，撰写自己的历史。在史前阶段，人类主要做的事情就是在适应自然环境的过程中求生存，完成自身体质形态的进化，在完成自身的进化过程中，创造了石器文化。在人种确定后，人类的历史则进人了一个质的发展阶段，人类对自然环境不仅有更强的适应能力，而且在进化过程中掌握了不少对抗自然的技术，如加工石器工具的技术越来越精细、成熟，石器的种类越来越丰富，功能越来越广泛和实用。20世纪以前，传统考古学认为，只要通过类型学和地层学就可以解决史前考古学中的一切问题。但在实践中发现，类型学和地层学中的许多概念，都是凭人为的主观来确定的，如“生土”和“熟土”的确定，考古工作者，把没有遗物的地层称为“生土”，把有文化遗物的地层称为“熟土”。一个遗址只要出现了“生土”，就以为该遗址已到底了，不必进一步继续发掘下去。由于这么一个概念，往往把下一层更早的文化层给漏掉，而且错误地认为，一个文化遗址一定是连续的，不可间断的。另一方面又错误地认为，文化层的堆积一定是早期的堆积在下面，晚期的堆积在上面，当出现文化层不连续或倒置时，就不知如何去解释甚至认为是不允许的。在史前的洞穴遗址中，往往把平原上的文化遗址堆积的规律来套洞穴遗址的文化堆积，结果对一些现象难以解释，造成错误的结论。以上的例子都说明一个问题，那就是传统考古学的方法已经远远适应不了当今考古学发展形势的需要，摆在我们面前是很清楚的，大家口头上也讲，我们需要引进多学科参与，多利用自然学科的技术和概念，改革传统考古学，不然，我们21世纪的考古学就无法和当代的考古学接轨，取得新的发展。

由于认识到这个问题，我们几个志同道合的老师，正顺应着1999年国家教育部的要求，希望高校组建一些适应教育体制改革的前沿学科并建立一些全国重点学科的科研基地。类似中科院那样，以项目、课题带动研究机构，以科研成果促进机构的生存和发展，改变过去一切都由国家来包办的依赖状况。引进竞争机制，使理论研究和应用学科有机地结合起来。同时，我们几位老师又清晰地认识到，中山大学考古学专业在老系主任梁钊韬教授仙逝后，由他确定的人类学系发展的正确方向已逐渐丧失。为了希望能把梁教授的精神继续发扬光大，所以我们决定申请成立中山大学岭南考古研究中心，这是我们的动机。

经学校批准后，按当时学校领导的要求，这个中心应是跨学科、跨部门、跨地区的，应多学科参与，互相拉动和互相渗透，立足岭南，面向南中国（华南地区），联系中印半岛和南亚地区。大家从不同角度对共同课题进行综合研究，这是我们努力的方向。由于朝着这一方向努力，所以经过二三年的摸索和实践，我们不仅能真正地正常运作起来，出的成果也越来越多。到了十周年时，我们已经完成了近300万元人民币的大小项目，每年保证开一次学术年会，每次年会一定要出版一部专刊，名称为“岭南考古研究”，迄今已完成了十期，把本机构成员与我们合作的学者每年所出的新成果发表出来，十年来已有400多篇论文。在这里发表论文的既有中科院院士、资深学者，也有不少中、青年的学者，他们都遵循着一个共同的方针，就是百花齐放、百家争鸣，对事不对人。对同一的课题，有不同的观点都可以开诚布公地发表出来。北京有一家国际出版社转达国外学者对我们《岭南考古研究》的评价时说：这是在中国出版的为数不多的可以进行平等讨论学术问题的刊物，颇受欢迎。在研究工作中，我们完成了大大小小的考古调查发掘、整理研究、陈列方案设计、标本修复、装架、布展等不同性质的项目约50多项。如唯美陶瓷博物馆、四会地下原始森林博物馆的申报和设计项目，柳州博物馆自然部两万多件古生物化石标本的修复和鉴定；香港和澳门地区多次的考古调查和发掘。最后获得了突破性的成果，如香港西贡蚝涌新石器时代石器加工场，西贡深涌黄地峒旧石器时代晚期的石器加工场（2006年）；澳门路环岛旅游资源调查发现的阿婆秧新石器时代文化遗址、路环岛天后宫前地新石器时代早期文化遗址的发现均是在这十年内具代表性的成果，都是沿着这一方向不断努力所取得的成果。而且在实践中慢慢总结出一些适合于非实体性质科研机构的路子来。

二、要有适合的体制

体制改革是个大问题。改革开放30年来，国家也作了不少的尝试，有些是成功的，有些是失败的。作为我们这样的非实体科研机构，与同类的但属于实体单位的机构又不同，非实体单位基本属于民间团体机构，国家是不包管的，工资不管、编制不管、研究经费也不提供，只作为一个挂靠单位，在政治上作为一个保证。专业上，工程项目上你竞争得来就做，竞争不来就不做。上级单位很少指派一些工程项目或课题给你做，所以一切都得靠自己去找门路。在今天竞争体制不正常的情况下，非实体单位与实体单位竞争起来困难可大得多。在传统观念上，往往错误地认为实体单位是正统的，非实体单位是非正统的，后者因而受到极其不公平的对待，这都是当前体制改革还未取得成功造成的。因此不少非实体单位往往在种种困难下走不了几步又回到原来的出发点，或者一班人马几个招牌变成某一实体机构的附属品。比如中山大学1999年刚开始时，文理科一哄而上，成立的83个所谓适合21世纪科学发展的超前科学单位，到了2006年只剩下三个单位就是一个明显的例子。

但非实体单位又有其许多优势。我们刚成立时，学校领导曾说过，非实体单位是一个自愿合作干活的单位，不同专业的学者为了一个共同的项目自愿地汇集到一起，分工合作，共同研究，一直到完成任务。校领导说得对，所谓机构领导人只是一位临时的召集人和协调者，课题组长是技术任务执行人，成员是清楚的，财务是公开的，成果是共享的，不像实体单位那么复杂。因此会节省许多资源，增加许多成功的机会。在工作过程中有一种相互促进的作用，可以打破垄断和故步自封的状态，提高工作效率，减少官僚主义的作风。尤其是在当今高科技高速发展的年代，人力资源充分的利用就是最大的节约。我们岭南考古研究中心（现在称专业委员会）从十几个成员发展到今天53个成员时，管理人员也只有7个人，而且绝大多数是兼职的，这是我们在实践过程中，摸索出来的比较可行的体制。当然，迄今还不能说是十全十美，还有待我们进一步改进。

三、实事求是是我们永远坚持的作风

经过十年“文化大革命”后，大家都希望尽快地纠正过去的错误路线，回归到一条正确的路线上来。但十年的灾难把人们的信仰基本都推翻了，不知道今后可以再相信谁。虽然“文化大革命”结束后，人民的信仰还是自由的，但已经相当杂乱了。信仰什么我们觉得不是主要的，但对于做人的一些准则是什么，这是最关键的。“文革”前，所有国家干部都要遵循一条规定，那就是“为人民服务”，只要你能做到这一条就是好干部，受人赞扬和尊重，但今天在社会上已很少有人提倡。而在做事过程中，不管你干哪一行都要做到一点，就是实事求是，如果做到这一点就是一个好干部，好同志。改革开放后，我们强调要解放思想，这是对的。但是在实践过程中，当我们把工作一旦和钱挂钩味道就不同了，不可能实事求是，好像经商那样变成无奸不成商。关于这点到今天我们也弄不清楚，但在实践中就产生了不少新概念，什么潜规则呀，什么层层剥呀，什么事情都是说一套而做一套，最后把你搞得无所适从。假、大、空作风成了社会上的惯例，新科技（电脑）成了弄虚作假、剽窃别人成果的帮凶和工具。做生意的是这样，一些当官的也是这样，近些年来，科学界、教育界也不例外。我们专业委员会就是不懂潜规则，结果技术条件比别人好也不能中标，因为你给别人的达不到别人的要求。更可气的是在搞科研上也一样，你有一个新发现，如果你不懂得送礼、拍马屁，你的新发明别人也不会承认的，千方百计会利用手上的职权非把你的抢过去不可。香港西贡黄地峒旧石器时代晚期遗址的发现就是一个典型例子，三年多的时间还没能解决。一个小小的基层部门，一个小小馆长就敢如此胡作非为，如果手上权势更大时，情况难道不是更可怕？所以对于这些坏作风，我们是坚决抵制的，绝不同流合污。

虽然现在这种不良现象相当普遍，但我们也不能纵容它，只要从我们自己做起，踏踏实实，实事求是，社会风气迟早会变好的。

四、理论和实践一定要紧密结合在一起

改革开放以来，随着工、农业生产，社会基本建设的发展，大工程多了，地上地下文物发现得多了，主动系统地进行调查发掘也多了，这是正常的。但近些年来考古工作在社会大潮的影响下，跟不上形势的发展，考古工作本来是一门实践性很强的科学，当前世界上考古学发展已大大超出了史学文科的范畴，理科中许多学科早已渗透到考古学中，年代学、生态环境学、真正的地质地层学、古动物学、古植物学、气候学、统计学等等学科都为考古学的深入发展起到大力推动的作用。原来的民族学、体质人类学，则更加活跃，和考古学起到互相拉动的作用。社会学和哲学，也为考古学提出一些新的理论，现代技术电子学也为考古学的发展提供技术上的支持。这一切都是良好的发展，不过与此同时，我们也注意到一些负面的影响。尽管考古学从始至今都是一门实践性很强的学科，一切考古学的理论都是在充分实践的基础上产生的，绝不能借助一些非实践性过程而轻易地建立起来，但如今甚至自己一点亲自的实践都没有就轻易确定问题的现象却存在。本来考古第一线现场工地是考古实践的基地，但现在许多考古学者往往很少亲力亲为地工作在第一线。而把第一线的实践大部分交给所谓“技工”，我们不是认为“技工”不可以参与第一线的工作，但我们考古学者必须亲临第一线，绝不能全交由“技工”来操纵现场的工作。这是对一个遗址发掘质量的保证。

另外，整理研究，必须从头到尾，一件一件地亲力亲为，不能不加思考地从电脑上把别人的观点一段一段地下载下来作为自己的研究成果。如果真是这样做，那么你的观点和结论就不是从实践中得来的，而是道听途说得来的。这样做轻者是理论脱离实践，重者则是剽窃别人成果，或者抄袭别人的成果。这种作法在当今社会上虽然已司空见惯，但我们也不能接受。

还有，我们写文章时，在引用别人的材料时应明确注明出处，说明是别人的观点，不能不加注明就随便引用，这是对别人劳动成果的不尊重。

现代技术——电脑，确实为我们的研究工作提供了一个很大的方便，但在使用这种技术时，我们也应注意和尊重一些道德规范，不能做些违规的事情。这是确保我们文风纯洁的做法。今天理论上大家讲起来都是一套一套的，但实践做起来很容易走样，假、大、空那一套的诱惑力很大，我们在实践中真的还

要好好磨炼自己。十年来我们绝大多数成员都在研究工作中做得不错，但仍不能掉以轻心。

五、迎朝阳

十年过去了，虽然我们取得了不少成果，也有一些重大的突破。但距离本机构成立时所定的奋斗目标还差相当远。究其原因，主客观都有。虽然客观上，目前社会环境还相当复杂，改革开放仍在进行中，有一些困难要克服，但主观上是我们的努力还不够，打下的基础还不够牢固，积累的经验还太少，还需加倍努力。在精神和物质方面都要进一步建设好，继续加强既定的方针，同时更要开拓创新。我相信，在朝阳升起的地方本机构全体成员，在未来的十年中将会有更大的辉煌。

（原载《岭南考古研究》第10辑，香港中国评论学术出版社，2010年）

后　记

多年来，东莞市政协认真开展文史资料收集与整理工作，推出了一批有价值的文史资料，较好地发挥了人民政协文史资料“团结、育人、存史、资政”的作用，收到了良好的社会效果，受到了社会各界的好评。

城市历史文化是城市人民在历史发展进程中所留下的真实记录。以政协地方文史资料为载体，有选择、有重点地记录一座城市的历史文化，为地方的发展服务，这是人民政协文史工作的特色和优势。近百年来，东莞人文蔚起，名人辈出。2009年，经市政协领导同意，为弘扬前辈之业绩，激励来者，决定征集出版人文社会科学莞籍学者文丛，名为“东莞学人文丛”。

“文丛”所收入的文集均为人文社会科学类论著。“文丛”所收入作者均为近百年来，在一定领域或学科内有一定成就，在省内外或全国有影响的东莞籍学人。

在征集、出版过程中，得到各位前辈和家属的大力支持和配合；得到北京东莞建设研究会，广东人民出版社倪腊松同志、暨南大学罗志欢同志等单位和个人的帮助，谨表谢忱。

由于前辈学人散居各地，加之征集时间跨度大，疏漏不妥之处，在所难免，还望各方人士，多批评指正，多提供线索，以期及时修正。

编　者

2012年11月18日